I0085399

LES CAHIERS D'ÉTUDE ET DE RECHERCHE

Les Cahiers d'Étude et de Recherche sont publiés par l'Institut de Recherche et de Formation. Ces Cahiers se concentrent sur des thèmes importants du débat contemporain, historique ou théorique. Les conférences et les matériaux d'étude issus des sessions de notre Institut à Amsterdam, à Manille et à Islamabad, sont aussi en grande partie disponibles pour le public grâce aux Cahiers.

Nous avons publié à partir de 1986, environ cinquante numéros en anglais. A partir de 1998, les Notebooks ont été publiés sous forme de livres en collaboration avec des éditeurs à Londres. Nous avons eu pendant de nombreuses années une série parallèle de Cahiers d'Étude et de recherche en français (ce qui est en discussion aujourd'hui). Plusieurs numéros des Cahiers ont aussi été publiés dans d'autres langues que l'anglais et le français, incluant l'allemand, le néerlandais, l'arabe, le castillan, le japonais, le coréen, le portugais, le turque, le suédois, le danois et le russe.

Ernest Mandel

NATIONALITÉ ET LUTTE DE CLASSE EN BELGIQUE

1958 – 1973

UN RECUEIL D'ARTICLES
CHOISIS ET COMMENTÉS
PAR GERTJAN DESMET
ET
HENDRIK PATROONS

Institut International de Recherche et d'Education

Amsterdam 2015

L'Institut International de Recherche et de Formation serait intéressé de recevoir l'avis des lecteurs/lectrices concernant ce livre, sa mise en page et sa traduction ainsi que toute suggestion pour des publications futures et une distribution plus large.

Nos livres sont disponibles à prix réduits pour les commandes de quantités importantes pour des organisations de formation à but non lucratif ainsi que pour les librairies.

Contactez nous à L'IIRF
Lombokstraat, 40 1094 AL Amsterdam, Pays-Bas
Courriel : iire@iire.org ou consultez le site : www.iire.org

Edition français, publiée par IIRF, 2015.
Imprimé en Grande-Bretagne par Lightning Source

© IIRF, 2015.
Publié en tant que numéro 58 des Cahiers de Recherche et de Formation.

ISBN 978-0-902869-39-4
Concept de la couverture : M. Jefroudi

La banderole sur la couverture: "Les grévistes gantois envoient un salut fraternel à leurs camarades wallons".

Tous des remerciements à Francine Dekoninck et Guy van Sinoy

SOMMAIRE

INTRODUCTION

ERNEST MANDEL ET LA QUESTION NATIONALE EN BELGIQUE

> Mais on ne peut conclure du Manifeste qu'il préconise un «nihilisme» du prolétariat envers la question nationale, ni qu'il prêche l'indifférence envers les mouvements nationaux : «l'inexistence de la patrie» dont il parle concerne l'Etat national bourgeois, mais non pas le peuple, la nationalité au sens ethnique.
> Roman Rosdolsky, *Les travailleurs et la patrie*, 1965.

La crise de l'État belge

Il est manifeste que la question nationale est à la base de la crise actuelle de l'Etat belge et de ses institutions. Cette question trouve son origine dans la fondation en 1830 d'un Etat exclusivement francophone en combinaison avec l'oppression culturelle et le retard économique des habitants au nord de la frontière linguistique. Le vote censitaire dans le nouveau royaume à limité le corps électoral à 1% de la population. Cette élite bourgeoise et aristocratique se considérait comme l'incarnation de la nation, et puisque le français était sa langue culturelle, le français était donc la langue de la nation. Cette élite n'a certainement pas obligé la population de la partie septentrionale à parler le français, mais elle ne s'intéressait ni à ses besoins ni à ses aspirations culturelles.

1

Nationalité et Lutte de Classe en Belgique

Le mouvement flamand qui s'est opposé à cette oppression culturelle, mais sans s'intéresser sérieusement aux aspects économiques liés à cette oppression, a été à l'origine un mouvement démocratique qui ne mettait nullement en question l'existence de la Belgique ni la formation d'une nation belge. La crainte d'une annexion par Louis Bonaparte n'était pas étrangère à cette attitude.

Une des conséquences de l'introduction du suffrage universel au vote plural en 1893, suivi du suffrage universel simple en 1919 (mais toujours réservé aux hommes), a été la perte de la majorité politique par la population francophone. La pression du Mouvement flamand dans lequel, à côté d'une aile majoritairement catholique, des libéraux et des socialistes étaient des forces politiques actives, mit fin au régime linguistique qui stipulait que la Flandre était bilingue et la Wallonie exclusivement francophone.

Le Mouvement flamand évolua plus tard, et pour diverses raisons, vers une politique nationaliste et droitière. Une des raisons de cette évolution, et non la moindre, était l'attitude du mouvement ouvrier socialiste qui avait vu le jour vers la fin du XIXe siècle. Ce mouvement a sans aucun doute manifesté un certain intérêt pour le nationalisme prolétarien wallon, mais à quelques exceptions près, pas pour la question flamande. Et quand bien même il s'y intéressait, il laissait la liberté du choix ou du vote à ses représentants pour ou contre les aspirations flamandes. C'était là une faute impardonnable. Le refus des socialistes en tant que bloc politique de ne tenir pas compte de la réalité des discriminations culturelles et économiques subies par la population flamande, poussèrent le mouvement émancipateur dans les bras d'un courant petit-bourgeois nationaliste et antisocialiste, contrôlé par un bas-clergé réactionnaire. Après la première guerre mondiale le Mouvement flamand évolua de plus en plus vers la droite, pour revenir après la deuxième guerre mondiale à des conceptions démocratiques, mais sans faire une critique saine et objective de son passé souillé par la collaboration de plusieurs de ses chefs de file avec l'occupant nazi. La gauche dans sa majorité jeta, quant à elle, un regard méprisant sur le mouvement et sur ses objectifs. Aujourd'hui le Mouvement flamand se compose de deux ailes. Une aile clairement raciste et antimonarchiste (le Vlaams Belang), héritière des idées de l'extrême droite d'avant-guerre, qui a fortement régressée, mais qui, en plusieurs endroits, récolte plus de 15% des suffrages. L'autre aile est un regroupement néolibéral d'allure respectable de professions libérales, d'organisations patronales et d'industriels (le CD&V et surtout la NV-A, respectivement la Démocratie Chrétienne Flamande et la Nouvelle Alliance Flamande).

Le déclin de l'industrie wallonne à partir des années 1950, l'émergence d'une industrie moderne en Flandre à partir des années 1960, la crise qui a frappé le pays à partir des années 1970, la politique de l'Union européenne, ont exacerbé la crise institutionnelle. Le mouvement social wallon qui avait connu un développement considérable suite à la grande grève de l'hiver 1960-1961 a connu un déclin, tandis que le nationalisme flamand ne s'est jamais senti aussi fort. Les institutions fédérales adoptées en 1992 sont insuffisantes du point de vue des partis flamands. Notons que la fédéralisation de ce qu'on appelle les « matières personnalisables », a élargi le fossé entre les deux communautés sur le plan culturel, avec des conséquences néfastes pour le mouvement ouvrier. Nous y reviendrons.

Une vision fédéraliste et marxiste combative

Compte tenu des difficultés théoriques et programmatiques que rencontre la gauche face à la question nationale en Belgique, il nous a semblé utile de réunir ici l'ensemble des articles qu'Ernest Mandel lui a consacré. La Belgique d'aujourd'hui est évidemment très différente par mains aspects de la Belgique dans laquelle le révolutionnaire Mandel militait. La question nationale s'y pose différemment. Mais une confrontation avec son approche théorique et pratique dans les années 1960-1970 peut aider la gauche

Nationalité et Lutte de Classe en Belgique

actuelle dans sa lutte contre les plans fédéralistes ou séparatistes néolibéraux des différentes fractions flamandes, wallonnes ou autres de la bourgeoisie. Tout en prenant la défense des droits flamands et en indiquant une voie politique pour sauvegarder l'emploi en Wallonie, Mandel plaçait la lutte des classes au centre de ses préoccupations. Il défendit un programme politique qui combinait la nécessité d'une solution fédéraliste avec une série de réformes de structure anticapitalistes, en vue d'une transformation socialiste de la Belgique. Ce programme devait être mis en œuvre à travers la lutte active de la classe ouvrière dans son ensemble contre l'État unitaire et bourgeois, en rejetant radicalement les pratiques réformistes du Parti socialiste. Certains courants sectaires ont condamné ces « réformes » en les qualifiant de réformistes. Mais il ne faut pas confondre l'interprétation qu'en ont donné les réformistes ou la gauche de la FGTB autour d'André Renard et l'interprétation qu'en donnait Mandel lui-même dans son petit groupe trotskiste. Mandel ne disposait même pas d'une majorité dans le groupe oppositionnel au sein du PSB. Il interprétait, plutôt isolé, son programme fédéraliste comme un programme de transition suivant la ligne de Trotski, c'est-à-dire comme un programme qui ne pose pas la question de la prise du pouvoir en tant que tel, mais qui essaie de pousser les masses vers un combat anticapitaliste partant de leurs besoins immédiats, combats qui pourraient se transformer en une lutte révolutionnaire.

On peut comparer l'intégration de la question nationale dans un programme anticapitaliste par Mandel, avec la manière dont la gauche radicale actuelle intègre dans une contestation globale du capitalisme, l'émancipation des femmes et la libération de tous les autres groupes opprimés de la société. Sans l'unité de tous les opprimé-e-s, la lutte pour le socialisme n'est pas possible.

Le Flamand non-Flamand

En prenant la question flamande au sérieux, Ernest Mandel (1923-1995) apparaît comme une exception dans le mouvement

4

Ernest Mandel et la Question Nationale en Belgique

socialiste belge. Il a grandi à Anvers dans une famille qui recueillit des exilés de la gauche antistalinienne et, encore adolescent, adhéra à une petite organisation trotskiste à majorité ouvrière. Pendant la guerre il fut actif dans la résistance diffusant des publications clandestines et en militant dans le parti trotskiste interdit. Après la guerre il travailla pour le groupe d'étude du dirigeant syndical wallon André Renard, participa activement à la grève de 1960-61 et joua un rôle actif dans l'aile gauche du PSB autour des journaux *La Gauche* et *Links*. Le groupe fut exclu du Parti socialiste en 1964. De par son activité politique et syndicale, Mandel faisait organiquement partie du mouvement ouvrier belge.

Le plus grand hommage que l'on peut rendre à Ernest Mandel est de le situer dans son contexte social et historique. Ce polyglotte aimait dire qu'il était Flamand. Comment devons-nous comprendre cette affirmation quand on sait qu'il est né dans une famille juive mécréante de langue allemande et originaire de Pologne? Il est évident que le Flamand 'type' n'existe pas, sauf en tant qu'un fantôme qui hante les rêves malfaisants d'un nationalisme raciste. Mandel ne répondait pas non plus à l'image du Flamand semi-intellectuel, produit du milieu culturel médiocre et étriqué de l'avant-guerre. Il ne fut pas éduqué dans les idées vitalistes du romantisme tardif allemand où l'on appelait à un renversement de toutes les valeurs sous la direction d'une « aristocratie de l'esprit », tout cela au sein d'un régime paternaliste et corporatiste – des idées qui, dans les années 1930, avaient pénétré le mouvement socialiste, comme en témoigne la dégénérescence de certains dirigeants socialistes tels qu'Edgard Delvo[1] et Henri De Man[2]. Mandel, contrairement à la plupart des étudiants, n'a jamais chanté les chants pseudo-folkloriques inventés pour le besoin de la cause par le néoromantisme flamand. Par contre, il a lu *Le Lion de Flandre* de l'écrivain Flamand Henri Conscience et *La Légende d'Ulenspiegel*, le roman de Charles Decoster qui a comme cadre non pas le pays mythique des nationalistes Flamands, mais la glorification d'une Flandre belge, anticléricale et tolérante.

Nationalité et Lutte de Classe en Belgique

De par son origine cosmopolite et son milieu culturel et révolutionnaire Ernest Mandel était une exception dans le paysage flamand. Il convient peut-être de dire, par analogie avec Isaac Deutscher et son Juif Non-Juif, que Mandel était un Flamand Non-Flamand. Il était également Belge et internationaliste. Il avait l'avantage de regarder son pays à partir d'une colline située dans un pays au-delà de la frontière, un pays virtuel mais habité par des personnages révolutionnaires, parmi lesquels Marx, Engels, Lénine, Luxemburg et Trotski.

Une approche léniniste

Dans son approche de la question nationale Mandel suit les idées de Lénine qu'on retrouve dans les nombreux articles que le révolutionnaire russe y a consacrés. Lénine défendait l'égalité en droit sans restrictions des nations et leur droit à l'autodétermination[3]. De mauvaises langues prétendent qu'il le fit pour des raisons purement tactiques, mais une lecture attentive et sans parti-pris des articles qu'il écrivit à partir de 1913 sur la question, contredisent cette affirmation[4]. Il combattait par contre toute forme de nationalisme bourgeois ou petit bourgeois comme celle propagée par le Bund, l'organisation social-démocrate des travailleurs juifs[5] qui, comme les révolutionnaires géorgiens et arméniens de l'empire tsariste, avaient subi l'influence des thèses d'Otto Bauer[6] sur l'autonomie culturelle.

Dans sa polémique contre les conceptions de ce dernier, Lénine faisait remarquer qu'une telle « autonomie culturelle » produisait une division au sein des ouvriers, ce qui ne l'empêchait pas de condamner toute oppression d'une nationalité quelconque, même si celle-ci aspire à la séparation. La Belgique fédérale actuelle est un exemple des effets négatifs de « l'autonomie culturelle ». La fédéralisation a profondément affaibli l'action commune des mouvements ouvriers flamands et wallons, non seulement sur le plan culturel (l'enseignement, la santé publique, la défense de l'environnement, le droit souverain de faire des accords avec d'autres États), mais aussi dans la vie politique et syndicale. Les deux peuples suivent des routes de plus en plus divergentes.

L'optimisme légendaire de Mandel

L'optimisme que Mandel affiche en général a été l'objet de critiques parfois méprisantes. Mais on peut difficilement attendre d'un révolutionnaire qu'il baigne d'une lumière pessimiste toute proposition à l'action. Mandel n'était certainement pas naïf. Dans un article commémoratif[7] Paul Verbraeken a souligné le côté pessimiste de Mandel, en citant un passage d'une introduction que ce dernier avait écrit pour une édition du *Capital* en anglais: « C'est précisément en fonction de la dégénérescence du capitalisme que les phénomènes d'un déclin culturel sur les terrains de l'idéologie, du respect des droit de l'homme s'amplifient de plus en plus et avec lesquels, accompagnés de crises multiformes, nous serons confrontés (et sommes déjà confrontés). La barbarie qui pourra nous submerger dans l'écroulement du système est aujourd'hui plus concevable et plus concrète que dans les années vingt et trente. Mêmes les horreurs d'Auschwitz et de Hiroshima sembleront douces comparées aux horreurs qui attendent le genre humain dans le déclin ininterrompu du système.»[8]

Pour terminer

Gertjan Desmet, coauteur de ce livre, a découvert dans les archives deux articles sur la question flamande écrits par un Ernest Mandel qui venait de fêter ses 16 ans. Nous avons évidemment repris ces textes, suivi d'un commentaire circonstancié de la main de son découvreur.

Pour jeter un peu de lumière sur les interprétations des divers courants révolutionnaires à propos de la grève de 1960-1961 qui a joué un rôle important dans le développement de la question nationale en Belgique, nous avons inclus une réaction d'un groupe de vétérans qui ont accompagné Mandel dans cette grève (Annexe 3).

Nationalité et Lutte de Classe en Belgique

Nous avons également inclus un article de Daniel Tanuro écrit en 2007 sur la situation politique et sociale actuelle de la Belgique qui met en lumière les nouveaux aspects de la question (Annexe 4). Selon Tanuro c'est un projet néolibéral dangereux pour le mouvement ouvrier, aussi bien en Wallonie qu'en Flandre, qui se cache derrière les arguments idéologiques avec lesquels les divers protagonistes se font la vie dure. Ailleurs le même auteur a indiqué que les entrepreneurs flamands, organisés dans le VOKA, sont d'avis que dans leur région les possibilités sont plus favorables pour entamer une grande offensive contre les travailleurs. Du côté francophone, une fraction de la bourgeoisie (comptant sur l'aide du Parti Socialiste et des technocrates européens) mise sur un État fédéral et utilisant la peur d'une scission de la sécurité sociale suite à une séparation éventuelle de la Flandre, pour entraîner les travailleurs dans l'acceptation de plans d'austérité d'envergure au nom du moindre mal. Selon Tanuro le projet nationaliste flamand du dirigeant du NV-A n'est autre qu'un cache-sexe populiste de son projet néolibéral.

Mais il est également vrai, selon moi, que de larges couches en Flandre, bien qu'elles ne soient plus opprimées culturellement par une minorité francophone, ni désavantagées économiquement par rapport aux Wallons, continuent à nourrir une rancœur envers les « francophones » qui les rend sensibles aux sirènes néolibérales flamandes. Le nationalisme a profondément pénétré le sol flamand et la rancune envers la vieille élite francophone n'est toujours pas morte : « la tradition de toutes les générations mortes pèse d'un poids très lourd sur le cerveau des vivants » a remarqué Karl Marx. Le nationalisme flamand n'est pas seulement nourri par la fédéralisation et par la politique des partis établis, mais aussi et surtout par le néolibéralisme et la démagogie de l'extrême droite à propos du « flux monétaire vers la Wallonie ». Il n'y a qu'un seul moyen pour combattre cette démagogie : une étude objective commune par les deux familles syndicales des deux côtés de la frontière linguistique. Il faut par ailleurs se demander avec l'historien

Ernest Mandel et la Question Nationale en Belgique

Lode Wils[9], sans être d'accord avec toutes ses affirmations, si nous ne nous trouvons pas en présence du développement d'une nation Flamande, c'est-à-dire une nation dans laquelle la population dans sa grande majorité croit constituer une unité, unité dans laquelle elle se reconnaît et qu'elle s'imagine, donc le berceau d'un nationalisme étatique. C'est un fait que la génération actuelle en Flandre possède sa propre culture bien implantée, indépendante de celle de la génération francophone contemporaine.

Pour aider les lecteurs à comprendre les interventions politiques d'Ernest Mandel, nous avons inclus une histoire sommaire du mouvement trotskiste en Belgique, écrite par Rik Deconinck, archiviste à l'AMSAB, le Musée du mouvement ouvrier socialiste à Gand. Nous l'en remercions vivement.

Hendrik Patroons, septembre 2013

1. En 1932, le socialiste gantois Edgard DELVO était devenu secrétaire-général de l'institut de formation du POB. Quand la guerre éclata il rejoignit le VNV dont il devint un des dirigeants. En 1942 l'occupant le mit à la tête du syndicat collaborateur, l'Union des Travailleurs Manuels et Intellectuels. Le Vlaams Blok l'honora dans un article sous le titre «Un marxiste devenu nationaliste» (Van marxist tot nationalist).

2 . Cf. Ernest Mandel,"Hendrik De Man: een intellectuele tragedie", in *Lins, 11 juli 1959* et *Vlaams Marxistisch Tijdschrift*, juni 2004; et "Hendrik De Man, vijftig jaar later", in *Hendrik De Man: een portret 1885-1953*, Archief en Museum voor het Vlaamse Cultuurleven,1985. Sur les développements droitiers dans le mouvement socialiste en général, voir Zeev STERNHELL, Ni *droite, ni gauche. L'idéologie fasciste en France*, Paris 1983.

3. V.I. LÉNINE, « Bilan d'une discussion sur le droit des nations à disposer d'elles-mêmes », in *Œuvres, Tome 22*, Paris/Moscou 1960.

4. Cf. George HAUPT, Michel LÖWY, Claudie WEILL, *Les marxistes et la question nationale 1848-1914*, Paris 1974.

5. Sur le Bund consultez l'ouvrage d'Henri MINCZELES: *Histoire générale du Bund, un mouvement révolutionnaire juif*, Paris 1999.

6. Le social-démocrate autrichien Otto BAUER (1881-1938) était un représentant du courant dit austro-marxiste. Son livre *La Question nationale et la social-démocratie* de 1907 eut une influence considérable sur les mouvements révolutionnaires en Europe Centrale et Orientale.

7. Paul VERBRAEKEN, "De worsteling van Ernest Mandel", in *Vlaams Marxistisch Tijdschrift*, vol. 29, 1995, nr. 4.

8. Ernest MANDEL, "Introduction", in Karl MARX, Capital, Vol. III, Londres 1981, p.89 (ma traduction, H.P.).

9. Lode WILS, *Van de Belgische naar de Vlaamse natie. Een geschiedenis van de Vlaamse Beweging*, Louvain/La Haye 2009.

Ernest Mandel et la Question Nationale en Belgique

Le jeune Mandel à la libération

PROLOGUE

LE JEUNE MANDEL ET LA QUESTION FLAMANDE (1939)

Gertjan Desmet

Introduction

Les contributions rassemblées ici illustrent le jugement assez original d'Ernest Mandel sur la question nationale en Belgique. Son approche marxiste d'un thème si controversé et brûlant dans la Belgique actuelle est certainement particulière. Mais le 'flamingantisme' de Mandel est resté dans l'ombre.

Son attitude flamingante s'est développée très tôt. Nous lisons dans la *Nieuwe Encyclopedie van de Vlaamse Beweging* (NEVB) que ce flamingantisme-social de Mandel se manifestait déjà à l'époque où il était lycéen à l'Athénée Royal d'Anvers.[1] Ensuite, cette encyclopédie fait un saut dans le temps jusque à la période qui suit la seconde guerre mondiale et en particulier l'époque des années 1960 où Mandel est actif dans *La Gauche* dans les années 1960. La biographie d'Ernest Mandel[2] par Jan-Willem Stutje, parue neuf ans après la publication du NEVB, explore plus en profondeur ces années dans lesquelles son engagement et sa pensée politique prennent forme. Stutje mentionne également le réflexe flamand de Mandel. Bien qu'il mentionne le fait que 'Esra' devient en 1938, à l'âge de 15 ans, membre du Parti Socialiste Révolutionnaire (PSR), nous trouvons peu d'informations concernant l'activité de Mandel dans cette organisation avant le seconde guerre mondiale.[3]

13

Nationalité et Lutte de Classe en Belgique

En introduction aux textes qui sont publiés dans ce livre, nous plongeons dans la période au cours de laquelle les germes de la pensée politique d'Ernest Mandel prennent naissance. L'occasion et le point de départ sont la découverte de trois articles[4] de Mandel jusqu'à présent inconnus (et jamais publiés) écrits en 1939. Dans les articles *Het "geval" Martens en … de Vlaamsche kwestie* (L'affaire Martens et … la question flamande) et *Theses tot het Vlaamsche vraagstuk* (Thèses sur la question flamande), Esra, qui a 16 ans, essaie d'analyser la question nationale dans un cadre marxiste. Ce qui suit définit le contexte de la genèse des deux articles, basé sur la recherche du matériel d'archive (re)découvert et sur la littérature secondaire. La discussion sur l'origine archivistique nous aide pour compléter le volet historique et justifie également la publication de ces articles. Les deux textes jamais publiés sont reproduits intégralement avec une introduction et un commentaire.

"Schaked", "Es." et IKD-gruppe Anvers

Nous sommes en 1939. La démocratie parlementaire connaît une crise profonde. Moins de la moitié des pays européens connaissent un régime démocratique. En Italie, en Allemagne, en Autriche, en Espagne, au Portugal mais également en Europe de l'Est et aux Balkans des régimes autoritaires, incarnant des versions diverses du fascisme, sont au pouvoir, de l'ordre clérical et corporatif de l'Espagne de Franco au régime Polonais de Sanacja. Ces régimes d'extrême-droite génèrent un important mouvement de migrants politiques; Italiens, Polonais, Allemands, Autrichiens, Espagnols …fuyant les persécutions et la terreur qui sévissent dans leur pays d'origine. Pour les juifs d'Europe, contraints à l'exil par l'antisémitisme (souvent institutionnalisé) dans des pays comme l'Allemagne, l'Autriche, la Pologne, la Hongrie, la Roumanie … le nombre d'endroits où ils pouvaient vivre en sécurité, diminuait constamment.

Ce n'est pas un hasard qu'un nombre important de refugiés du troisième Reich arrivent à Anvers. Après Bruxelles, Anvers devient

Le Jeune Mandel et la Question Flamande

la ville la plus importante de *l'exil* en Belgique. L'anonymat de la métropole jouait certainement un rôle. Dans une ville portuaire, les étrangers se font moins remarquer et de plus, la présence de communautés allemandes (et juives) facilitait l'adaptation des émigrés qui pouvaient même entrer en clandestinité si cette solution extrême devenait nécessaire. Ces refugiés étaient dans la mesure du possible soutenus par des sympathisants belges ou par des organisations d'aide fondées dans les communautés juives.[5]

Le mouvement trotskiste allemand[6], *l'Opposition de Gauche du KPD*, plus tard les *Internationale Kommunisten Deutschlands* (IKD), avait aussi des exilés. Dans les années 1933-1940 un petit groupe de membres de l'IKD fuyant le régime nazi, arrive en Belgique.[7] Ce groupe se compose principalement de membres du groupe IKD de Remscheid, rassemblé autour du dirigeant charismatique Josef Weber (1901-1959) (pseudonyme « Johre ») de Gelsenkirchen et quelques militants de Magdebourg.

Ces militants ne restent pas passifs au niveau politique dans leur pays d'accueil. En conformité avec les directives de leur parti, ils rejoignent le parti trotskiste local, le PSR.[8] La tâche principale des émigrés de l'IKD à Anvers est la publication de littérature et de périodiques trotskistes. Fritz Besser (1908-1977) (pseudonyme « Brink ») et Franz Meyer (1906-1957) (pseudonyme « Holz ») travaillent dans les éditions/la librairie *Éditions De Lee* du trotskiste belge Leon De Lee. C'est cet éditeur qui publie *Verratene Revolution* (la Révolution Trahie) de Trotski ainsi que des brochures et à partir de 1936 la revue de l'IKD *Unser Wort* et *Der Einziger Weg*[9]. Brink et Holz collectent les articles écrits par des camarades de l'intérieur et de l'étranger, ils réalisent la mise en page, l'impression et l'expédition de la publication aux quatre coins du monde.

L'*Exil* est dur en Belgique. Ce n'est qu'au début de 1936 que les refugiés de la gauche radicale obtiennent la possibilité de recevoir le statut de 'refugié politique' et de régulariser leur présence. Avant cette date, ils étaient expulsés du pays quand ils étaient découverts.

Nationalité et Lutte de Classe en Belgique

Beaucoup d'entre eux vivaient en permanence dans la peur d'être arrêtés. Et même en possession d'une carte d'identité d'étranger, il fallait se méfier de la police. Ceux qui faisaient de la 'politique', un concept vague, défini par la Sécurité Publique, courraient toujours le risque d'être expulsés.

Comme d'autres émigrés, les exilés trotskistes ont des difficultés pour joindre les deux bouts. *« Unsere hiesigen Freunden gehts alles assez schlecht: wir leben alle – ohne Ausnahme – von der Hand in den Mund. Und freuen uns bei alledem, dass wir überhaupt noch leben ... "* [10] certains membres de l'IKD essaient d'obtenir un maigre revenu grâce à des amis et de la famille. D'autres, comme le juif polonais Max Laufer (1913-1986) (pseudonyme « Marcel ») sont aidés par la Croix Rouge. Grâce à son réseau politique, le dessinateur Holz peut gagner de temps en temps un peu d'argent avec la parution de caricatures politiques dans la presse trotskiste belge et néerlandaise.[11] Brink, qui a 26 ans lorsqu'il arrive en Belgique, donne des cours de piano. Parmi ses élèves, on retrouve Ernest Mandel et son frère Michel.[12]

Ernest connaissait les émigrés allemands à travers le réseau politique de son père Henri. La maison Mandel verra en effet, après la prise du pouvoir de Hitler, passer de nombreux réfugiés très pauvres. Le jeune Ernest se sentira particulièrement lié avec les opposants de gauche, poursuivis aussi bien par Hitler que par Staline. Beaucoup étaient, comme la famille Mandel, d'origine juive. Else Borman, l'amie de Holz, aidait dans le ménage de la famille. Henri avait également arrangé un bureau pour Holz où il pouvait travailler et il lui amenait aussi des élèves pour des leçons de piano. Le père Mandel n'avait plus été politiquement actif depuis sa fuite de l'Allemagne après l'assassinat de Rosa Luxemburg et de Karl Liebknecht en 1919. Mais il reprenait graduellement une activité dans la périphérie de la Quatrième Internationale en formation. Il fut par exemple un des fondateurs en 1937 du Comité pour la Justice et la Vérité qui avait pour objectif de faire connaître la vérité sur les procès de Moscou. En décembre de cette même

16

Le Jeune Mandel et la Question Flamande

année Henri et Brink avaient fondé la *Dynamo Verlag*, une maison d'édition issue de la fusion entre *Dynamo Verlag Zürich* et les *Éditions De Lee*. Leur objectif principal était la publication de la littérature trotskiste en allemand[13]. Lorsque Brink, recherché par la Sécurité Publique, put s'enfuir vers Londres, ses tâches ont été reprises par « H. Schaked »[14], pseudonyme de Henri Mandel.

C'est dans ce milieu que l'intérêt pour la politique du jeune Ernest est né. « Esra » était fasciné par les nombreuses discussions et réunions qui se tenaient à la maison.[15] Brink, son professeur de piano et « meilleur ami », l'a profondément marqué, il dira de lui : *« il a fait de moi, encore plus que mon père, un marxiste, un militant de l'organisation trotskiste ».*[16] Ernest fait ses timides premiers pas dans le travail politique en écrivant des articles et en traduisant des textes pour le journal du parti. Ses premiers essais (connus) datent du début 1939. Ce qui frappe le lecteur d'aujourd'hui, dans les deux articles reproduits ici, c'est le style rigide et doctrinaire. Mais ces écrits témoignent en même temps – et ceci de la part d'un lycéen de 16 ans – d'une connaissance remarquable de l'arrière fonds historique et de la structure économique de la Belgique. Il s'agissait d'un bagage intellectuel dans lequel Mandel a pu puiser et qu'il a réussi à synthétiser en un texte cohérent, même s'il n'est pas toujours très raffiné.

Contexte archivistique

Les articles ont étés retrouvés dans ce qui s'appelle « l'archive Leon De Lee ». Rik De Coninck, archiviste de l'AMSAB-ISG, les a découverts dans une valise oubliée dans le grenier d'Ernest Mandel. Une analyse approfondie a montré qu'il s'agit d'un ensemble de différentes archives privées provenant de Fritz Besser (Brink), Franz Meyer (Holz) complété par une archive privée de Leon De Lee et/ou de sa maison d'édition. Le caractère disparate de cette collection justifie peut-être l'appellation d'archive du groupe de l'IKD d'Anvers. Elle est de plus loin d'être complète car en 1939 les services de police avaient effectué des perquisitions dans les maisons de Brink, Holz, Marcel, De Lee et d'autres trotskistes belges.[17] À ce jour, certains documents saisis restent conservés dans les archives du parquet d'Anvers. Il est probable, par ailleurs, que les protagonistes ont également caché ou détruit certains documents.

C'est probablement le père d'Ernest Mandel qui a collecté et conservé ces documents. On sait qu'Henri Mandel, après le départ de Brink en 1939, avait repris ses fonctions administratives, entre autres dans la maison d'édition. 'Schaked' mentionne explicitement une valise dans une lettre à Brink, valise qui contenait des documents et dans laquelle il a mis de l'ordre avec « un vrai amour Prussien pour l'ordre »[18]. Ce qui est intéressant c'est qu'il parle également du classement de l'administration de *Dynamo Verlag*. Ce qui est un indice fort permettant de penser que l'archive de la maison d'édition était conservée séparément des pièces contenues dans la valise. Il est donc bien possible que le père Mandel ait gardé cette valise chez lui ou que cette archive accablante au début de la seconde guerre mondiale, ait été mise en sécurité chez lui.

Pendant toutes ces années, Ernest a gardé cette valise – un souvenir purement matériel et en même temps très symbolique du passage d'un nombre d'exilés allemands dans sa vie.

Les textes d'Ernest Mandel

Les textes repris ici sont les versions intégrales telles que nous les avons trouvées dans « l'archive De Lee ». Pour améliorer la lisibilité, nous avons corrigé l'orthographe et la grammaire du texte néerlandais et si nécessaire, nous les avons homogénéisés et actualisés. Les quelques « (sic) » ainsi que les passages soulignés sont de Mandel lui-même.

Les notes donnent des informations supplémentaires sur le contexte, les organisations, les personnes et les évènements avec

Le Jeune Mandel et la Question Flamande

l'accent mis sur la période d'avant la seconde guerre mondiale. Le premier texte d'Ernest Mandel que nous avons retrouvé date du 23 février 1939 avec un complément du 4 mars 1939. En se basant sur les prises de position des partis politiques dans l'affaire Martens, Mandel explore la base de classe de la « question flamande » telle qu'elle se manifestait en 1939.

L'affaire Martens éclate à la fin de 1938. Adriaan Martens (1885-1968) était un médecin flamingant radical condamné à mort en 1919 à cause de son activisme pendant la première guerre mondiale. Refugié aux Pays-Bas, il a pu revenir en Belgique au début des années 1930 grâce aux lois de clémence, il est ensuite devenu un spécialiste connu en médecine interne. Le gouvernement Spaak – composé de catholiques, de libéraux et de sociaux-démocrates – avait proposé le Dr. Martens comme membre de la nouvelle Académie Flamande de Médecine, fondée en novembre. L'admission d'un ancien activiste provoqua une vague de protestations dans certains cercles francophones et associations d'anciens combattants. De plus, le gouvernement était entré en conflit avec Léopold III, en annonçant publiquement la nomination avant la ratification de cette décision par le roi. Un « Manifeste d'Anvers » fut publié dans lequel les politiciens flamingants refusaient l'ingérence des francophones dans les affaires culturelles flamandes, mais cela ne permit pas d'empêcher la chute du gouvernement Spaak le 9 février 1939. La coalition entre catholiques et socialistes, le gouvernement Pierlot I, ne dura pas même une semaine (du 21 au 27 février 1939) et des élections anticipées furent organisées pour le 2 avril. Les catholiques et les libéraux sortirent vainqueurs de ce scrutin.[19]

Les trotskistes belges avaient besoin d'une analyse sérieuse de l'affaire Martens. Les camarades allemands ont donc apprécié l'article de Esra. *"[Esra] tut wirklich ausgezeichnet dasjenige, was getan werden musste: der reisst den Schleier runter und legt den Arsch der Bourgeoisie bloss."*[20] Brink pensait que le texte, malgré ses faiblesses, devait être publié au plus vite et devait circuler en tant que base de discussion.

Nationalité et Lutte de Classe en Belgique

Mais pour des raisons qui restent obscures, l'article fut refusé[21], probablement parce que les différentes sections du PRS n'arrivaient pas à partager un point de vue unanime sur la question nationale. Dans une longue lettre, Brink parcourt les manquements théoriques et les lacunes de l'article. Selon lui, le texte n'était pas assez clair et trop complexe. Il conseilla Esra d'être moins ambitieux et de se concentrer sur ce qu'il connaissait bien. Brink continuait en disant qu'une bonne maîtrise du marxisme est une condition nécessaire pour parler valablement du capital industriel et financier, *"und da haperts bei Dir noch sehr."* Brink conseilla à Esra l'étude systématique de la littérature marxiste et surtout la relecture du Manifeste Communiste.[22]

Comme le prouvera l'œuvre ultérieure de Mandel, ces remarques venant de son mentor, ne sont pas tombées dans l'oreille d'un sourd.

LE « CAS » MARTENS ET … LA QUESTION FLAMANDE

Le « cas » Martens a bouleversé la Belgique : un médecin connu, ex-activiste et condamné à mort est nommé membre de la nouvelle « Vlaamsche Akademie voor Geneeskunde » (Académie Flamande de Médecine) par le gouvernement. Ceci n'est pas un fait banal ! Partout les langues et les plumes se délient ; le premier ministre reçoit d'abord une gifle et le cabinet Spaak est même « obligé » de démissionner.

À notre avis, l'affaire Martens en soi, c'est-à-dire la nomination d'un soi-disant traître à la patrie comme membre d'une académie, ne revêt pas une importance majeure. L'analyse de l'attitude des différents partis dans « l'affaire » Martens en particulier et dans la question flamande en général, nous permet simplement de révéler la cause plus profonde et la base de classe de cette crise. Nous voulons également montrer comment le prolétariat belge a été induit en erreur et trompé dans cette « affaire ».

Le Jeune Mandel et la Question Flamande

Aux yeux de la bourgeoisie « nationale » belge, Martens est un traître parce qu'il a œuvré pendant la guerre « en faveur d'un état flamand indépendant ». Mais attention, les activistes voulaient remplacer la Belgique *capitaliste* par une Flandre *capitaliste* et une Wallonie *capitaliste*. La Belgique, dont Marx disait que c'était « un paradis pour le capitalisme »[23], constitue une unité économique. En cassant cette unité, les activistes flamands administreraient un coup de massue à la bourgeoise « nationale » belge mais également au prolétariat en tant que tel. Certes, ce n'est pas parce que nous attachons de l'importance aux phrases « patrie belge », « peuple belge » etc. mais nous sommes convaincus – et la guerre mondiale impérialiste l'a prouvée – que la solution de la question nationale n'est plus possible dans le cadre de la société capitaliste. Ce qui est *l'essentiel* dans la question flamande.

En divisant la Belgique, les activistes divisent le prolétariat belge et, faut-il le dire, le prolétariat flamand n'est pas capable seul, d'accomplir la grande tâche historique qui s'impose à lui. C'est seulement si les travailleurs et les paysans flamands et wallons en luttant coude à coude, remportent la victoire et fondent leur *république des soviets*, qu'il deviendra possible de parler d'un *État soviétique Flamand* et d'un *État soviétique Wallon*.

Pour expliquer la crise actuelle, qui est évidemment de nature économique, il faut donner un bref aperçu du développement économique de la Flandre au cours des cent dernières années. Il fut un temps – dans les années 1830-1914 – où la lutte flamande était une lutte sociale. La Flandre connaissait une situation féodale. Les paysans flamands étaient opprimés et pillés par des seigneurs wallons fransquillons de manière comparable au traitement des serfs par les seigneurs féodaux. Le prolétariat flamand de Gand et d'Anvers vivait sous le pouvoir d'une bourgeoisie wallonne. Cette situation a changé depuis et en conséquence de la guerre mondiale : les seigneurs et les capitalistes wallons ont été expulsés de la Flandre. Mais rien n'a changé dans la situation de classe du prolétariat et des paysans flamands. La bourgeoisie flamande a remplacé la bourgeoisie wallonne, le Boerenbond flamand a remplacé les seigneurs fransquillons. On comprend, à cause de son développement tardif, que ce soi-disant capitalisme « flamand » a connu une expansion importante en peu d'années. Dans les années 1920-1930, le capital flamand a dépassé le capital wallon dans la production en Flandre (et en partie en Wallonie). Mais le capital wallon qui s'était presque entièrement transformé en capital financier, maintenait son pouvoir de garantir des crédits, crédits nécessaires au fonctionnement des usines de la bourgeoisie flamande. D'où les contradictions entre bourgeoisies flamandes et wallonnes, dont celle du monopole du droit d'exploiter le prolétariat flamand. Ceci explique le « cri d'alarme » de la presse bourgeoise wallonne concernant le « danger flamand » et la « domination de la Belgique par la Flandre ».

Dès le début de la crise économique, les bourgeoisies flamandes et wallonnes ont proposé des « moyens de sauvetages » opposés : les flamands, qui ont absolument besoins de crédits, ou, plus exactement, d'une quantité importante et à bon marché d'argent circulant, exigent une dévaluation ; les wallons, qui voulaient figer leurs capitaux pour renforcer le marché de l'argent, exigent la déflation. D'abord, les barons de l'argent wallons l'emportent. Mais, grâce ou POB et sa fiction du PLAN [24], ceux qui sont en faveur de la dévaluation, gagnent la partie. Les divers gouvernements « d'unité nationale » ne représentent que cette tendance « flamande » (même si Van Zeeland[25], Janssen[26] et Co ne sont pas des flamands …). Une explosion était inévitable. La démission du déflationniste Max Léo Girard[27] du gouvernement Spaak a accéléré cette explosion. L' « affaire » Martens était pour les libéraux wallons le « moyen adéquat » pour couvrir les contradictions purement financières et pour leur donner un autre « cachet ». L' « affaire » Martens n'est rien d'autre qu'un prétexte car il s'agit uniquement de trancher la question de la déflation ou de la dévaluation. Mais il faut également souligner qu'au même titre que la *déflation*, la *dévaluation* se concrétise par le pillage du prolétariat. C'est la raison pour laquelle l'attitude du POB dans cette affaire est si criminelle, il se laisse utiliser par les intérêts d'un des trusts contre ceux de l'autre, au lieu de les combattre tous les deux.

Quant à la question linguistique et la soi-disant lutte culturelle flamande, ses causes sont les mêmes que celles de la lutte sociale : l'oppression par une minorité wallonne. Mais, contrairement à la lutte sociale, la bourgeoisie flamande n'a pas pu, au niveau culturel, obtenir la victoire et elle ne le pourra jamais. Ceci pour deux raisons. La première se situe dans le passé, la seconde dans le présent du mouvement flamand. La première donc, est le fait que jusqu'à aujourd'hui la Flandre a toujours manqué de forces intellectuelles. Les officiels bruxellois ont évidemment saboté systématiquement toutes les lois flamandes. Mais ce sabotage était facilité par l'incompétence ou la mauvaise volonté des intellectuels flamands eux-mêmes. L'année passé, par exemple, des officiers wallons ont été affectés aux régiments flamands, par manque de candidats flamands.

La deuxième raison se situe dans le mouvement culturel flamand actuel. On ne peut nier que c'est le parti catholique qui a joué et qui joue toujours le rôle principal dans la lutte culturelle flamande. Tout comme l'église par son refus de lui fournir un enseignement, maintenait le peuple dans un état d'ignorance, elle abrutit ce même peuple par son enseignement actuel et le maintient dans une étroitesse d' esprit. Le KVV[28] a pris la tête du mouvement pour « l'indépendance culturelle ». La revue « *Nieuw Vlaanderen* » [29] lance son cri:"Flandria fara da se"[30]. Mais ces messieurs oublient consciemment, qu'il s'agit en fait d'une lutte contre eux-mêmes. Les « flamands catholiques » dirigent deux tiers des administrations publiques flamandes et trois quarts des institutions culturelles. Les gouverneurs des quatre provinces flamandes sont des catholiques. Les conseils provinciaux sont dans la main du parti catholique et de la VNV[31]. Les présidents des nouvelles académies sont des catholiques. Mais ce même mouvement catholique abrutit le peuple flamand par ses écoles catholiques. Même aujourd'hui, il y a des centaines de villages dans lesquels ces écoles du parti regroupent plus de 80% des élèves. La condition première pour la victoire du mouvement culturel flamand, c'est l'abolition de l'école catholique. Mais cette victoire nécessite que les catholiques se suicident... Voilà la raison principale pour laquelle la bourgeoisie *ne peut pas gagner* cette lutte culturelle.

Quelle doit être notre position par rapport à cette lutte pour « l'autonomie culturelle » ? Nous devons dire au prolétariat : le développement complètement libre de toutes les forces culturelles d'un peuple, est une nécessité. Mais, cette libération n'est *pas possible* dans la société capitaliste actuelle. La bourgeoisie, en appuyant ces mêmes slogans, ne les utilise que comme couverture. Derrière les belles paroles de « l'autonomie culturelle » on entend déjà le bruit des bandes fascistes et profascistes. La question culturelle est donc subordonnée à la question sociale. La solution du problème culturel ne peut être obtenue que par la solution de la question sociale. En d'autres termes : révolution, état soviétique et dictature du prolétariat sont une *conditio sine qua non* pour l'émancipation culturelle du peuple flamand.

Voyons maintenant, comment les différents partis réagissent par rapport à la question flamande. Tout d'abord les catholiques. Ce parti qui même en temps « normaux », est très diversifié, montre encore plus clairement son caractère dans des situations dangereuses. En fait, ce parti n'est pas un parti dans le vrai sens du terme. Au mieux, on pourrait parler de ce parti comme d'une clique qui en contrôle une autre. Mais ce parti se désagrège dès lors que de purs intérêts de classe sont en jeu, et les différents groupes qui le composent, ACW[32], Boerenbond[33], conservateurs, classes moyennes, etc. votent selon leurs opinions spécifiques. C'est ce qui s'est passé en 1925[34] et de nouveau lors du vote de la Chambre sur « l'affaire » Martens. Les conservateurs ont voté contre Martens, c'est-à-dire pour une politique de déflation. Le Boerenbond a voté pour Martens, c'est-à-dire contre une politique déflationniste.

Le Jeune Mandel et la Question Flamande

Comme nous l'avons déjà expliqué ci-dessus, la confrontation interne entre Flandre et Wallonie dans le capitalisme belge, c'est la confrontation entre les défenseurs et les partisans de la déflation, confrontation qui se reflète dans l'opposition entre les soutiens et les contradicteurs de Martens.

Les libéraux, à l'exception des trois derniers des Mohicans flamands, sont des représentants typiques du trust bancaire wallon : la Société Générale[35] et compagnie. Leur position est, de ce point de vue beaucoup plus claire. Ce n'est pas par patriotisme, ni par calcul électoral (comme le prétend la presse du POB) que les libéraux restent si fermes. C'est l'intérêt de classe pur et dur qui parle. Ce vote révèle également le vrai caractère de REX[36], qui ne représente pas les intérêts de la petite bourgeoisie, mais bien ceux de la grande bourgeoisie.

Le VNV en Flandre est né comme une conséquence directe de la crise qui a frappé cette partie du pays plus durement que la Wallonie parce que l'industrie flamande a été construite sur une base plus récente et moins solide que celle de la Wallonie. Les masses déçues on recherché en vain une nouvelle (!) solution. Des charlatans comme ceux de Liga Signaal[37], Dinaso[38], Realisme[39], etc. n'ont pas su capter les esprits. Après l'échec de l'action du POB « le Plan, rien que le Plan, tout pour le Plan », il ne reste apparemment plus qu'une seule voie : la voie fasciste. La force plus importante du VNV – et aussi le grand danger pour le mouvement ouvrier – repose sur le fait qu'il fait le lien entre ses revendications sociales (corporatisme etc.) et les revendications culturelles, donnant ainsi des soi-disant « nouvelles perspectives » aux petits bourgeois déçus, aux travailleurs déclassés et aux intellectuels : séparation administrative, leur propre état national flamand etc. Et c'est donc aussi sur ce terrain, en liant les revendications sociales aux revendications culturelles, que le parti révolutionnaire du prolétariat doit barrer la route aux fascistes du VNV et à leurs complices.

Nationalité et Lutte de Classe en Belgique

L'attitude du POB est d'autant plus dangereuse pour le prolétariat belge, qu'un facteur nouveau apparaît pour la première fois en Belgique. De l'opposition entre bourgeoisie flamande et bourgeoisie wallonne, émerge une opposition entre prolétariat flamand et prolétariat wallon. Le danger que cela comporte est clair – en premier lieu pour les travailleurs flamands. Mais le fait que la fédération wallonne du POB reprenne les slogans fascistes de Cox[40], Louvaux[41] et Co , n'est pas seulement un symptôme d'un hyper social-patriotisme. Il est aussi le symptôme d'un déclassement inouï du réformisme wallon qui ne trouve d'autre moyen pour calmer les travailleurs wallons que de les opposer aux travailleurs flamands (ce n'est pas la première fois).Nous sommes arrivés depuis longtemps au point où les intérêts de l'aristocratie ouvrière en général ne coïncident plus avec ceux du prolétariat. Nous avons lentement atteint le seuil à partir duquel ces intérêts sont devenus contradictoires à ceux des travailleurs. C'est un signal triste de notre époque de voir la bureaucratie du POB reprendre en dernier recours les *slogans fascistes*.

Il ne faut pas s'étonner de retrouver également dans cette digne compagnie, des « partis soi-disant communistes » flamand (sic) et wallon. Aujourd'hui, on retrouve toujours les staliniens là où ils peuvent porter atteinte au prolétariat. Dans leur volonté d'être encore plus patriotes que les patriotes bourgeois, ces tristes clowns n'osaient d'abord pas prendre position. Mais dès qu'ils ont appris la position des libéraux et des fraternelles, ils se sont joints à eux, sans être invités, pour chanter dans le chœur chauviniste. Avouons-le, le chœur sonnait légèrement faux. C'est ce qu'ont également compris Lahaut[42] et Co qui ont vite casaqué[43] et après l' « attentat » (sic) contre Spaak, ils ont pris position en faveur de « l'autonomie culturelle » sans plus…

Ainsi, nous nous retrouvons au milieu d'une des crises les plus fortes qui ont secoué la Belgique. Bonapartisme[44], fascisme peut-être, s'annoncent. Dans ces moments difficiles pour la classe ouvrière, chaque révolutionnaire doit avoir une position

Le Jeune Mandel et la Question Flamande

idéologique forte face à chaque problème qui se pose. Sa place est dans le parti révolutionnaire du prolétariat, dans le Parti Socialiste Révolutionnaire, section belge de la Quatrième Internationale, qui lutte pour la libération sociale et culturelle de la classe ouvrière du monde entier. C'est un devoir d'honneur de tout ouvrier conscient de lutter sous le drapeau immaculé de la Quatrième Internationale.

23 février 1939.
Es.

P.S. Cet article a été écrit avant la démission du gouvernement Pierlot et l'échec des efforts de Soudan.[45] Les évènements n'ont fait que confirmer l'analyse exposée ici. Monsieur Pierlot, qui est plus malin qu'il paraît, espérait d'obtenir le soutien des libéraux par une politique de déflation. Il n'a pas réussi grâce à la résistance « obstinée » du POB (mais attendons la suite, car nous en sommes sûrs, les réformistes vont abandonner leur position « forte » sur ce point, dès qu'on leur mettra de la pression). Monsieur Soudan – en social-démocrate type mais pas aussi « malin » que Spaak – pensait attraper les libéraux avec une solution pour l' « affaire » Martens. Évidemment, il n'a pas réussi car il ne s'agit pas de cette « affaire ». Nous pensons donc, si une solution « parlementaire » se fait jour, qu'il se formera un cabinet de déflation, selon le dictat du trust bancaire. Et les sociaux-démocrates vont une nouvelle fois céder devant ce nouveau chantage.

4 mars 1939.
Es.

INFORMATIONS STATISTIQUES
de l'article : « L'affaire Martens et la question flamande »

I. – Nombre d'entreprises en fonction en 1936 :

Branches:	Flandre:	Wallonie:	Brabant:
Mines:	22	750	12
Carrières:	77	1.150	72
Métallurgie:	6.029	10.363	4.613
Céramique:	756	630	265
Industrie du verre:	65	124	51
Chimie:	841	351	673
Textile:	8.835	1.185	582
Vêtements:	17.033	15.352	11.747
Bâtiment:	12.579	12.284	7.343
Bois et meubles:	15.142	9.621	6.011
Peaux et cuir:	10.552	2.325	3.638
Tabac:	619	200	130
Papier:	114	78	272
Reliure et imprimerie:	1 078	953	979
Transport:	<u>5.029</u>	<u>5.690</u>	<u>2.659</u>
	78.771	61.056	39.047

II. – Nombre d'exploiteurs:

Région linguistique:	1910	1930
Exploiteurs flamands:	109.056	96.392
Exploiteurs wallons:	151.465	75.745

III. – Travailleurs d'usine: x)

Régions linguistiques:	1910	1930
Flandre:	490.032	636.964
Wallonie:	695.349	580.193

x) Le nombre moyen de chômeurs en janvier 1939: ± 135 000 flamands et ± 75 000 wallons

En Flandre, la mouvement général de la population après 1920 (à l'exception des années de crise de 1929-1933) était DE LA CAMPAGNE VERS LA VILLE, mais en Wallonie, DE LA VILLE VERS LA CAMPAGNE.

Ce mouvement était si important que, en 1922, la production agricole en Wallonie était presque aussi grande qu'en Flandre :

> Flandre: 87.150 (en milliers de quintaux) ou 51,7 %
> Wallonie: 81.236 ("   "   ") " 48,3 %

Grâce à la modernisation des entreprises flamandes (fermes modèle au Limbourg!), la situation a évoluée un peu en faveur de la Flandre.

IV. Évolution de la croissance démographique:

Arrondissements:	par décennie de 1830 à 1920:	1920 à 1930:
Agriculture flamande:	20,9 %	30,4 %
Industrie flamande :	23,9 %	46,7 %
Agriculture wallonne:	13,8 %	8,1 %
Industrie wallonne:	41,4 %	14,8 %
Croissance totale:	100,00 %	100,00 %

Thèses sur la question flamande

Dans les *Thèses sur la question flamande* (datées du 14 avril 1939) Mandel essaie d'arriver à une analyse marxiste de la 'question flamande'. On en trouve déjà des éléments dans son article sur l'affaire Martens. On peut également trouver des parallèles avec l'article *The Dialectic of Class and Region in Belgium* (1963), repris dans ce livre.

Brink, vivant dans la clandestinité chez un militant du PSR à Etterbeek, a reçu cet article via Marcel au milieu du mois

Nationalité et Lutte de Classe en Belgique

d'avril 1939. Marcel lui-même était enthousiaste et écrivait à Brink : « C'est vraiment un bon article, tu te réjouiras toi aussi de ce que le garçon peut déjà faire. La Quatre (Internationale) peut s'estimer heureuse. »[46]

Brink voulait bien donner son opinion sur l'article de son élève, mais, il ne savait d'abord pas très bien quoi faire. Selon ses propres mots, il ne comprenait strictement rien « à cette foutue question flamande ». Début mai 1939, Brink envoie une liste de remarques à Mandel. La critique était sévère. Selon Brink, le texte apportait des points de vue historiques intéressants mais ne parlait qu'en termes très généraux de la position à pendre par les trotskistes concernant le mouvement flamand. De nouveau selon Brink, Esra voulait traiter de trop de sujets à la fois. Le garçon avait été trop descriptif. Le texte manquait globalement de précision et de profondeur. Les points dans lesquels il parlait de la question flamande actuelle étaient trop vagues. Les questions importantes n'étaient pas traitées : existait-il encore une oppression nationale en Belgique ? Fallait-il considérer le mouvement flamand comme un mouvement de libération révolutionnaire ? Pouvait-on le comparer à d'autres mouvements nationalistes (tel que le mouvement irlandais) ?

Ces critiques sévères ne devaient pas décourager Esra car « je ne te considère pas comme une tête de mule qui ne supporterait pas la critique, mais comme un garçon qui veut apprendre. »[48]

La réponse de *der Junge* arrivait quelques semaines plus tard. Henri Mandel avait déjà averti Brink qu'il y aura *eine Bataille*. Selon ses dires, Esra n'avait pas encore eu le temps de répondre à Brink, *« pas parce que je ne trouve pas de réponse* [sic], *mais justement parce que j'en trouve une trop grande(!)* [sic] … ». En plus, les examens approchaient. L'écolier combattif avait l'intention de rassembler les preuves nécessaires et de réécrire les Thèses pour qu'elles en ressortent « *deux fois plus longues et … meilleures* ».[49]

Nous n'avons pas retrouvé la suite de cet échange. Brink a pu s'enfuir à Londres entre le milieu de l'année 1939 et début 1940. Il n'est pas facile de déterminer si (et avec quelle régularité) il est resté en contact avec ses camarades en Belgique.

THÉSES SUR LA QUESTION FLAMANDE

1.) Le Royaume des Pays-Bas, formé en 1815 lors du congrès de Vienne, avait comme tâche la plus importante, de contrecarrer la bourgeoisie montante dans le Sud et d'y protéger les survivances du féodalisme contre une domination bourgeoise.

2.) Elle a réussi dans une large mesure en Flandre mais elle n'a pas pu freiner l'industrialisation rapide de la Wallonie.

3.) De la confrontation qui était inévitable entre l'état réactionnaire et la bourgeoisie révolutionnaire, cette dernière est sortie en vainqueur et a formé le nouvel état, la Belgique.

4.) Ce nouvel état est devenu une monarchie constitutionnelle, copie fidèle de la Monarchie de Juillet française. Il est devenu « un paradis du capitalisme » (Marx).[50] Il représentait indubitablement un progrès par rapport au vieux Royaume des Pays-Bas. « Personne ayant des connaissances historiques, ne peut nier que la séparation de la Belgique de la Hollande avait un sens historique plus fort que leur unification » (Marx).[51]

5.) Dans le nouvel état, la bourgeoisie wallonne disposait de tous les éléments pour faire fructifier le capitalisme : toutes les matières premières, une masse arriérée et abrutie par deux siècles de dépression culturelle, un marché relativement important, la Flandre, sur lequel il n'y avait pas de concurrence à craindre.

6.) Pour conserver cette situation avantageuse, la bourgeoisie wallonne devait :

a) Garder le niveau culturel des masses flamandes au plus bas niveau possible. C'est pourquoi tout l'enseignement fut francisé, seule les gens aisés, les complices de la bourgeoisie wallonne, pouvaient donner un enseignement en Français à leurs enfants, avec comme conséquence que cette caste de « fransquillons » devenait comme une garnison wallonne en Flandre.

b) Augmenter l'autorité de l'église catholique, meilleur instrument pour tenir les gens dans l'ignorance. Ceci explique que la révolution de 1830, bien qu'elle fût dirigée par une bourgeoisie libre pensante, fut soutenue par le parti catholique réactionnaire.

c) Empêcher toute industrialisation de la Flandre pour éliminer ainsi un concurrent potentiel.

7.) Ainsi les châtelains semi-féodaux « fransquillons » devenaient les alliés fidèles de la bourgeoisie wallonne. La Flandre restait un pays semi-féodal arriéré à l'exception des villes de Gand (développement de l'industrie du textile, bien qu'entre des mains wallonnes) et d'Anvers (port). Ceci explique qu'à cause de l'oppression et de la misère, la natalité en Flandre dans les années 1830 à 1850, fut la plus la basse en Europe à l'exception de l'Irlande, et aussi qu'il existe des communes flamandes qui n'ont retrouvé le niveau de la population de 1830 qu'en 1902.

8.) Mais la révolution française de 1848 a donné une impulsion forte à tous les mouvements progressistes en Europe. Des noyaux d'une future bourgeoisie flamande se constituaient dans toutes les villes flamandes. La résistance s'étendait parmi les paysans opprimés. C'est ainsi qu'est né le premier mouvement flamand, qui a connu son apogée lors de l'installation de la « Kommissie voor Vlaamsche Grieven » [52] en 1856.

9.) La grande erreur de ce mouvement était qu'il menait sa lutte uniquement sur le terrain littéraire et linguistique. Toute son action politique se limitait à la revendication d'une certaine égalité linguistique en Flandre, alors même que l'intelligentsia flamande sentait que la francisation constituait un des facteurs de l'oppression sociale. On trouve dans le compte-rendu de cette commission mentionnée plus haut une phrase telle que : « Ce que demandent les Flamands , c'est qu'on enlève les obstacles pour un développement libre de l'esprit humain » . Cette phrase indique une revendication de libération bourgeoise, mais en général, ce premier mouvement flamand était ou trop faible ou trop ignorant pour briser le cadre étroit de la lutte linguistique et pour réorienter l'action vers le terrain économique et politique.

10.) Mais la composition sociale du peuple flamand changea lentement mais sûrement dans les années 1860 à 1880. Les petits noyaux se transformaient en une bourgeoisie solide et ce pour plusieurs raisons :

a) La bourgeoisie libérale wallonne entrait en conflit avec le parti catholique réactionnaire qui voulait étendre sa domination sur l'enseignement au niveau du pays tout entier. Aigris par leur défaite, les catholiques cherchaient un soutien auprès de la jeune bourgeoisie flamande qui à son tour l'acceptait avec empressement. C'est de cette alliance que sont nés le « Meeting-Partij »[53] à Anvers et le « Willemsfonds »[54].

b) Le mouvement ouvrier qui se développait dans cette période a également noué une alliance avec la jeune bourgeoisie flamande et avec les intellectuels, surtout en Flandre, où ils luttaient contre le même ennemi : les châtelains « fransquillons » et les barons du textile wallon.

c) Le capital financier wallon se développait lentement et il était obligé d'exporter du capital. Il trouvait des clients avides dans la bourgeoisie flamande pauvre en capital.

11.) Dès la consolidation économique de la bourgeoisie flamande, les deux alliances mentionnées se sont automatiquement rompues. Les libéraux quittaient le « Meeting-Partij » et formaient la « Liberalen Vlaamschen Bond »[55]. Les catholiques quittaient le « Willemsfonds » et fondaient le « Davidsfonds »[56]. Le mouvement flamand retournait sur le chemin étroit de la lutte linguistique. Au début, les libéraux semblaient être les porte-parole de la bourgeoisie radicale flamande, elle considérait surtout les « écoles libres » (en Belgique on appelle les écoles catholiques non libres, « écoles libres » !) comme l'obstacle principal à l'émancipation culturelle de la Flandre.

12.) Mais quand à partir de 1891, les catholiques ont pris la direction du mouvement flamand, qui était uniquement un mouvement culturel, le niveau de celui-ci n'a fait que s'abaisser davantage. En effet, le maintien des « écoles libres » d'une part et le front politique unique avec les châtelains « fransquillons » d'autre part, empêchaient tout travail progressiste. Pour la première fois le mouvement flamand – et donc catholique – devenait un mouvement à caractère réactionnaire.

13.) Mais la fondation du POB et la victoire du droit de vote pluriel, modifiaient une nouvelle fois la situation. Bien que le POB ne jouait provisoirement qu'un rôle important en Wallonie, certains dirigeants comme E. Anseele[57] et Camille Huysmans[58] liaient la lutte culturelle flamande à l'action sociale du parti ouvrier.

14.) Mais le POB était dès son origine un parti en grande partie réformiste. Il utilisait toutes ses forces pour obtenir de petites victoires partielles et avait comme objectif principal, pas la révolution et la fondation d'un état ouvrier, mais l'obtention du Droit de Vote Universel Simple et le renversement de la Monarchie, revendication qu'ils abandonnèrent plus tard.

15.) On comprend que le POB a montré aussi son caractère non marxiste sur le terrain flamand. Au lieu de faire le lien entre les problèmes culturels et les problèmes sociaux et politiques – c.à.d. de lutter aussi sur le terrain culturel comme sur d'autres terrains, contre la bourgeoisie – les dirigeants du POB séparaient systématiquement les différentes questions.

Ainsi, Camille Huysmans rejoint *sans condition aucune* le libéral Franck[59] et le catholique Van Cauwelaert[60] dans l'action pour la flamandisation de l'Université de Gand. Aujourd'hui, on pourrait les décrire respectivement comme des représentants d'une bourgeoisie plus âgée et satisfaite au niveau économique et des classes moyennes catholiques. Mais même si, pour des raisons spécifiques (par ex. l'exploitation d'un grand mouvement de masse dans les intérêts du POB) on pourrait être d'accord mais

Le Jeune Mandel et la Question Flamande

à condition d'utiliser la formule « marcher séparément, lutter ensemble », l'alliance inconditionnelle des trois partis ne peut être comprise que comme le précurseur de l'Union Sacrée[61], quatre années après.

16.) Mais la bourgeoisie radicale flamande qui revendique l'industrialisation complète de la Flandre et une concurrence plus accentuée contre la bourgeoisie wallonne, a déjà créé, indépendamment des trois grands partis, ses propres organes. Le plus important était la Vlaamsch Handelsverbond, qui deviendra plus tard le Vlaamsch Economisch Verbond[62], dont une des revendications typiques était : une participation flamande dans l'exploitation du Congo.

17.) Les bourgeoisies flamande et wallonne ont scellé une alliance temporaire contre l'ennemi commun. Mais en réaction aux crimes indéniables de l'appareil militaro-bureaucratique, un mouvement populaire relativement large est né. La bourgeoisie radicale flamande a utilisé ce mouvement populaire de façon intelligente et c'est ainsi que sont nés l'activisme[63] et le Raad van Vlaanderen[64].

18.) Plusieurs tendances étaient représentées dans ce Raad van Vlaanderen mais à la fin, c'est la tendance la plus radicale qui a prévalu, celle qui exigeait une certaine indépendance pour la Flandre (par ex. dans le cadre d'une Belgique fédérale). Les revendications de la bourgeoisie radicale flamande sont ouvertement mentionnées dans le manifeste du Raad van Vlaanderen : exploitation des mines de charbon du Limbourg, extension de l'industrie du textile et autres, création et promotion de *la grande industrie et du grand capital* sur une base flamande.

19.) Évidemment, dans chaque mouvement il peut y avoir une infiltration d'éléments suspects, mais ce qui est certain, c'est que le mouvement activiste n'était pas « vendu » à l'Allemagne. Jusqu'à un certain moment, les intérêts de l'activisme étaient parallèles à ceux de l'occupation allemande. Mais quand les activistes commencèrent à exiger une indépendance totale, quand, indignés, ils prennent la direction du mouvement populaire contre la déportation de travailleurs vers l'Allemagne, quand les organes des activistes entrent en contradiction avec les autorités allemandes d'occupation, cette convergence d'intérêts se transforme en une contradiction forte. Dès ce moment, le gouvernement impérial commence des poursuites contre les activistes, qui dès lors, mettent tous leurs espoirs dans une révolution en Allemagne. Mais cet espoir est balayé par la victoire de l'Entente.

20.) A l'exception de quelques personnes courageuses mais ignorantes au niveau théorique, comme Jef Van Extergem[65] (il faudrait comparer son attitude révolutionnaire magnifique pendant son procès en 1920 avec son comportement scandaleux actuel !), le mouvement ouvrier a complètement failli. Un vrai parti marxiste révolutionnaire aurait pu mener avec succès des actions de propagande dans ce mouvement de masse. Il aurait dû soutenir par tous les moyens la lutte contre le militarisme belge et pour la paix. Mais cela aurait dû être lié avec la lutte contre le gouvernement impérialiste belge et contre le système capitaliste en général, afin de mobiliser alors les masses en faveur de la révolution prolétarienne, la formation d'un état soviétique et la dictature du prolétariat car c'est le seul moyen qui permette de résoudre la question flamande dans le sens le plus progressiste.

21.) Le mouvement activiste contenait beaucoup d'éléments progressistes : lutte contre l'appareil militaire, lutte pour la paix, lutte contre la politique impérialiste du gouvernement belge émigré au Havre (volonté d'annexer le Luxembourg, une partie des Pays-Bas et des soi-disant colonies « allemandes »)[66], lutte pour une industrialisation renforcée de la Flandre. Il ne fallait donc pas s'étonner du fait que la bourgeoisie belge (wallonne) a, même en 1918, mené des actions intenses contre tous ceux qui étaient soupçonnés de soutien aux activistes. Les sentences tombaient, l'une après l'autre plus sanguinaire, parmi lesquelles plusieurs condamnations à mort.[67] Le peuple flamand se leva, indigné. Ici également, le prolétariat devait choisir le camp des activistes. De nouveau il y aurait eu un terrain riche favorable aux actions de propagande menées par un vrai parti bolchévique. Mais pour la troisième fois, le mouvement ouvrier a failli et toute l'action a eu pour résultat l'élection de Borms à Anvers[68].

22.) Le mouvement activiste semblait battu sur le terrain politique, mais au niveau économique, son programme allait de victoire en victoire. Les lois de l'histoire sont en effet plus fortes que le seigneur Max et son petit chien[69] ! L'industrialisation de la Flandre se réalisait à un rythme effréné. Partout de nouvelles industries voyaient le jour. En même temps, ces industries faisaient partie de trusts dont le plus important n'est autre que le Boerenbond. L'industrie flamande rattrapait l'industrie wallonne sur le plan de la production et la dépassait même dans beaucoup de branches industrielles. En même temps, le paysan flamand était en grande partie libéré du seigneur « fransquillon » semi-féodal – là où il n'en est pas encore libéré, sa situation s'est beaucoup améliorée par comparaison avec la situation d'avant la guerre – mais, bien que sa situation soit meilleure, il n'en tombe pas moins dans les mains des trusts (Boerenbond !). En même temps avec ces deux processus, on assiste à un exode rural vers la ville tandis qu'on voit le phénomène inverse en Wallonie. Il faut cependant remarquer que, parce qu'en Wallonie les terres ne sont pas encore tombées dans les mains des trusts, l'agriculture en Flandre est devenue beaucoup plus moderne qu'en Wallonie (des fermes modèles au Limbourg) et donc plus productive.

23.) Malgré cette industrialisation, la bourgeoisie flamande restait plus que jamais dépendante des crédits accordés par les banquiers wallons. Le capital financier wallon qui s'exportait avant la guerre surtout vers le Congo, l'Espagne et l'Amérique du Sud, se voyait après la guerre chassé de ces marchés par des capitaux anglais ou américains et il était donc bien obligé de fournir des crédits à la bourgeoisie flamande. La bourgeoisie wallonne était devenue d'une certaine manière dépendante de la bourgeoisie flamande. Cette double dépendance résultait en une certaine passivité, en un amoindrissement de l'antagonisme qui s'exprimait en « temps normaux ».

24.) Mais dès que surgissaient des périodes de crise sérieuses, comme en 1925, en 1935 et aujourd'hui, en 1939, les contradictions devenaient plus fortes ce qui devait inévitablement mener à une explosion. Ce qui frappe c'est que d'une part le capital industriel et le capital financier essaient chaque fois d'élaborer un compromis dont le prolétariat fait les frais, et que d'autre part les méthodes du capital financier dépassent de plus en plus le cadre de la démocratie bourgeoise : en 1925 le gouvernement Poullet-Vandervelde[70] est forcé de démissionner, en 1935 le parti de REX s'organise et profite d'une série de scandales pour forcer le gouvernement de Van Zeeland et de De Man[71] à la démission et finalement en 1939 après la mise en scène de l' « affaire Martens », le parti libéral devient l'instrument du capital financier et Spaak doit démissionner sous la pression des bandes fascistes.[72] Mais le moment semble être venu de l'unification du capital industriel et du capital financier pour l'instauration d'un régime bonapartiste.

25.) Après la guerre, une série de partis nationalistes flamands se sont formés qui au début, comme le Frontpartij[73], avaient une base démocratique. L'attitude du prolétariat envers ces partis est la même qu'envers l'activisme. Naturellement et sans aucun doute, le prolétariat et un vrai parti bolchévique mènent une lutte sans merci contre des mouvements fascistes comme le VNV. De même que le parti bolchévique combat également la Liga-Signaal, le Vlaamsche « Kommunistische » Partij[74] et d'autres groupes dont la tâche consiste, par des slogans en apparence révolutionnaires, d'une part à tromper les masses et d'autre part à se révéler être les serviteurs du réformisme, de la bourgeoisie flamande et même de la bourgeoisie wallonne. Le parti bolchévique refuse également toute participation à des manifestations flamandes patriotiques ou semi-patriotiques comme le IJzerbedevaart[75] etc. Concernant sa position sur le fédéralisme, dès qu'un mouvement de masse prend forme, le parti bolchévique doit se rendre utile, comme décrit

Le Jeune Mandel et la Question Flamande

précédemment. Il prend la même position sur d'autres questions comme l'amnistie, l'autonomie culturelle etc.

26.) Le parti socialiste révolutionnaire du prolétariat est en faveur du droit à l'autodétermination des peuples. Sa position concernant la question flamande est en accord avec ses principes. Quand la bourgeoisie flamande et ses comparses prétendent lutter pour la libération du peuple flamand, quand ils parlent du droit à l'autodétermination, il s'agit ni plus ni moins d'une tromperie. Derrière ces mensonges, se cache leur soif de profit et leur volonté pour pouvoir exploiter eux-mêmes le peuple flamand sans la concurrence de leurs compères wallons. Ils le prouvent en revendiquant de pouvoir participer, comme leurs compères wallons, à l'exploitation des esclaves du Congo. Ce qu'ils veulent vraiment dire par « les droits du peuple flamand » deviendra vite clair maintenant que nous sommes confrontés au double danger d'une guerre impérialiste et d'une domination bonapartiste. La question flamande telle qu'elle se pose pour la classe ouvrière, ne peut pas être résolue dans le cadre de l'État impérialiste belge. Le POB réformiste et les staliniens, parce qu'ils trahissent les intérêts du prolétariat, ont été totalement incapables de trouver une solution à la question flamande. Seul le Parti Socialiste Révolutionnaire (PSR) est à même de résoudre la question flamande dans le cadre d'une société socialiste. C'est sous le drapeau de la Quatrième Internationale, parti mondial de la révolution prolétarienne, que le PSR montrera au prolétariat flamand et wallon la voie qui mène vraiment à la solution de la question nationale. Seules, la révolution prolétarienne et la dictature du prolétariat peuvent et pourront combiner avec succès l'émancipation culturelle et l'émancipation économique. Sans abolition de l'esclavage du salariat, il ne peut y avoir de liberté nationale ! Une fois le socialisme vainqueur, le peuple flamand sera vraiment libre. La Quatrième Internationale montre la voie !

14 avril 1939
Es.

Nationalité et Lutte de Classe en Belgique

NOTEN

1. Jan DEBROUWERE, *Mandel, Ernest*, in NEVB, p. 1998.
2. Jan-Willem STUTJE, *Ernest Mandel. Rebel tussen droom en daad,* Anvers/ Gand 2007.
3. Jan-Willem STUTJE, op. cit., pp. 31 - 32.
4. Es., *Het "geval" Martens en ... de Vlaamsche kwestie,* 23 février 1939 et 4 mars 1939; Es., *Theses tot het Vlaamsche vraagstuk,* 14 avril 1939; Es., *Over de verkiezingen,* [s.d., mais après le 2 avril 1939]. AMSAB-ISG, Archives Leon De Lee (468), nr. 26 et 28.
5. Pour un aperçu de l'émigration de la gauche radicale allemande en Belgique voire: Gertjan DESMET, *Weil Belgien ein demokratisches Land ist. De Belgische staat versus de Duitse communistische emigratie, 1933-1940,* UGent, thèse de master non publiée, 2009; Gertjan DESMET, *Jugé indésirable? De Duitse communistische emigratie en het Belgische vluchtelingenbeleid, 1933-1940,* RHBC-BTNG, XL (2010), 3, pp. 415-448.
6. Vu le lien avec la famille Mandel nous mettons l'accent dans cet article sur l'IKD. Mais d'autres militants de l'opposition de gauche et du courant trotskiste (SAP-D, RKO) s'étaient refugiés en Belgique. Voire à ce propos Jan FOITZIK, *Zwischen den Fronten. Zur Politik, Organisation und Funktion linker politischer Kleinorganisation im Widerstand 1933* bis 1939/1940 unter besonderer Berücksichtigung des Exils, Bonn1986.
7. Marc Lorneau, qui se base surtout sur des interviews de vieux miliants (dont Mandel) dans les années 1980, estime le nombre de trotskistes allemands en 1939-45 à 15. Cf. Marc LORNEAU, *Contribution à l'histoire du mouvement trotskyste belge: 1939-1960,* maîtrise non publié, ULB 1983, p. 262.
8. Le mouvement trotskiste belge vit le jour en 1928 par l'expulsion de l'opposition de gauche du PCB. Il s'est maintenu avec beaucoup de difficultés dans les années 1930. Entre 1928 et 1939 divers conflits, e.a. sur de la position de Trotski par rapport à la guerre entre la Finlande et l'URSS et sur « l'entrisme » mena à des scissions, des luttes fractionnelles et une perte d'adhérents. Ce n'est qu'en 1936 que les groupes les plus importants (*l'Action Socialiste Révolutionnaire et la Ligue Communiste Internationaliste*) fusionnèrent pour former le Parti Socialiste Révolutionnaire. Ce parti continuera d'exister malgré le départ du groupe

Le Jeune Mandel et la Question Flamande

Bruxellois autour de Georges Vereeken en 1938 jusqu'à la deuxième guerre mondiale. Cf. Nadya DE BEULE, *Le trotskisme belge: l'histoire d'un groupe de communistes oppositionnels 1925-1940*, Bruxelles 1985, et Marc LORNEAU, op. cit. Voire également Annexe 2.

9. *Der Einzige Weg: Zeitschrift für die Vierte Internationale: Organ des IS, der MA Schweiz, der RKOe, der IKCSR*, était la revue du Secrétariat International de la Quatrième et des sections Suisse, Autrichienne et Tchécoslovaque.

10. [Franz Meyer] à 'Heinz' [Heinz Epe], 29 juin 1939. ALDL nr. 24.

11. On trouvera une sélection des œuvres de Meyer dans Dick DE WINTER, *Franz Holß. Kunstenaar op de vlucht voor Hitler*, Breda 2001.

12. Jan-Willem STUTJE, op. cit., p. 25.

13. Circulaire (avec les statuts) du Dynamo Verlag, 4 décembre 1937. ALDL nr. 14. Le transfer de l'édition de *Unser Wort* vers la Belgique allégea le travail de la section parisienne surmenée de l'IKD. Cf. Rodolphe PRAGER, *Einleitung-Introduction in Flucht aus Deutschland. Bilder aus dem Exil*, Frankfurt 1984.

14. 'Shaked' est le mot hébreux pour mandel (amande). Cf. Jan-Willem STUTJE, op. cit., p. 30.

15. Jan-Willem STUTJE, op. cit., pp.17 – 32.

16. Jan-Willem STUTJE, op. cit., p. 25.

17. Certain dessins de Holz (publié après sa mort dans le livre *Flucht aus Deutschland*) évoquent une telle perquisition.

18. [Henri Mandel] à [Fritz Besser], 23 avril [1939]. ALDL nr. 26.

19. Joris DEDEURWAERDER, *Martens, Adriaan*, in NEVB, pp. 2006-2008 et Els WITTE, Jan CRAEYBECKX et Alain MEYNEN, *Politieke geschiedenis van België van 1830 tot heden*, Antwerpen, Standaard Uitgeverij, 1997, pp. 196-197. (La version française porte le titre: *La Belgique politique de 1830 à nos jours: les tensions d'une démocratie bourgeoise*, Bruxelles 1987).

20. [Fritz Besser] à [Max Laufer], 5 mars 1939. ALDL nr. 26.

21. [Fritz Besser] à [Ernest Mandel], 16 mars 1939. ALDL nr.

22. Ibid.

23. Marx parle de la « Belgique, ce paradis du libéralisme continental » et « paradis des capitalistes » (*Le Capital*, édité par M. Rubel, Paris 2008, note p. 381 et note p. 911).

Nationalité et Lutte de Classe en Belgique

24. Le « Plan du travail » (alias le « Plan De Man »), élaboré par le social-démocrate Henri De Man et adopté en 1933 par le POB, prévoyait une économie dirigée et des mesures inflationnistes. Il reprenait des idées de J.M. Keynes et du New Deal de Roosevelt, mais allait plus loin: il envisageait la nationalisation du secteur financier et de l'énergie. Ce *socialisme national* remplaçait la lutte de classe par la solidarité entre les classes. Cf. Els WITTE, Jan CRAEYBECKX en Alain MEYNEN, op. cit., pp. 200-201.

25. PAUL VAN ZEELAND (1893-1973), vice-gouverneur de la Banque Nationale (1934-1935), présida en tant que non-élu deux gouvernements d'union nationale (25 mars 1935-26 mai 1936 et 3 juin 1936-25 octobre 1937). Sa politique était basée sur une dévaluation de la monnaie et sur des interventions stratégiques de la part des pouvoirs publics. Le scandale des fraudes au sein de la Banque Nationale (exploité savamment par l'extrême droite de REX) fit tomber le gouvernement. Cf. Brigitte HENAU, *Zeeland, burggraaf Paul van*, in NEVB, pp. 3776-3777 en Karel VAN NIEUWENHUYSE, "Sap versus van Zeeland: politieke titanen kruisen de degens in de jaren '30", in *RHBC-BTNG*, XXXII (2002), 1-2, pp. 195-251.

26. Mandel semble confondre le Flamand ALBERT-EDOUARD JANSSENS (le successeur de Max-Léo Gérard comme ministre des finances) avec PAUL-EMILE JANSON (1872-1944). Ce politicien libéral francophone était député (1910-1912 et 1914-1935) et sénateur (1935-1936). Il occupa dans l'entre-deux guerres divers postes ministériels (e.a. justice et défense). Il avait de la sympathie pour les revendications flamandes, ce que ses collègues francophones du Parti libéral n'apprécièrent guère. Le gouvernement Janson (23 novembre 1937-13 avril 1938) prévoyait la constitution de conseils culturels et d'une Académie Flamande des Sciences, des Lettres et des Arts de Belgique. Cf. Bernard VAN CAUSENBROECK, *Janson, Paul-Emile*, in NEVB, pp. 1553-1554.

27. Le francophone MAX-LÉO GÉRARD (1879-1955) était ingénieur des mines, banquier et politicien libéral. Il travailla d'abord pour le Ministère des affaires économiques en tant que directeur de *Office des questions financières*, devint secrétaire personnel et confident d'Albert I (1919-1924) et ministre des finances dans le gouvernement de Van Zeeland I et de Spaak (15 mai 1938 – 9 février 1939). Quand Gérard demanda des pouvoirs spéciaux en vue d'imposer rapidement des réformes économiques, il fut remplacé

Le Jeune Mandel et la Question Flamande

par Albert-Édouard Janssen. En tant qu'homme d'affaires, Gérard était actif dans les holdings Brufina et Cofinindus, parmi d'autres. Il occupa de 1939 à sa mort en 1955 des postes importants au sein de la Banque Nationale. Cf. Jean GODEAUX, *Gérard, Henri, Leo, Max in Commission de la biographie nationale*, Nouvelle Biographie Nationale. Volume 8, Bruxelles, Académie Royale des Sciences, des Lettres et des Beaux-Arts de Belgique, 2005, pp. 160-164.

28. Le KATHOLIEKE VLAAMSE VOLKSPARTIJ (KVV) vit le jour en octobre 1936 suite à la transformation de l'Union Catholique en un parti flamand et un parti francophone (sous la pression de l'accord de collaboration entre REX et le VNV). Un accord de principe entre le KVV et le VNV fut rapidement liquidé par l'opposition de l'ACW (le MOC flamand), le Boerenbond et l'épiscopat. Le programme minimum du KVV évolua vers « l'autonomie culturelle », une revendication qui eut beaucoup de succès parmi la nouvelle génération flamande. Cf. Emmanuel GERARD, *Katholieke Partij/Christelijke Volkspartij*, in NEVB, pp. 1618-1636.

29. NIEUW VLAANDEREN était un hebdomadaire relativement influent avec un tirage de 2000 exemplaires entre 1934 et 1944. Il était flamingant et catholique, mais prenait ses distances par rapport aux partis. Il était en quelque sorte le porte-voix des intellectuels aliénés du parti catholique mais qui refusaient de rejoindre le VNV considéré comme trop radical. D'un point de vue idéologique Nieuw Vlaanderen était en faveur d'un fédéralisme de droite avec comme leitmotiv une Flandre unilingue. Durant l'occupation, l'hebdomadaire se rangea derrière l'Ordre Nouveau, mais sans se prononcer clairement sur la question. Cf. Emmanuel GERARD, *Nieuw Vlaanderen*, in NEVB, pp. 2201-2202.

30. « La Flandre s'en chargera elle-même », une paraphrase du slogan « Italia fara da sé » du Risorgimento, le procès d'unification de l'Italie.

31. Het VLAAMSCH NATIONAAL VERBOND (VNV, 1933-1945) était un parti fasciste. Il se constitua avec comme objectif l'unification des divers partis nationalistes flamands. Son dirigeant Staf de Clercq en était le chef incontesté. Ce parti autoritaire, antisémite, antilibéral et antimarxiste rêvait d'un « État thiois » et affichait beaucoup de sympathie pour l'Allemagne nazie. De Clercq poussa les « piliers » de son parti (e.a. l'organisation de jeunesse et des femmes) dans la collaboration avec l'occupant allemand. Cf. Bruno DE WEVER, *Vlaamsch Nationaal Verbond*, in NEVB, pp. 3380-3387.

32. Le Mouvement Ouvrier Chrétien (MOC, en flamand ACW), vit le jour en 1921. Sa mission était double: l'émancipation politique (contre la bourgeoisie conservatrice francophone et pour l'obtention du statut de partenaire à part entier dans le parti catholique); l'éducation des ouvriers chrétiens flamands. Le MOC imita la structure de la social-démocratie allemande (organisations de jeunesses, des femmes, mutualité, assurances, caisse d'épargne, coopératives). Les Flamands y formaient la majorité, aussi bien comme adhérents que comme dirigeants. À partir des années 1930 les chrétiens-démocrates wallons critiquaient cette situation, mais jusqu'en 1940 le MOC conserva son unité. Cf. Emmanuel GERARD, *Algemeen Christelijk Werknemersverbond*, in NEVB, pp. 242-244.

33. Le BOERENBOND (BB), constitué en 1890 comme une organisation d'intérêt catholique, se présenta comme support politique, moral et professionnel de la paysannerie. Il se chargeait du crédit, des assurances et de l'achat des productions agricoles et se présenta comme un élément important d'une conception corporatiste chrétienne. À ces débuts le BB était clairement catholique et flamingant. Il se prononça pour la néerlandisation de l'université et de l'enseignement catholique secondaire. Par son travail d'éducation (entre autre parmi les femmes) le BB a marqué de son empreinte la vie culturelle et sociale de la campagne flamande. Il n'arriva pas à s'organiser profondément en Wallonie, vu les réactions entre autres des organisations régionales anti-flamandes. Cf. Leen VAN MOLLE, *Boerenbond*, in NEVB, pp. 524-526.

34. Il s'agit en réalité de l'année 1926.

35. La *Société Générale de Belgique*, fondée en 1822 par Guillaume d'Orange, était le plus grand et puissant holding de la Belgique. Son rôle était de stimuler l'économie, entre autres par son activité bancaire et ses investissements dans l'industrie. Elle devenait plus tard très active à l'étranger et connut une expansion énorme au Congo Belge. Cf. Madeleine JACQUEMIN, Caroline SIX & Chantal VANCOPPENOLLE, Guide des *Archives d'associations professionnelles et d'entreprises en région Bruxelloise*, vol. 2, Bruxelles, AR, Gidsen 51, 2001, pp. 784-786.

36. REX était un parti fasciste belge (1935-1945), fondé et contrôlé par Léon DEGRELLE. Il obtint en 1936 11,5% des voix qui venaient de nationalistes belges, de la droite-révolutionnaire catholique, des classes moyennes et des Flamands francophones. Degrelle espérait, par des alliances brèves avec d'autres organisations de l'extrême droite, parmi

lesquelles le VNV, de provoquer des crises ministérielles ininterrompues, ouvrant le chemin pour une prise de pouvoir. Mais en 1939 il n'obtint plus que 4,4 % des votes. Pendant l'occupation le rexisme se jeta dans la collaboration, et formait la « Légion Wallonie » de la SS sur le front oriental. Cf. Bruno De Wever, *REX*, in NEVB, pp. 2604-2606

37. La Liga Sinjaal - Socialistisch strijdblad voor Vlaanderen (1934-1939) était le journal flamand de la Ligue internationale socialiste contre la guerre (LISCG), une organisation antimilitariste d'obédience social-démocrate. Début 1935 la majorité des groupes trotskiste en Belgique était entré dans le POB (l'entrisme) et participait de ce fait à LISCG. Les trotskistes en furent expulsés le 9 octobre 1935. Cela explique sans doute que Mandel fustige cette ligue comme une bande de « charlatans ».

38. L'organisation fasciste VERDINASO (Verbond van Dietsche Nationaal Solidaristen) a été fondée en 1931 par la figure charismatique de Joris van Severen. Plutôt marginale, elle opéra dans l'ombre d'un VNV plus pragmatique. Elle se prononça contre la démocratie, le marxisme, le libéralisme et ce qu'elle appela les « influences juives » dans la société. Elle envisagea un État autoritaire et corporatiste « thiois » basé sur la solidarité entre les classes. Au début très anti-belgiciste, le nouveau cours décidé par Van Severen en 1934 (et non partagé par tous les adhérents) stipula qu'il fallait d'abord prendre le pouvoir en Belgique, point de départ pour l'unification du Pays Thiois (la « Bourgogne »). En mai 1940 Van Severen fut arrêté comme « suspect » et assassiné à Abbeville par des soldats français. La perte de son dirigeant résulta en une scission : certains choisissaient la collaboration, d'autres rejoignirent la résistance, mais la majorité semble (en tout cas après 1941) avoir affiché une neutralité. Cf. Romain Vanlandschoot, *Verbond van Dietsche Nationaal Solidaristen*, in NEVB, pp. 3192-3204.

39. Le Realistische Beweging était une organisation d'extrême droite radicale antisémite, fondé par l'homme d'affaires anversois Armand Janssens. Cf. Lieven Saerens, *Vreemdelingen in een wereldstad: een geschiedenis van Antwerpen en zijn joodse bevolking 1880-1944*, Tielt 2000, p. 375.

40. Edouard-Lucien Cox (1890-1942) est le fondateur en 1933 de la *Fédération Nationale des Croix de Feu*, une organisation d'anciens combattants. Les Croix de Feu évoluèrent vers l'extrême droite. Cf. Gita Deneckere, *Oudstrijders op de vuist in Brussel. Het amnestieconflict tijdens het interbellum*, in RHBC-BTNG XX (1994-1995), 3-4, p. 285.

Nationalité et Lutte de Classe en Belgique

41. Le colonel à la retraite LOUIS LOUVAU (1879-1967) était à partir de 1933 président de *Union des Fraternelles de l'Armée de la Campagne* (UFAC), une organisation qui comprenait dans les années 1920 différentes « fraternelles ». L'UFAC était foncièrement anti-flamande, anti-démocratique, anti-communiste, hyper-patriotique et royaliste. Cf. Gita DENECKERE, op. cit., p. 284.

42. JULIEN LAHAUT (1884-1950) était un dirigeant populaire et important du Parti communiste. Né dans une famille ouvrière à Seraing il devint actif dans le syndicat des métallurgistes et adhéra en 1923 au PCB. Il était secrétaire des Chevaliers du Travail (un syndicat de gauche, indépendant du POB), conseiller communal et provincial et siégea à partir de 1932 au parlement. Il devint membre de la direction du PCB après la mort du secrétaire du parti Joseph Jacquemotte. Arrêté en 1941, il fut envoyé aux camps de Neuengamme et puis de Mauthausen. Sa popularité, la montée spectaculaire et la radicalisation du PCB sont sans doute la véritable cause de son assassinat le 18 août 1950. Cf. Maxime STEINBERG, « Lahaut (Julien Victor) » *Biographie Nationale*, vol. 39, supplém. vol. XI, Bruxelles, 1976, pp. 569-584.

43. Mandel critique ici les zigzags politiques du Parti communiste qui prenait position dans son euphorie patriotique contre l'ex-activiste Martens. Plus tard le PCB et surtout le VKP (voire infra), évolua vers une position plus conciliante par rapport à la « question nationale ». Cf. Rudi VAN DOORSLAER, *Links-radicalisme*, in NEVB, pp. 1915-1929.

44. Dans le jargon trotskiste "bonapartisme" signifie un régime qui, vu les tensions de classe exacerbées, ne peut plus maintenir la stabilité interne et est donc obligé de recourir à l'armée, l'appareil de répression et la bureaucratie pour maintenir l'ordre et de garantir l'unité nationale. Souvent elle fait alors appel à une personne providentielle, charismatique et « neutre » car « au dessus des partis » pour prendre la direction de l'État. Certains trotskistes pensaient que Léopold III, vu son rôle dans l'affaire Martens, pouvait devenir l'homme bonapartiste de la Belgique et ils le considéraient donc plus dangereux que le dirigeant de REX, Léon Degrelle. Cf. par exemple Walter DAUGE : « L'affaire Martens » in La Lutte Ouvrière, 11 févr. 1939. Le terme « bonapartiste » renvoie au *Dix-huitième Brumaire de Louis Bonaparte* de Marx (1852). Trotski parlait aussi bien d'un bonapartisme bourgeois que d'un bonapartisme à la façon du Kremlin en URSS : *Thermidor et bonapartisme* (1935).

Le Jeune Mandel et la Question Flamande

45. Le gouvernement catholique-socialiste Pierlot, formé après la chute du cabinet Spaak, n'a tenu qu'une semaine (21 févr.-27 févr. 1939).

46. *"Die Arbeit ist wirklich gut und es wird auch Sie freuen, was der Junge schon kann. Die IV. kann sich schon jetzt gratulieren …"* [Max Laufer] à [Fritz Besser], 16 avril 1939. ALDL nr. 26.

47. [Fritz Besser] à [Joseph Weber], 28 avril 1939; [Fritz Besser] à [Ernest Mandel], 2 mai 1939. ALDL nr. 26.

48 *"[…] ich halte Dich nicht für einen Dummkopf, der keine Kritik vertragen kann, sondern für einen Jungen, der willig ist zu lernen."* [Fritz Besser] à [Ernest Mandel], 2 mai 1939. ALDL nr. 26.

49. [Ernest Mandel] à [Fritz Besser], 24 mai 1939. ALDL nr. 26.

50. Cf. "L'affaire Martens et la question flamande", note 21.

51. *"Kein Mensch von einiger geschichtlicher Bildung wird leugnen, daß die Trennung Belgiens und Hollands ungleich historischer war als ihre Vereinigung".* Karl MARX, « Debatten über Pressefreiheit und Publikation der Landständischen Verhandlungen », in *Rheinische Zeitung*, nr. 128 (8 mai 1842), *Werke*, Berlin 1976, pp. 28-77.

52. La Commission flamande (De Vlaemsche Commissie, couramment appelée Commissions des griefs) fut instituée en 1856 sous l'impulsion du parlementaire catholique Pierre de Decker, avec comme tâche d'examiner des mesures susceptibles d'assurer le développement de l'emploi du néerlandais dans la vie publique. Bien que les propositions de cette commission eurent rarement un contenu radical, son rapport annuel final fut bloqué par le gouvernement libéral anti-flamingant Rogier. La commission elle-même décida alors de le rendre public (1859). Rogier réagit en publiant un contre-rapport qui accusa les membres de la commission d'un manque de patriotisme et répudia la légitimité des revendications flamandes, ce qui suscita des manifestations à Bruxelles et à Gand. Cette épisode rapprocha les flamingants catholiques et libéraux et résulta en une victoire électorale flamingante dans les années 1860. La menace flamingante obligea le gouvernement à prendre des mesures en faveur du néerlandais. Cf. Lode WILS, *Vlaemsche Commissie*, in NEVB, pp. 3504-3506.

53. Le MEETINGPARTIJ (1862-1914) était une organisation politique anversoise, une coalition des forces progressistes flamingantes, libérales et catholiques. Une des raisons de son existence était le refus antimilitariste

Nationalité et Lutte de Classe en Belgique

de transformer la ville en une place fortifiée, vu comme une menace pour le développement du port commercial et d'Anvers en général. Le nom de MP vient des réunions publiques (meetings) organisées par la « Commission des affaires militaires » dans laquelle siégeaient des représentants des associations électorales libérales, conservateurs et flamingants. Les flamingants y tenaient une position très forte, non seulement comme orateurs mais aussi comme journalistes. Le MP siégea pendant 10 ans au conseil communal anversois et désigna durant 40 ans les candidats parlementaires. Elle a néerlandisé l'administration de la ville et de la province d'Anvers et envoyé des représentants flamingants à la Chambre qui voteront les premières lois linguistiques. Cf. Lode WILS, *Meetingpartij*, in NEVB, pp. 2026-2028.

54. Le WILLEMSFONDS – qui tient son nom de l'écrivain Jan F. Willems – vit le jour à Gand en 1851. Elle était en tant qu'association culturelle flamande, l'œuvre conjointe de catholiques et de libéraux, mais elle devint à la longue une association libérale et libre-penseur. Cf. Marcel BOTS en Georges DECLERCQ, *Willemsfonds*, NEVB, pp. 3753-3578.

55. Le LIBERALE VLAAMSCHE BOND naquit en 1866 à Anvers. Une grande parti de ses adhérents avaient quitté le Nederduitsche Bond vu sa passivité par rapport à la lutte linguistique. Au début le LVB se présenta comme flamingant mais plus encore comme démocratique et anticlérical. À partir de 1885 sa fraction jeune et plus radicale gagna en influence, comme en témoigne son programme qui exigeait non seulement une université néerlandophone, mais également le suffrage universel. Cf. José VERSCHAEREN, *Liberale Vlaamsche Bond*, in NEVB, pp. 1884-1885.

56. Le DAVIDSFONDS est une association culturelle flamingante fondée en 1875 quand les divergences entre les différentes tendances flamingantes étaient devenues aigues. C'était le pendant catholique du Willemsfonds libéral. Si l'élément religieux y occupait au début une place centrale, l'association allait jouer à partir des années 1930 un rôle culturel important par ses concours littéraires, l'édition et son réseaux d'organisations socioculturelles (compagnies de théâtre, groupes d'études, associations pour l'étude de l'histoire locale, fanfares et chorales, etc.) Cf. Lode WILS, *Davidsfonds*, in NEVB, pp. 863-866.

57. EDWARD ANSEELE (1856-1938) fut depuis la naissance du mouvement ouvrier jusqu'à la première guerre mondiale son dirigeant incontesté en Flandre. Il avait été un des fondateurs du *Vlaamsche Socialistische Partij* en

Le Jeune Mandel et la Question Flamande

1876 (la première organisation socialiste en Belgique) et du Parti Ouvrier Belge en 1885. Il fut député à la Chambre sans interruption de 1894 à 1936. Bien qu'il se méfia des flamingants à Gand (ils comptaient plusieurs dissidents socialistes dans leurs rangs) il vota en général en faveur des lois favorables aux Flamands. Cf. Guy VANSCHOENBEEK, *Anseele, Edward,* in NEVB, pp. 297-298.

58. CAMILLE HUYSMANS (1871-1968) joua surtout après la première guerre mondiale un rôle important dans le mouvement flamand. Il représenta le POB à la Chambre, devint plus tard secrétaire de la 2ième Internationale et rédacteur en chef de la *Volksgazet* (1931). Il renforça le POB à Anvers, siégea comme ministre pour les sciences et les arts dans les gouvernements Poulet-Vandervelde et Jaspar. Bourgmestre d'Anvers (1933-1940 et 1944-1946), il joua un rôle important dans la néerlandisation de la vie publique en Flandre et milita pour la néerlandisation de l'université de Gand et pour des reformes de l'enseignement. Dans les années 1930 il se distança du mouvement flamand qui dériva de plus en plus vers la droite et se montra un ennemi farouche du fascisme. Cf. Jan HUNIN, *Huysmans, Camille,* in NEVB, pp. 1496-1501.

59. LOUIS FRANCK (1868-1937), originaire de la petite bourgeoisie anversoise, était avocat et professeur de droit maritime à l'ULB. Il fut député (1906-1926), ministre des colonies (1918-1924) et gouverneur de la Banque Nationale (1926-1937). Il était membre du Liberale Vlaamse Bond et d'autres organisations flamandes mais en tant que flamingant modéré. Son mérite principal est son combat (avec Van Cauwelaert et Huysmans) pour la néerlandisation de l'université de Gand. Cf. Jozef MERTENS, *Franck, Louis,* in NEVB, pp. 1169-1171.

60. FRANS VAN CAUWELAERT (1880-1961) était un des icônes du flamigantisme catholique . Actif dans le mouvement flamand depuis sa jeunesse, orateur doué, il fut à partir de 1910 député pour Anvers, président des élus flamingants catholiques (1919), directeur politique du quotidien *De Standaard,* bourgmestre d'Anvers (1921-1932), plusieurs fois ministre entre les deux guerres et président de la Chambre en 1939. Il était également actif dans la vie économique, dans l'activité portuaire et dans les banques et les assurances. Il était, avec Huysmans et Franck un des « Trois Coqs Chantants ». Cf. Lode WILS, *Cauwelaert, Frans van,* in NEVB, pp. 696-703.

61. Le terme UNION SACRÉE réfère à l'union entre les partis sociaux-

Nationalité et Lutte de Classe en Belgique

démocrates, libéraux et catholiques pendant la première guerre mondiale. Suite à l'invasion allemande, les sociaux-démocrates et les libéraux soutinrent le gouvernement homogène catholique de De Broqueville, pour former un gouvernement d'unité nationale. Le social-patriotisme du POB était le prolongement de sa politique réformiste et il prouvait ainsi qu'il faisait entièrement partie du système étatique bourgeois. Cf. Els WITTE, Jan CRAEYBECKX en Alain MEYNEN, op. cit., pp. 146-147.

62. Le VLAAMSCH ECONOMISCH VERBOND (VEV) était une organisation patronale et un groupe de pression flamand fondée en 1926 comme successeur du *Vlaamsch Handelsverbond*, compromis par « l'activisme ». Son but: « promouvoir les intérêts économiques flamands et l'utilisation du néerlandais dans les affaires ». À partir de 1935 le VEV se profila comme une organisation patronale en tant que telle et un concurrent du *Comité Central Industriel* unitaire. Pendant la guerre le VEV (tout comme le CCI) collabora avec l'occupant allemand pour se tailler une place dans le « nouvel ordre économique ». Cf. Dirk LUYTEN, *Vlaams Economisch Verbond*, in NEVB, pp. 3316-3322.

63. L'ACTIVISME était un mouvement politique nationaliste flamand pendant la première guerre mondiale d'une minorité non négligeable de la population. Il se prononça pour des changements profonds sur le plan politique, en vue d'une autonomie de la Flandre (oui ou non dans le cadre de l'État belge). Les 'activistes' collaborèrent dans ce but avec l'occupant, à la différence des 'passivistes'. Il faut voir ce mouvement à la lumière des injustices subies au front, mais avant tout le lier à la *Flamenpolitik* de l'Allemagne qui voulut ainsi diviser la population belge pour mieux la soumettre. Cette politique de soutien au mouvement flamand fut poursuivie jusqu'à l'été 1918. L' 'activisme' ne deviendra pas un mouvement de masse pour diverses raisons (le grand nombre d'organisations et de tendances et l'absence d'une vision cohérente d'une structure étatique). Cf. Pieter VAN HEES, *Activisme*, in NEVB, pp. 205-224.

64. Le RAAD VAN VLAANDEREN (1917-1918) vit le jour en février 1917 au « Landdag » (congrès) National-Flamand. Elle devait servir à la coordination des différentes organisations 'activistes' dans la collaboration avec l'occupant. Mais les Allemands donnèrent peu d'autonomie à ce « Conseil de Flandre » et ne furent guère impressionnés par sa proclamation de l'indépendance de la Flandre. Cf. Hendrik D. MOMMAERTS en Pieter VAN HEES, *Raad van Vlaanderen*, in NEVB, pp. 2523-2527.

Le Jeune Mandel et la Question Flamande

65. JEF VAN EXTERGEM (1898-1945) participa pendant la première guerre mondiale à la propagande activiste de gauche. Il fut condamné en 1920 à 20 ans de prison, libéré sous condition en 1921, mais retourna en prison entre 1925 et 1928 pour ses activités politiques. Socialiste d'origine, il devint membre du Parti communiste et pris avec le PCB la défense de l'activiste Borms. Van Extergem fut président du Secours Rouge International (1928), étudia à l'école de cadre léniniste à Moscou (1930-1931) et représenta le parti belge au 7ᵉ Congrès du Komintern (1935). Il fonda en 1937 le Parti Communiste Flamand (VKP), participa au journal (communiste) *Ulenspiegel*, qui prit (après l'invasion allemande et en conformité avec le Komintern) une attitude 'neutre' dans le conflit, et s'efforça de gagner la sympathie des nationalistes flamands. En 1941 Van Extergem entra en clandestinité, il fut arrêté en 1943 et envoyé aux camps de Sachsenhausen et Ellrich où il mourut en 1945. Cf. Rudi VAN DOORSLAER, *Extergem, Jef van*, in NEVB, pp. 1095-1097.

66. Pendant les tractations à Versailles qui suivirent la première guerre mondiale en 1919, la Belgique exigea non seulement l'annexion du Duché du Luxembourg, de Maastricht, du Limbourg néerlandais et des territoires allemands de Moresnet, Eupen et Malmédy, mais aussi des territoires coloniaux allemands en Afrique de l'Est. Tout ce qu'elle reçu furent la colonie allemande Ruanda-Urundi et les « cantons de l'est ». Cf. Els WITTE, Jan CRAEYBECKX en Alain MEYNEN, op. cit., p. 187.

67. La répression qui suivit la guerre prononça 268 verdicts, dont 168 par contumace et 45 arrêts de mort. Mais il n'y eut aucune exécution. Cf. Pieter VAN HEES, *Activisme*, in NEVB, p. 219

68. L'élection de Borms eut lieu le 9 décembre 1928 (il s'agissait d'une élection partielle, après la mort du député libéral Richard Kreglinger). Les catholiques et socialistes appelaient à voter blanc en faveur du candidat libéral. Mais l'ex-activiste populaire August Borms, emprisonné, gagna la majorité des voix. Vu l'impossibilité d'élire le condamné (et son successeur) le libéral Paul Baelde devint député. Mais l'effet politique de cette élection poussa le gouvernement Jaspar à régler la « question flamande » pour de bon. Un deuxième effet fut une perte électorale du POB et un renforcement du Frontpartij aux élections parlementaires en mai 1929. Cf. Lode WILS, *Bormsverkiezing*, in NEVB, p. 566.

69. ADOLPHE MAX (1869-1939) fut député et conseiller provincial libéral entre 1909 et 1939 et bourgmestre de Bruxelles. C'était un

ennemi déclaré du mouvement flamand. En tant que président de la fraction libérale à la Chambre il put bloquer plusieurs propositions de loi flamingantes. Il s'opposa à la néerlandisation de l'université de Gand, aux lois linguistiques des années 1930, à la demande d'amnistie pour les ex-activistes et à la nomination d'Adriaan Martens. Cf. Nico WOUTERS, *Max, Adolphe E.J.H.*, in NEVB, p. 2016.

70. Le gouvernement "travailliste" Poulet-Vandervelde (17 juin 1925-8 mai 1926) était composé de catholiques progressistes et de sociaux-démocrates. Il fut contesté avec acharnement (dans la presse, par des mouvements extra-parlementaires, etc.) dû démissionner malgré une majorité large et intacte au parlement (en 1926 et non en 1925 comme l'écrit Mandel). Cela donna naissance à l'hypothèse douteuse d'un « complot des banquiers ». Cf. Guy VANTHEMSCHE, *De Val van de regering Poullet-Vandervelde: een "samenzwering der bankiers"?*, in RHBC-BTNG, IX (1978), 1-2, pp. 165-214.

71. Henri DE MAN (1885-1953) était un des intellectuels sociaux-démocrates les plus connus (et controversés). Avant 1914 il était en relation avec les « austromarxistes » et avec des figures comme Rosa Luxemburg, Karl Kautsky et Karl Liebknecht (avec lequel il fonda l'Internationale Socialiste de la Jeunesse en 1907). En Belgique il obtint une renommée par ses travaux critiques du marxisme, mais surtout par son « Plan du Travail ». Président du POB (1939), ministre des travaux publics (1935-1936), ministre des finances (1936-1938) et vice-premier dans le gouvernement Van Zeeland II. Pendant la deuxième guerre mondiale il approfondira son socialisme autoritaire et prit position en faveur de l'Ordre Nouveau de l'occupant nazi. Cf. Hendrik DEFOORT, *Man, Hendrik de*, in NEVB, pp. 1993-1997.

72. À propos de la chute du gouvernement Van Zeeland II et Spaak, cf. supra.

73. Le FRONTPARTIJ (officiellement « het Vlaamsche Front ») trouve son origine dans le « mouvement au front » des soldats flamands pendant la première guerre mondiale. Fondé en 1919 comme parti politique nationaliste flamand avec dans son programme central « Autonomie, Paix de Dieux, Plus jamais de Guerre ». La même année ses dirigeants Adiel Debeuckelaere et Hendrik Bourguignon entrèrent au parlement. Dès ses débuts, le parti était déchiré par des conflits sur la ligne politique à suivre, entre des groupes réformistes et radicaux, entre des tendances pluralistes

Le Jeune Mandel et la Question Flamande

et catholiques. La structure du parti laissa à désirer et sa décentralisation en 1923 renforça le cours autonome des section régionales. À la longue le parti fut dépassé par le VNV qui attira beaucoup de ses membres et électeurs. Cf. Bruno DE WEVER, *Vlaamsche Front, het,* in NEVB, pp. 3405-3407.

74. La formation d'un VLAAMSCHE KOMMUNISTISCHE PARTIJ(1937 – 1945) était en accord avec la politique du « front populaire » du Komintern qui stipula la collaboration avec les parti bourgeois comme tactique dans la lutte contre le fascisme. Georges Van den Boom était son président et Jef van Extergem son secrétaire. Mais l'autonomie du VKP en tant que sous-section du PCB était restreinte, son identité flamande était subordonnée à l'identité communiste. Le flamigantisme radical de certains de ses membres devait mettre beaucoup d'eau dans son vin. Le VKP protesta contre l'amnistie pour les ex-activistes comme Borms, Verhulst et Jacob, ainsi que contre la nomination de Adriaan Martens. Cf. Nico WOUTERS, *Vlaamsche Kommunistische Partij,* in NEVB, p. 3411.

75. Le pèlerinage aux sépultures de l'Yser (IJZERBEDEVAART) à partir de 1920 jusqu'à ce jour est une manifestation annuelle du mouvement nationaliste flamand. A l'origine, c'était une commémoration pacifiste des soldats flamands tombés dans la première mondiale, mais elle développa rapidement un caractère politique et n'était plus pacifiste que pour la façade. À partir de 1930 ce pèlerinage évolua (e.a. par ses liens avec le VNV) vers la droite et l'extrême-droite. Cf. Annelies BECK, *IJzerbedevaart(en),* in NEVB, pp. 1503-1514.

SOURCES

AMSAB-ISG, Archives Leon De Lee (468).

Nationalité et Lutte de Classe en Belgique

PERSPECTIVES SOCIALISTES SUR LA QUESTION FLAMANDE (1958)

Jacques Yerna (1923-2003), coauteur de cet l'article et militant syndical socialiste, est membre du bureau d'étude de la FGTB qui a élaboré le programme des réformes de structures d'André Renard. Aprés la mort de ce dirigeant syndical, Yerna devient secrétaire de la section régionale Liège-Huy-Waremme de la FGTB, le syndicat socialiste. Il rejoint ensuite, après la grève de l'hiver 1960-1961, le Mouvement Populaire Wallon *dont il sera, en 1968, le dernier président. Il participe activement, avec Ernest Mandel à l'hebdomadaire* La Gauche *dans lequel paraît l'article ci-dessous, le 19 avril 1958. Cet hebdomadaire bilingue organise la gauche dans le PSB, et a un équivalant en Flandre, Links. Il y soutient activement le mouvement flamand, qu'il liait, à l'instar de Mandel, à la lutte pour le socialisme. Yerna disait de Mandel que celui-ci l'avait définitivement guéri du nationalisme.*

L'article que nous présentons, s'adresse non seulement à un public francophone, mais aussi au Parti Socialiste Belge qui restait sourd à la question flamande. L'aile gauche fut expulsée du parti socialiste en 1964. Elle était composée d'un petit noyau trotskistes pratiquant l'entrisme dans le PSB et d'une majorité de militants de la gauche radicale. Les deux hebdomadaires n'étaient ni trotskistes ni révolutionnaires, et la rédaction dût faire de nombreuses compromissions pour se maintenir au sein du PSB. L'article parût deux ans avant la grande grève, dite « du siècle », dont l'issue provoquera un changement profond dans les relations entre les deux composantes ouvrières wallonnes et flamandes en Belgique. Jacques Yerna s'est éteint en 2003.

Nationalité et Lutte de Classe en Belgique

Le temps fait et défait les nations. Mais celles-ci portent inégalement le sceau des événements qui les ont formées. Les plus anciennes, cimentées par une langue et une culture communes, établies sur un territoire bien délimité, riches de traditions millénaires, paraissent affranchies des circonstances qui ont imprégné leur naissance. Leur existence semble se situer en dehors de l'histoire et répondre à quelque dessein obscur de la providence. Les citoyens de ces nations privilégiées peuvent remonter le cours des siècles. Ils retrouvent dans le passé l'image immuable de leur mère patrie telle que cent générations de « grands ancêtres » l'ont façonnée.

Ainsi, le jeune Français se réfléchit et s'admire dans les quarante rois qui ont fait le royaume de France et les révolutions qui l'ont défait. La monarchie absolue et la déclaration des droits de l'Homme, les cathédrales gothiques et les loges maçonniques, le ratissage des Tunisiens et la vocation universelle de la France sont les aspects changeants, mais toujours caractéristiques, d'une même réalité. Anatole France est l'héritier spirituel de Pascal et Bossuet, Sartre et Proust, au même titre que Voltaire[1] témoignent de la clarté du génie latin imperméable aux rêveries et aux spéculations métaphysiques des lourds Germains.

Mais d'autres nations sont d'origine plus récente. Elles portent, sans pouvoir les cacher, la marque d'influences passagères et contradictoires. Leur existence semble plus contestable. L'histoire qui les a formées aurait pu suivre un cours différent. Ainsi, de la Belgique. Née en 1830, de circonstances dont la nécessité interne ne paraît pas évidente, composée de deux communautés distinctes, l'une et l'autre parfois, attirée vers d'autres collectivités, elle trahit un destin plus accidentel. Ses habitants parlent deux langues différentes et se réclament de deux cultures distinctes. Le jeune Belge qui veut retrouver dans le passé l'âme de son pays, n'aperçoit que des images confuses. Tribus gauloises, célèbres par leur férocité, colonisateurs romains et germaniques. Comtes et ducs féodaux, princes des maisons de Valois et d'Habsbourg, révolutionnaires français et orangistes se succèdent, portés par les vagues successives de l'histoire. Sans doute, ces vicissitudes recouvrent-elles des réalités plus profondes et plus permanentes. Les rois francs, les comtes de Flandre, les ducs de Bourgogne, les princes espagnols et autrichiens s'en sont allés, les Belges sont restés. Mais, il semble parfois que ce soit par solde, faute d'une solution différente.

La Belgique française

Lorsqu'en 1830 l'Etat belge naquit de la révolution de septembre[2], ses fondateurs firent choix de la langue française, comme langue officielle unique. L'administration fut française. La justice également. L'armée, l'enseignement aussi. La langue flamande était ignorée. En fait, tout se passa comme si elle n'existait pas. Ainsi le nouvel Etat se plaçait d'emblée sous le signe exclusif de la culture française. L'essentiel n'est cependant pas là. L'Etat belge a été incontestablement un facteur important de francisation des Flandres. Mais il n'est pas à l'origine de celle-ci. La francisation des Flandres a été le résultat d'un processus de différenciation interne de la collectivité flamande.

Au sein de toute communauté, les différentes classes sociales tendent à se distinguer par des caractères propres. Cette tendance s'observe surtout chez les couches possédantes, Celles-ci adoptent le plus souvent un style de vie et un mode d'existence particuliers, notamment sur le plan de l'habitation de la culture et des loisirs.

En pays flamand, cette différenciation sociale a pris une forme très spéciale. Les classes dominantes flamandes ont adopté comme langue véhiculaire le français tandis que le flamand[3] restait l'idiome du peuple. Une évolution similaire, mais moins prononcée se constate d'ailleurs dans la plus grande partie de l'Europe du 17e au 19e siècle. De 1648 à 1913, le français a exercé, en Europe, une hégémonie linguistique incontestable. Sur tout le continent, il a été au cours de cette période, la langue des classes possédantes, soit langue principale, soit langue dite de culture. Mais cette évolution a été beaucoup plus nette et durable en Flandre.

Nationalité et Lutte de Classe en Belgique

Les événements historiques ont joué ici un rôle considérable. La proximité de la France, les liens de vassalité entre le comté de Flandre et le royaume de France, le règne des ducs de Bourgogne, princes français de la maison de Valois, la scission des Pays-Bas au XVIᵉ siècle, la décadence économique et culturelle des provinces belges au XVIIᵉ siècle, l'occupation française sous la révolution et l'empire ont favorisé la francisation de l'aristocratie et de sa bourgeoisie flamande. Ainsi s'explique qu'accident passager ou mode éphémère en Hollande, Allemagne et Russie, en Flandre la francisation devint phénomène durable.

Cependant le français n'a pas été imposé de l'étranger à des habitants réfractaires. Sans doute ne faut-il pas sous-estimer le poids des facteurs externes, notamment de vingt ans d'annexion à la France et, ultérieurement, de l'évolution inégale des industries flamandes et wallonnes. Mais l'histoire n'a pas imposé de solution. Dans la situation concrète où elles se trouvaient, les classes dirigeantes flamandes ont choisi le français. Elles l'ont choisi en ne s'opposant pas aux facteurs de francisation alors qu'elles ont rejeté la politique de néerlandisation poursuivie sous le régime hollandais par Guillaume 1er. Elles l'ont choisi encore en imprimant au nouvel Etat belge, d'accord avec la bourgeoisie wallonne, un caractère exclusivement français.

Que les fondateurs de la Belgique aient adopté le français comme seule langue officielle s'explique donc aisément. L'Etat, né de la révolution de 1830, était un Etat bourgeois. Il était l'Etat d'une petite minorité de la population qui parlait le français, au nord comme au sud de la frontière linguistique. Il a, dès lors, choisi d'un même mouvement le suffrage censitaire et la langue française. La langue parlée par la majorité du peuple flamand était ignorée, comme l'était le peuple flamand lui-même. L'Etat était francophone par la forme même des choses puisque tous les citoyens de plein droit parlaient français, A fortiori, les Wallons ne pourraient-ils être tenus pour responsables de la situation ainsi créée. S'ils ont pu en bénéficier, ils n'en ont pas été les auteurs. Il n'y a jamais eu de domination wallonne en Flandre. Il y a eu, en Flandre comme en Wallonie, hégémonie de la bourgeoisie censitaire de langue et de culture françaises.

La question flamande est donc, dans son principe, une question sociale. Elle l'a été dès ses origines. Elle l'est encore aujourd'hui. La lutte du peuple flamand pour sa langue et sa culture s'inscrit dans le mouvement général d'émancipation populaire qui caractérise l'histoire contemporaine. A ce titre, elle est essentiellement une bataille démocratique. Parmi les libertés humaines, celle de parler sa langue, n'est-elle pas une des plus fondamentales ? Tout citoyen ne doit-il pas pouvoir s'exprimer dans l'idiome qui est le sien et qui est, le plus souvent, le seul qu'il comprenne ? Les discussions savantes ou subtiles[4] sur les mérites respectifs des langues française et flamande, à supposer qu'elles aient un sens, sont étrangères au problème. Pour un individu déterminé, le passage d'une langue à une autre est souvent malaisé et peut être la source de nombreuses difficultés. Pour un peuple, considéré dans son ensemble, l'entreprise est impossible. Aussi bien cette entreprise n'a-t-elle pas été tentée. La bourgeoisie francophone des Flandres n'a jamais vu dans la primauté du français que la défense de ses privilèges sociaux. Elle n'a jamais souhaité sincèrement franciser les masses populaires flamandes. La francisation de la Flandre est restée marginale. Elle n'a, jamais affecté qu'une infime minorité de la population.

Bilan de cent ans de luttes flamandes

La longue lutte des masses flamandes pour le respect de sa langue et de sa culture a abouti, vers les années 1930 à 1935 à des victoires capitales. Le flamand est devenu la langue officielle de la Belgique au même titre que le français. Les Flamands jouissent des mêmes privilèges que les francophones. L'égalité est complète, tant en matière d'administration que de justice et d'enseignement. Pourtant, s'il est en voie de résorption, le problème n'est pas complètement résolu. Il faut à cet égard se méfier des jugements

Nationalité et Lutte de Classe en Belgique

extrêmes. Les droits conquis par les Flamands sont considérables. Le droit d'étudier en néerlandais, celui d'être administré et jugé dans cette langue garantissent dans une large mesure le développement harmonieux de la collectivité flamande. Celle-ci n'est ni opprimée, ni persécutée comme quelques extrémistes saugrenus se plaisent à le crier. Aucune analogie entre la situation présente et celle qui prévalait il y a cent ans. Si la question flamande n'est pas encore entièrement résolue, ou plutôt si elle a été mal résolue, c'est parce qu'elle a été posée sur un plan sur lequel elle n'est pas susceptible de l'être.

Le problème était sociologique. Une fraction, moins de 5%, du peuple flamand, a adopté une langue véhiculaire étrangère, le français. Elle s'est ainsi constituée en une caste séparée du reste de la population. Cette caste détenait, et détient toujours, l'essentiel du pouvoir économique et financier. Etroitement liée à la bourgeoisie bruxelloise et wallonne, elle contrôle avec celle-ci les principales entreprises du pays. Le prestige sociologique de cette minorité sur le reste du peuple flamand a été et est resté le principal facteur de francisation. Ce prestige est lié à ses prérogatives économiques.

Or, le mouvement flamand a, pour l'essentiel ignoré ces réalités. Il a situé ses revendications sur le plan juridique. Il a imposé l'emploi exclusif du flamand dans l'administration, la justice et l'enseignement. Mais il n'a pas revendiqué le retour au peuple du pouvoir économique et financier exercé par cette minorité. Dirigé, en ordre principal par des membres des classes moyennes, il n'a pas pu s'engager dans cette voie qui impliquait le passage de la démocratie bourgeoise à la démocratie socialiste. De là le résultat inégal de son action. Celle-ci n'a pas débouché dans le vide, comme certains l'ont prétendu. Mais, de même que le suffrage universel, malgré ses mérites, n'a pas émancipé les travailleurs, l'égalité linguistique n'a pas résolu les difficultés flamandes. En marge des autorités légales, le pouvoir économique et financier reste concentré entre les mains d'une petite minorité francisée.

Perspectives Socialistes sur la Question Flamande

Les Flamands francophones, demeurés maîtres de l'appareil économique, se sont vite adaptés, à la flamandisation de la vie publique. Le danger d'une francisation progressive de la Flandre est certes définitivement écarté et le nombre de francophones aura tendance à se réduire dans le futur. Mais il reste que la plupart des grandes entreprises situées en pays flamand, sont dirigées dans une langue qui n'est pas celle des ouvriers et des employés qui y travaillent[5]. Il reste que dans la plupart des villes flamandes, une petite minorité, francophone exerce une influence sans relation avec son importance numérique. Il reste que la circulation sociale et les échanges culturels entre les diverses couches de la population sont freinées à l'intérieur de la communauté flamande. Cette situation ne paraît pas appelée à se modifier rapidement. Si le « fransquillonisme » est condamné par l'histoire, l'exécution du jugement sera longue et difficile.

Cette prépondérance sociologique du français peut d'ailleurs sous certains aspects altérer de façon sensible le rapport entre les diverses communautés. Dans les services centraux de l'Etat, la langue française continue souvent à bénéficier d'une primauté de fait. A Bruxelles et dans l'ensemble de l'arrondissement qui l'entoure, le long de la frontière linguistique, le poids des couches sociales francophones comporte incontestablement un effet non négligeable de dénationalisation. Cet effet est le plus sensible à Bruxelles et dans les communes environnantes. Bruxelles, ville flamande à l'origine, comme Gand ou Anvers, a été progressivement francisée. Cette francisation n'est plus limitée, comme dans les autres villes flamandes, à l'aristocratie et à la haute bourgeoisie. Elle a gagné, à mesure, la moyenne et la petite bourgeoisie, voire une partie du prolétariat. Une immigration wallonne importante a également modifié la physionomie sociale de la capitale. L'expansion spontanée de celle-ci, la suburbanisation progressive des régions rurales avoisinantes, modifie, d'autre part, le régime linguistique de ces dernières.

61

Nationalité et Lutte de Classe en Belgique

Les autochtones, paysans pour la plupart, risquent d'être, « assimilés » progressivement par les citadins qui fuient, la ville. La frontière linguistique se déplace ainsi légèrement. En outre, les immigrants flamands, qui de plus en plus se fixent à Bruxelles, sont à leur tour entraînés par le mouvement. La capitale est devenue ainsi un foyer actif de francisation. Cette évolution est complexe. Elle ne se laisse pas ramener à des facteurs linguistiques exclusivement, mais résulte en ordre principal d'une série de mouvements sociologiques, en majeure partie spontanés et inéluctables.

Toute capitale exerce une attraction centralisatrice. Toute grande ville tend à remodeler la structure sociale et culturelle de la région qui l'entoure. Mais à Bruxelles, le mouvement comporte, au surplus, le passage de dizaines, voire de centaines de milliers de citoyens du flamand au français. De là naissent inévitablement des frictions et des malentendus, voire des oppositions plus profondes. De là, un climat empoisonné qui entretient un nationalisme souvent rétrograde.

Les positions socialistes

La position socialiste doit être sur le problème flamand clair et net. Les socialistes estiment que la lutte du peuple flamand a été et est une lutte juste et progressiste. Les socialistes flamands ont le devoir de participer à cette lutte et de l'intégrer dans le mouvement général d'émancipation des travailleurs. Les socialistes bruxellois et wallons sont tenus de la soutenir. Mais cette lutte, ils entendent la poursuivre sur le terrain qui leur est propre, celui des relations économiques et sociales. Sur ce terrain, ils revendiquent :

1. L'instauration, de la démocratie économique en Flandre comme dans la partie francophone du pays. Le retour à la nation des grandes entreprises aura pour conséquence de flamandiser celles qui sont situées en pays flamand, d'établir un régime linguistique bilingue dans celles dont les activités s'étendent à toute la Belgique.

Perspectives Socialistes sur la Question Flamande

2. La planification de l'économie nationale. Dans le cadre de cette planification, les problèmes économiques spécifiques aux provinces flamandes trouveront une solution conforme à la fois à l'intérêt de ces provinces et à celui de l'ensemble du pays.

3. La mise en œuvre de cette double réforme aura pour effet d'enlever à la minorité francophone des Flandres ses assises économiques et financières. Celle-ci perdra ainsi son statut privilégié actuel et cessera de constituer, comme aujourd'hui, un facteur de francisation des masses populaires. Car, si celles-ci sont sensibles à l'influence qui découle de cette minorité, c'est pour des raisons d'ordre social, Si beaucoup de parents flamands envoient encore leurs enfants dans des écoles françaises, c'est pour leur permettre de gravir l'échelle sociale et non « A la recherche du temps perdu ».

Il appartient aux socialistes de montrer au peuple flamand le rapport étroit entre la lutte linguistique et la lutte sociale. L'une ne peut être séparée de l'autre. Le droit de l'ouvrier et de l'employé de participer à la vie de l'entreprise à laquelle ils donnent leur travail ne fait qu'un avec celui d'utiliser dans cette entreprise leur langue. L'émancipation culturelle et linguistique n'est qu'un des aspects de l'émancipation, générale des travailleurs. De même, le devoir pour l'Etat de résoudre les problèmes industriels propres à une partie des provinces flamandes s'intègre tout naturellement dans celui, plus général, de promouvoir l'expansion économique du pays.

La réciproque est vraie. On ne peut exiger la flamandisation des grandes entreprises situées en Flandre sans réclamer leur retour à la nation. Car, si ces entreprises sont considérées comme relevant du patrimoine national, cela doit être vrai et du point de vue linguistique et du point de vue social. En revanche, s'il est juste que l'entrepreneur puisse seul décider des investissements et des amortissements, fixer les prix et les salaires, régler la discipline interne, il est normal qu'il puisse également choisir le régime linguistique.

Nationalité et Lutte de Classe en Belgique

Au demeurant, la flamandisation, même si d'aventure elle était réalisée, restera purement formelle aussi longtemps que seuls les représentants du capital exerceront le pouvoir au sein de l'entreprise. L'expérience a montré que la minorité francophone s'est adaptée, sans trop de difficultés, à la flamandisation de la vie publique. Ne doutons pas qu'elle s'adapterait également à celle des entreprises si son autorité financière et économique n'était pas supprimée. Les usines et les bureaux seraient flamands, comme les plages du Zoute[6] par un beau matin du mois de juin.

De même les problèmes économiques propres à la Flandre ne peuvent trouver de solution heureuse que dans le cadre d'une planification socialiste. Le développement industriel moins poussé de trop d'arrondissements flamands, le chômage endémique et les bas salaires qui y prévalent ne sont pas, comme certains le voudraient, la conséquence d'influences wallonnes occultes. Ces phénomènes résultent spontanément des « lois du marché » et surtout de la libre recherche du taux de profit optimum. Il ne peut y être porté remède qu'en subordonnant les mécanismes capitalistes à un plan économique et financier visant à assurer le plein emploi, l'expansion du revenu national et l'élévation du niveau de vie des travailleurs.

Les réformes esquissées ci-dessus jetteront les bases à une solution définitive du problème flamand. Elles devront être complétées par des mesures d'une portée moins générale, visant à résoudre des questions plus circonscrites : statut linguistique de la capitale et des communes environnantes, frontière linguistique, régime des administrations centrales.

Il n'entre pas dans le cadre de cet article d'examiner ces questions. Qu'il suffise d'indiquer que les socialistes sont disposés à les examiner sans parti-pris et sans préjugés 'belgicistes' ou centralisateurs, il s'agit de trouver les solutions qui garantissent le mieux le développement des diverses communautés culturelles de ce pays et la liberté des citoyens. Aucune voie ne doit être fermée à priori. En principe, le fédéralisme ne heurte en rien les convictions socialistes. On peut être conduit à le rejeter pour des raisons d'opportunité, car son instauration risque de détourner, pendant toute une décade, les énergies vers la solution d'un seul problème, d'attiser les passions nationalistes, de créer un nouvel abcès du type de ceux qui empoisonnent depuis trop longtemps l'atmosphère de notre pays. Il serait, d'autre part, susceptible de semer le désordre dans la vie économique. Mais appliqué dans des domaines limités, par exemple en matière culturelle, il n'est pas exclu qu'à l'expérience il puisse se révéler fécond. Beaucoup dépend ici de la qualité et des convictions démocratiques de ceux qui seraient amenés à le mettre en œuvre.

Intégrer le problème flamand dans une perspective plus large logique, lui assigner au surplus dans ce cadre sa juste place ; problème important mais non capital, social mais non idéologique, ayant en outre déjà reçu sur de nombreux plans une solution satisfaisante. Tel est le premier devoir des socialistes.

Mais dans le même temps qu'ils œuvrent pour une solution rationnelle du problème flamand, les socialistes doivent combattre, sans relâche, le nationalisme flamand, comme ils doivent lutter contre tout nationalisme. Il s'agit de parachever l'émancipation sociale et culturelle des Flamands. Il ne s'agit pas de sacrifier sur l'autel d'une mère patrie, qu'elle soit flamande ou néerlandaise. Les options sociales et économiques doivent prendre le pas sur les options nationales. Et les options purement linguistiques conduisent rapidement vers le sectarisme et la xénophobie.

Ce danger guette de façon permanente le mouvement flamand et il y a souvent succombé. Incapable de résoudre complètement ses difficultés, parce qu'il avait mal posé le problème, il a souvent été tenté de compenser son incapacité relative par des débordements verbaux stériles. Ainsi s'explique que dans l'entre-deux-guerres, une fraction importante de ce mouvement ait débouché dans le fascisme. Le danger est moins grand aujourd'hui car beaucoup de problèmes ont été résolus. Mais il existe encore.

Nationalité et Lutte de Classe en Belgique

Ainsi, un grand journal flamand important, qui dans d'autres domaines paraît ouvert au dialogue et adopte souvent des solutions progressives, se publie toujours sous le slogan « Tout pour la Flandre, la Flandre pour le Christ »[7]. Nous laisserons à d'autres le soin d'examiner si entre les Flamands et le Christ le seul intermédiaire qui puisse s'imaginer, n'est pas l'Eglise et si la condamnation qui a frappé Maurras[8] ne s'applique pas également à des formules de ce type. Mais un socialiste n'admettra jamais que son adhésion à une collectivité nationale soit totale ou que le salut de sa patrie soit le centre de ses pensées et de son activité. Cette condamnation du nationalisme vise d'ailleurs également un certain wallingantisme et une certaine françolâtrie à laquelle trop de nos amis ont sacrifié. Le socialisme n'a rien à voir avec ce mélange curieux d'anticléricalisme, de patriotisme, de civisme et d'amour sacré de la France que certains s'ingénient à faire passer en son nom.

Les solutions pratiques proposées sur le plan économique et social permettront d'ailleurs de largement démystifier la question. Une fois le monopole financier de la bourgeoisie francophone brisé, il sera même possible d'assouplir la législation linguistique dans ce qu'elle comporte de vexatoire. Car il faut bien l'avouer, les lois linguistiques sont peu populaires dans la mesure où elles privent certains habitants du royaume d'une partie de leur liberté. Comment justifier qu'un Flamand d'expression française ne puisse élever ses enfants dans sa propre langue?

La contrainte linguistique n'aurait dû constituer qu'une mesure de sauvegarde provisoire. Faute de résoudre le problème social de base, elle est devenue l'arme essentielle du mouvement flamand. Elle a pris ainsi un caractère de plus en plus draconien. Et certains esprits obtus ne voient , encore aujourd'hui d'autres solutions que dans son renforcement. Quelques-uns rêvent d'entourer Bruxelles d'un véritable cordon sanitaire, voire de doter chaque habitant de la capitale d'un état civil linguistique immuable. Comme si une fois les privilèges économiques et sociaux abolis, la communauté flamande ne serait pas à même par son dynamisme propre de sauver son intégrité. Comme si l'existence d'une petite minorité de citoyens attachés à une culture et à une langue différente de celle de la majorité était, en elle-même, un scandale inadmissible. Comme si le sort de la Flandre se jouait à Wemmel ou à Rhode-Saint-Genèse.

4. Ouvrir le dialogue

Le socialisme de gauche ne se distingue pas du socialisme de droite uniquement en ce qu'il serait plus radical et plus conséquent, plus fidèle aux principes de base. Il entend également être plus ouvert, plus dégagé des clichés et des routines.

Il y a souvent peu de rapports entre les opinions qu'un individu défend et l'étiquette qu'il porte. Aussi ne faut-il pas, s'arrêter a cette dernière. Au-delà du langage différent, des habitudes prises, des préjugés et des malentendus, il faut ouvrir le dialogue avec tous ceux qui peuvent collaborer avec nous pour l'instauration progressive d'une société plus juste et plus libre. Aucun soutien ne doit être rejeté. Parmi les militants du mouvement flamand, beaucoup pourraient nous aider à réaliser le socialisme. Peu importe les chants et les slogans. Derrière les drapeaux jaunes et noirs, derrière les lions flamands, des hommes luttent pour un idéal qui leur paraît juste. Il faut aller vers eux et confronter leurs idées avec les nôtres.

Il ne s'agit pas de réhabiliter le nationalisme flamand. L'histoire l'a condamné comme elle l'a fait du nationalisme français. L'un comme l'autre ont débouché dans le fascisme, la délation, la terreur et, ironie suprême du sort, dans l'asservissement à l'occupant étranger. « Tout pour la Flandre » a fini par signifier « tout pour l'Allemagne » comme la « France seule » de Maurras se transforma en la « France allemande ». Jamais les socialistes ne permettront qu'il soit revenu sur cette condamnation. C'est le motif pour lequel ils s'opposent à toute forme d'amnistie générale des crimes commis sous l'occupation. Et ils ne distinguent pas, à cet égard, entre les méfaits du droit commun et le soutien politique du national-socialisme. Quoi que l'on dise, ce dernier est le plus grave. Ils sont prêts à pardonner à ceux qui se sont trompés et à ceux qui ont commis des fautes. Mais qu'une décision générale vienne se substituer aux mesures de clémence individuelles, qu'une amnistie vienne blanchir le nationalisme flamand lui-même, cela est inadmissible.

L'avenir du socialisme dans ce pays dépend largement de son avenir en Flandre. Les succès déjà obtenus sont impressionnants. Il s'agit, aujourd'hui, de réussir une percée décisive. A cette fin, il faut trouver pour notre mouvement une audience plus large que par le passé, s'adresser à des couches sociales que nous n'avons pas encore pu gagner. Plusieurs conditions sont nécessaires à cet égard. La première est de mettre sans arrêt l'accent sur les problèmes sociaux et économiques. La seconde est de convaincre une partie de l'opinion publique flamande que le socialisme n'est pas une idéologie religieuse qui entend se substituer à un culte quelconque, mais un mouvement de transformation sociale axé sur le maintien de la démocratie politique et l'instauration de la démocratie économique. Le respect des convictions religieuses de chacun n'est pas un mot d'ordre tactique mais une exigence fondamentale du socialisme.

La troisième condition du succès de notre mouvement est de s'adresser à chacun dans un langage qu'il comprend. Non par opportunité politique, mais parce qu'il faut partir des préoccupations effectives des hommes, des problèmes et des questions qu'ils se posent et les aider à les résoudre. Le socialisme ne doit pas leur être apporté de l'extérieur. Il doit s'enraciner dans leur existence, dans leur niveau de compréhension, se dégager progressivement de leurs réflexions.

Si ces conditions peuvent être réunies, le socialisme est assuré de réaliser des progrès considérables. En Flandre comme en Wallonie,

Perspectives Socialistes sur la Question Flamande

les travailleurs forment la très grande majorité de la population. L'union des salariés flamands et francophones, croyants et non croyants, peut demain renverser la physionomie politique de ce pays et rendre possible la construction immédiate du socialisme.

1 Anatole FRANCE (1844-1924), écrivain anticlérical de gauche ; PASCAL (1623-1662), mathématicien en philosophe janséniste ; BOSSUET (1627-1704), théologien orthodoxe et défenseur de la monarchie ; J.-P. SARTRE (1905-1980), écrivain et philosophe de gauche ; Marcel PROUST (1871-1922), auteur renommé français ; VOLTAIRE (1694-1778), auteur anticlérical et satirique, défenseur de la tolérance religieuse. (H.P.)

2 Maurice BOLOGNE défend dans son étude *L'insurrection prolétarienne de 1830 en Belgique* (1929) l'idée selon laquelle la bourgeoisie et l'aristocratie ont usurpé la révolution populaire. Les historiens rejettent aujourd'hui cette affirmation. Selon Jean Stengers, « rien, absolument rien, n'indique [que les gens du peuple qui se battent] aient eu des objectifs de classe tranchant avec ceux de la bourgeoisie.» Il avance pour argument qu'après le triomphe de la révolution, personne parmi le peuple n'a donc dénoncé cette « confiscation» de ses résultats. Cf. Anne MORELLI (dir.), *Les Grands Mythes de l'histoire de la Belgique*, Bruxelles 1995, p. 140. Voire également Frédéric Thomas, http//chrhc.revues.org/index1943.html. (H.P.)

3 En fait les dialectes flamands, brabançons et limbourgeois. Les efforts de Guillaume II pour généraliser le Néerlandais en Flandre s'arrêtèrent avec la séparation de la Belgique. Le poète catholique Guido GEZELLE (1830-1899) considérait le Néerlandais du nord comme un support du protestantisme ; il défendit un néerlandais basé sur le dialecte de la Flandre occidentale. (H.P.)

4 Ainsi le cardinal MERCIER (1851-1926) déclara que le Néerlandais était incapable de s'exprimer subtilement sur le plan philosophique. (H.P.)

5 La « flamandisation» des entreprises eut lieu en 1971, sous la pression des entrepreneurs flamands et des syndicats. (H.P.)

6 Knokke-le-Zoute est une station balnéaire recherchée par la bourgeoisie francophone (et flamande). (H.P.)

7 Le journal De Standaard a retiré ce slogan de sa une en 1999. (H.P.)

Nationalité et Lutte de Classe en Belgique

8 Charles MAURRAS (1868-1952), partisan d'un « nationalisme intégral », était le fondateur et animateur de *l'Action française* (1908-1944) un mouvement antirépublicain et antisémite. Il prit position pour Mussolini, Franco et le régime de Vichy. Il fur condamné en 1945 à l'emprisonnement à vie. (H.P.)

LES HOLDINGS, LE CHOMAGE
STRUCTUREL EN FLANDRE
ET LES NATIONALISTES FLAMANDS (1958)

Les holdings, et en premier lieu la Société Générale de Belgique, *les véritables maîtres du pays, ont joué un rôle fondamental dans l'histoire économique de la Belgique. Ce sont eux qui étaient responsables du retard économique de la Flandre et du déclin économique de la Wallonie[1]. Si la* Volksunie, *le parti des nationalistes flamands, comprend que ce ne sont pas les francophones qui sont responsables de cette situation, ils continuent à se faire des illusions dans le capitalisme pour faire avancer le développement de la Flandre. Ce développement a bien eu lieu à partir de la fin des années 1960, non pas grâce aux holdings, mais à un retournement de la conjoncture internationale et aux investissements du capital étranger dans la pétrochimie, l'industrie automobile, la construction navale, les télécommunications, l'électroménager, attirés par les avantages salariaux et fiscaux qu'offrait la Flandre. Cet article parut dans l'hebdomadaire de la gauche socialiste flamande,* Links, *le 11 juillet 1958.*

Le gouvernement vient de déposer un projet de loi concernant les entreprises industrielles et commerciales, leur permettant de réaliser la plus-value de leurs avoirs (terrains, bâtiments, action). Ils ne devront pas payer d'impôt sur ces réalisations à condition qu'ils investissent cette plus-value dans une entreprise en Belgique ou au Congo-Belge.

71

Sur la proposition de M. Schot – administrateur de la Banque de la Société Générale et parlementaire catholique – ce projet a été élargi aux holdings et aux sociétés financières spécialisées dans le maniement des paquets d'actions.

M. De Saegher, élu catholique de Louvain[2], a fortement critiqué cette proposition dans la Commission Finances de la Chambre. Depuis lors il a, dans une note de sinistre mémoire de la minorité, énuméré les nombreux privilèges dont profitent déjà les holdings dans notre pays. Il a produit des chiffres clairs qui prouvent que plusieurs de nos holdings payent des impôts de 1 à 2% sur les profits qui dépassent les 100 millions de francs par an, c'est-à-dire moins que l'ouvrier spécialisé !

Un scandale inouï

M. De Saegher n'a pas hésité à en tirer les conclusions. Au grand agacement du premier ministre Eyskens[3] – et sous les applaudissements des socialistes – il s'est exclamé que le pouvoir politique en Belgique ne peut rien refuser aux puissances financières, les chouchous du régime. Il n'a que confirmé ce que disent la FGTB et le PSB depuis des années. Mais M. De Saegher n'est pas conséquent dans son opposition aux holdings, puisqu'il ne propose pas qu'il faut leur imposer des impôts au lieu de leur offrir de nouveau cadeaux fiscaux. Au contraire même ! Après avoir dénoncé de haute voix les avantages fiscaux dont ils sont les bénéficiaires, il conclut qu'il faut leur offrir même de nouveaux avantages, sous condition qu'ils investissent les plus-values réalisées dans les régions dites en développement (c'-à-d. les régions qui connaissent un chômage structurel élevé)!

On sait que ces régions se situent presque toutes en Flandre. Voilà pourquoi les nationalistes flamands ont salué de tout cœur l'initiative de M. De Saegher. Son amendement n'a reçu que trois voix de la droite, ceux de M. De Saegher, de Van den Daele et de

Les Holdings, le Chomage Structurel en Flandre et les Nationalistes Flamands

Van der Elst[4]. Tous les socialistes, y compris ceux de Wallonie, ont par contre voté pour. Mais cela, la presse nationaliste flamande le cache à ses lecteurs.

Nous savons depuis longtemps que le gouvernement Eyskens, depuis sa formation, n'ose rien entreprendre contre les holdings. Il comporte en effet plusieurs représentants directs du grand capital en des puissances financières. Mais M. De Saegher est naïf − ou prétend l'être − quand il prétend que son amendement libérera des 'milliards' pour l'industrialisation de la Flandre. Et les nationalistes Flamands qui ne semblent pas comprendre comme lui de quoi il s'agit, ne font que le répéter comme des perroquets.

Or, quel est le vrai fond de l'affaire? Les holdings possèdent des portefeuilles qui valent des dizaines de milliards de francs, dont la valeur a fortement augmenté depuis une dizaine d'années. S'ils les vendent aujourd'hui on pourrait supposer, puisque cette vente est exempte d'impôt, que des milliards de francs seraient libérés. Mais en réalité les holdings ne veulent pas vendre la majorité de leurs actions, non pas parce qu'il ont peur de devoir payer plus d'impôts, ni les utiliser à des fins spéculatives, mais parce qu'ils leur donnent le pouvoir de contrôle sur les grandes entreprise du pays.

Qui serait si naïf de croire que, les plus-values étant aujourd'hui soumises à l'impôt, Brufina-Cofindus jettera ses actions Cockerill-Ougrée sur le marché, ou que la Société Générale ferait la même chose avec ses actions ACEC, la Compagnie Maritime Belge (par le biais d'Ufimor) ses actions Brugeoise, Union Minière, Vieille Montagne, Métallurgie Hoboken, etc., pour ne donner que quelques exemples ? Cela reviendrait à croire que les holdings voudraient eux-mêmes démanteler leur empire industriel. Rien n'est plus faux.

L'allégements des charges fiscales sur les plus-values n'incitera que quelques petits holdings à vendre leurs actions, et les grands holdings se déferons peut-être de quelques investissements marginaux. Mais cela ne concernera surement pas des milliards de francs. Il est ridicule d'admettre que les sommes dégagées permettrons l'industrialisation de la Flandre!

Plusieurs nationalistes flamands sont clairs sur un point : ce sont les holdings – et non pas les Wallons ou les Bruxellois francophones – qui sont responsables du sous-développement de nombreuses régions flamandes. Il n'y a donc qu'une seule conclusion logique à en tirer: c'est à la communauté de faire ce que l'initiative privée n'a pas voulu ou pu faire! Pourquoi n'exigent-ils pas la création d'une Société Nationale d'Investissement qui, armée de milliards de francs, entreprend systématiquement et sur la base d'un développement planifié, l'industrialisation de la Flandre?

Sont-ils peut-être trop enfermés dans l'idéologie de l'initiative privée ? Craignent-ils peut-être d'effrayer à leur tour les holdings ? N'ont-ils pas compris que la politique flamande, qui s'est enchaînée depuis cinquante ans aux partis de droite, était une politique en faveur de ces mêmes holdings qui ont fait de la Flandre un pays sous-développé ? Ne se rendent-ils pas compte que les messieurs De Saegher, Van den Daele et C° sont membre du parti … de M. Schot?

1   Voire l'article *La Belgique entre néo-capitalisme et socialisme* dans ce recueil. Le pouvoir tentaculaire des holdings a été décrit dans Pierre JOYE, *Les trusts en Belgique. La concentration capitaliste*, Bruxelles 1956 & 1961 en dans un livre du C.R.I.S.P., *Morphologie des groupes financiers. Structures économiques de la Belgique*, 1962.

2   Jozef De SAEGHER (1911-1998) appartenait à l'aile ouvrière flamande (ACW) du PSC. (H.P.)

3   Gaston Eyskens 1905-1988), ancien premier ministre en politicien du CVP-PSC. Il est le père du politicien Marc EYSKENS. (H.P.)

4   Frans van der ELST (1920-1997) fut un politicien nationaliste flamand de la VU. (H.P.)

LE RAPPORT ECONOMIQUE DU MPW
(1961)

L'article ci-dessous est un commentaire critique de la vision économique du Mouvement Populaire Wallon publié sous le pseudonyme de Robert Sixe dans La Gauche *du 8 novembre 1961, à peine un an après la grève de 1960-1961. Il représente plus ou moins la position de la gauche au congrès de ce mouvement qui devait se tenir le 18 et 19 novembre à Namur. Cette critique d'un nombre de prises de positions illusoires du mouvement ne repose pas sur une base marxiste et révolutionnaire. N'oublions pas que Mandel était toujours actif dans l'aile gauche du PSB et qu'il ne parle pas ici au nom de l'organisation (secrète) trotskiste. De là la difficulté à lier, au sein de* La Gauche *et ailleurs, un volet révolutionnaire aux demandes du MPW qui regroupait non seulement des anticapitalistes et des anarcho-syndicalistes combattifs, mais également des réformistes et des chauvinistes wallons. Mandel était bien conscient des sérieuses carences au sein du MPW, comme en témoigne l'article « Marxisme et fédéralisme » de 1962. Certains ont argué que Mandel c.s. auraient du quitter le PSB avant que celui-ci ne les expulse, pour construire une organisation révolutionnaire à visage ouvert. La Quatrième Internationale n'a toujours pas fait un bilan de la politique d'entrisme dans la social-démocratie belge. Les lecteurs et les lectrices constateront que l'auteur considère la scission de la sécurité sociale entre les deux régions comme un élément intrinsèque d'un État fédéral.*

Nationalité et Lutte de Classe en Belgique

Nous avons déjà attiré l'attention de nos lecteurs sur le danger de parler trop exclusivement de canaux, d'autoroutes et d'aciéries. Certes, l'attitude des gouvernements belges en ces matières est irritante: la nullité des autostrades en Wallonie, l'extrême lenteur dans la modernisation des voies d'eau wallonnes, et puis l'affaire de Zelzate 1...

L'industrie lourde et l'infrastructure

Mais il serait dangereux de croire, nous l'avons signalé, qu'on sauvera la Wallonie avec des routes, des canaux et des aciéries: le canal Albert existe depuis trente ans, et la Campine, malgré sa forte natalité, ne s'industrialise guère. L'autostrade Bruxelles-Ostende passe par Alost, Gand et Aalter, qui n'en restent pas moins des régions d'économie faible, à chômage élevé et croissance insignifiante. Quant à l'acier, c'est le plus caractéristique de ces demi-produits auxquels la Belgique (et a fortiori la Wallonie) ont accordé une place beaucoup trop grande dans leur structure industrielle et dans celle de leurs exportations.

Faut-il continuer à investir deux millions par emploi dans des branches où les pays du Tiers-Monde peuvent nous concurrencer dangereusement demain, à partir de sources de matières premières et d'énergie plus favorables que celles dont nous sommes tributaires? Ne vaut-il pas mieux investir 400.000 francs par emploi dans l'industrie mécanique et la chimie fine? Après tout, c'est à base d'exportations de machines et de produits chimiques très élaborés, et non d'acier brut, que s'est réalisé ce qu'on appelle le « miracle allemand » et l'expansion de la France et de l'Italie du Nord depuis 1953. Ce n'est pas à base d'engrais et de ronds à béton, ni même de tôles fines, que nous rattraperons notre retard, mais en nous installant à notre tour dans les activités modernes.

C'est pourquoi il est affligeant de voir Flamands et Wallons se disputer un projet (Sidmar) qui, dans un plan économique réaliste, devrait être classé en priorité 3 ou 4! Il est proprement scandaleux de voir l'Etat unitaire qui a toujours refusé d'avoir une politique sectorielle raisonnée, lancer à brassées l'argent du contribuable dans l'escarcelle des sidérurgistes, pour des investissements dont la rentabilité capitaliste est très grande, et qui servent très peu l'intérêt général.

Par ailleurs, mettre l'accent sur les routes, les canaux, et sur l'aciérie Sidmar, comme on le fait encore trop souvent du côté wallon, n'est-ce pas apporter de l'eau au moulin anti-fédéraliste? Car la grande infrastructure incombera au pouvoir fédéral; et si les Flamands veulent Zelzate, ce n'est pas le fédéralisme qui les empêchera de créer cette usine ! On affirme, certes, que la Wallonie obtiendra plus facilement sa juste part de travaux d'infrastructure d'un pouvoir central réformé que du pouvoir central actuel. C'est à voir... Mais si tel était l'objectif, la réforme dite du « Sénat géographique » serait suffisante, puisqu'elle neutraliserait le poids de la majorité flamande lors du vote des budgets. Pourquoi, dans ce cas, réclamer un Etat fédéré wallon ? Dans quel but faut-il couper en trois l'administration du pays.

A notre sens, le Congrès doit plutôt parler de ce que le gouvernement wallon fera. La vraie signification du fédéralisme n'est pas dans ce que l'on obligera le gouvernement de Bruxelles à faire pour la Wallonie, mais dans ce que le gouvernement de Namur pourra faire lui-même pour la sauver de la décadence.

Initiative industrielle publique

La politique industrielle du gouvernement wallon, nous l'avons rappelé, devra être à base de recherche, d'orientations sectorielles raisonnées, et d'initiative industrielle publique. Dans un Etat fédéral du moins, pour la moitié sud du pays, il sera donc possible de créer une vraie Société wallonne d'investissements, publique et pure. Une société qui dégagera elle-même les occasions d'investir à l'aide de ses instituts de recherche technologique et économique, et qui n'en sera pas tributaire, pour remplir son rôle, des projets plus ou moins valables et plus ou moins honnêtes nés dans les milieux de la finance.

Nous ne voyons pour notre part aucune nécessité à ce qu'une telle société soit subordonnée à une Société nationale belge d'Investissements, dépendante du pouvoir fédéral, comme semble l'admettre le rapport.

L'initiative industrielle publique et le crédit aux entreprises sont des attributions qui doivent appartenir en totalité aux Etats fédérés. Il est d'ailleurs absurde de partager des attributions de même nature entre deux échelons successifs du pouvoir. C'est de la mauvaise organisation comme celle qui sévit actuellement entre l'Etat, les provinces et les communes, et ce serait faire du mauvais travail, et du travail coûteux, que de démarrer dans un système fédéral avec d'aussi fâcheuses structures administratives. Il doit être entendu que ce qui est de la compétence des Etats fédérés cesse automatiquement d'être de celle de l'Etat fédéral, et que celui-ci ne doit plus disposer d'aucun texte, d'aucun bureau, d'aucun parastatal, d'aucun fonctionnaire pour interférer dans ces matières.

Il subsiste, bien entendu, un besoin de coordination économique entre les trois parties du pays, comme ce besoin existe entre les trois pays du Benelux ou entre les six pays du Marché Commun. A mesure que l'intégration européenne se fera, les problèmes de coordination se poseront d'ailleurs davantage au niveau européen.

Ne nous aventurons donc dans aucune structure qui maintiendrait des départements et des parastataux économiques au plan du pouvoir fédéral, en dehors des trois domaines propres à ce pouvoir, qui sont: la monnaie, le commerce extérieur et les grandes communications. Tout le reste doit être de la compétence des Etats fédérés: industrie, santé, enseignement, sécurité sociale, agriculture, distribution, logement, travaux locaux. S'apprêter à transiger sur ce point, c'est vider l'idée fédéraliste de son contenu.

Le Rapport Economique du MPW

L'aménagement socio-économique du territoire

En dehors de l'initiative industrielle publique, c'est peut-être dans le domaine de l'aménagement du territoire que l'impuissance du pouvoir belge unitaire contient le plus de menaces de décadence pour la Wallonie.

Comment retenir la jeunesse, comment faire venir des travailleurs de l'extérieur, alors qu'on leur offre pour cadre de vie des masures de quatre-vingts ans d'âge construites pour les prolétaires du temps de Léopold II ? Ces masures sont disséminées au milieu d'un indescriptible chaos où voisinent des fabriques avec leurs fumées, leur bruit et leurs crassiers, des terrains vagues, des dépôts de ferrailles, des prairies, des fermes, des boutiques, des cinémas, des garages et des écoles. Tout ce fatras est desservi (si l'on ose dire) par une voirie en mauvais état, au tracé incohérent, où les poteaux et les panneaux publicitaires tiennent lieu d'arbres et de fleurs, et souvent les flaques de trottoirs. Seule la longue accoutumance et l'amitié dont on se prend pour les choses familières, permet aux habitants de nos régions industrielles de garder leur joie de vivre dans ces banlieues désespérantes. Mais l'inconvénient économique du désordre et de la laideur ne se limite pas à la fuite des jeunes, des cadres et des étrangers. Les industries n'y trouvent pas de terrain pour s'étendre. Les transports en commun de la main-d'œuvre sont inorganisables: autobus lents, peu fréquents, coûteux. La distribution, n'ayant pu se concentrer en quelques pôles commerciaux, demeure archaïque et coûteuse, comme tout ce qui l'entoure. La vie culturelle enfin est anémiée par la dispersion.

Or, l'Etat belge unitaire est impuissant à remédier au chaos urbain, parce qu'il refuse de toucher au droit sacré du propriétaire-spéculateur: continuer ou faire n'importe quoi sur n'importe quel terrain, pourvu qu'on puisse en tirer profit. Il est impuissant également à investir les sommes considérables qu'il faudrait dans la reconstruction systématique et graduellement totale du vieil habitat wallon. L'Etat wallon osera investir ces sommes, parce que pour lui, c'est à la fois le sauvetage de son peuple et une révolution socioculturelle profonde, que de réorganiser la vie des communautés locales sur des bases plus actuelles et plus humaines.

Le peu que fait l'Etat unitaire en matière de logement, d'équipement urbain et d'équipement social est réalisé en ordre dispersé et à un coût très élevé. La Belgique se paie le luxe de dizaines de milliers de petits chantiers à faible productivité, utilisant des matériaux non standardisés.

Quant aux travaux de voirie, aux écoles, aux hôpitaux, aux plaines de jeu, l'initiative et la dépense sont pulvérisées entre deux mille cinq cent communes autonomes. Les crédits budgétaires sont ainsi divisés en fines lamelles, qui n'ont d'autre avantage que de satisfaire beaucoup de monde à la fois.

L'énorme puissance d'achat que possède le secteur public, pris globalement, n'est donc utilisée ni pour abaisser les coûts en améliorant la productivité, ni même pour obtenir de meilleurs prix des industriels et entrepreneurs. On s'accroche au système de l'adjudication de 1846 (qui permet, en fait, toutes les combines pour imposer à l'acheteur public des prix abusifs). On maintient le système de l'initiative dispersée, mais en paralysant cette initiative par un réseau de règlements, d'autorisations préalables, d'approbations et de contrôles. Ces entraves se sont accumulées au point de faire de la procédure administrative un roncier impénétrable où l'on avance par centimètres...

En Flandre et à Bruxelles, les maisons, les usines, les écoles et les rues sont relativement jeunes. On se contente assez volontiers de perfectionner petit à petit ce qui existe, au petit bonheur l'occasion, chacun tentant sa chance pour son compte (commune, société de logements, industriel ou particulier) dans le maquis de la procédure administrative et le désordre de la spéculation foncière.

Le Rapport Economique du MPW

Là où il y a peu de problèmes, les vieux moyens suffisent

Mais prenons le cas d'une région vieillie de Wallonie: il faut aménager des parcs industriels, y installer des usines, en transférer d'autres, construire des routes, amener l'eau et le courant à ces industries, ouvrir des centres de formation de la main-d'œuvre, créer des cités entièrement neuves pour loger les travailleurs des nouvelles usines, édifier les écoles, les centres commerciaux, ainsi que l'équipement culturel et sanitaire de cet habitat nouveau; et enfin réorganiser les transports en commun qui doivent relier entre eux tous les pôles de la vie quotidienne.

Il est manifestement impossible d'entreprendre cette tâche avec les méthodes traditionnelles dont le nord du pays se contente, et qu'il n'acceptera pas de changer pour les beaux yeux de la Wallonie.

La réforme de l'aménagement du territoire commence au droit foncier. Elle doit s'étendre à tous les échelons du secteur public et du secteur privé qui concourent à la réalisation des logements, des rues et routes, des parcs industriels, des distributions d'eau ou d'énergie, des transports urbains et régionaux, et de tout l'équipement socioculturel des communautés locales. Il s'agit d'introduire, dans cette pelote embrouillée de pouvoirs et d'entreprises, des méthodes de planification et de gestion industrielle productiviste, à la hauteur des techniques de ce siècle. Cela implique d'assez brutales simplifications de structure...

Placée devant l'obligation de faire beaucoup avec peu de ressources, la Wallonie sera contrainte à l'efficacité. L'Etat fédéré wallon, s'il vient au monde, n'aura pas devant lui une route unie. Il sera une aventure difficile, à travers laquelle le peuple tout entier aura besoin de sang-froid et de fermeté. Car toute structure boiteuse est coûteuse, comme toute solution «conciliante» à l'égard des têtes dures de la spéculation et de la routine. Si l'Etat belge s'est payé souvent le luxe de reculer les problèmes au moyen de structures boiteuses ou de modalités «conciliantes» (au point que ce procédé est devenu l'art favori de ceux qui nous gouvernent), la trésorerie serrée de l'Etat wallon ne lui permettra pas de se laisser vivre dans un style laxiste. Ses intentions étant grandes et ses moyens petits, il lui faudra créer un autre style. Mais la route difficile, dure, rationnelle, intransigeante, honnête peut être une route exaltante. Qui ne serait fier d'être yougoslave ou israélien[2] ? Qui ose être fier d'être belge ? Nous pourrons peut-être un jour être fiers d'être wallons. Cela dépend surtout de nous.

1   Tandis qu'on laissait pourrir les aciéries obsolètes wallonnes une aciérie ultramoderne fut installé à Zelzate, au nord de Gand: la SA Sidérurgie Maritime, en bref Sidmar. Les maîtres des forges wallons et français retirèrent entre 1963 et 1993 leurs capitaux de la sidérurgie belge en restructuration. L'État belge prit une participation minoritaire dans Sidmar qui, depuis la régionalisation de secteur sidérurgique à la fin des années 1980, était contrôlée par le holding flamand Gimvindus. La majorité des actions revenait au groupe luxembourgeois Arbed. Aujourd'hui Sidmar est contrôlé par Arcelor Mital. (H.P.)

2   Mandel réfère à l'autogestion dans la Yougoslavie de Tito et aux réalisation sociales en Israël, sans pour autant accepter l'oppression nationale des Palestiniens.

MARXISME ET FEDERALISME (1962)

Ces considérations sur le fédéralisme ont paru en 1962 dans Lutte de Classe *n°2, revue des trotskistes belges de la IV Internationale. L'article n'est pas signé mais il ne fait aucun doute qu'Ernest Mandel en est l'auteur ou l'instigateur principal. Son but est surtout pédagogique. La question du fédéralisme n'allait pas de soi parmi les marxistes révolutionnaires. L'apparition du Mouvement Populaire Wallon et l'attitude qu'ils devaient adopter envers ce mouvement, demandaient également des explications. L'approche marxiste de la question est essentiellement celle de Lénine comme elle ressort des articles écrits dans les années 1913-1916, en premier lieu « Du droit des nations à disposer d'elles-mêmes » et « Bilan d'une discussion sur le droit des nations à disposer d'elles-mêmes » (Œuvres, Tomes 20 er 21). L'anti-sectarisme de Mandel par rapport au MPW y apparaît clairement, rebelle qu'il était à tout verbiage ultragauche. Il faut, disait Marx, partir du mouvement réel. On remarquera aussi son optimisme indestructible et sa foi dans le potentiel révolutionnaire de la classe ouvrière belge.*

Il y a un an nous avions publié une étude sur la question du fédéralisme. Il faut préciser les arguments de principe et les arguments tactiques qui plaident en faveur de cette position et réfuter les arguments qui lui ont été opposés.

Nationalité et Lutte de Classe en Belgique

Léninisme et fédéralisme

Le mot d'ordre du fédéralisme est-il compatible avec les principes marxistes révolutionnaires? Il l'est incontestablement. Il s'agit d'une revendication démocratique typique, d'une revendication qui répond à la coexistence de deux nationalités différentes dans le pays. Du point de vue marxiste, le fédéralisme est la forme d'organisation étatique idéale lorsqu'il s'agit d'un état multinational. L'U.R.S.S., la Yougoslavie, la Tchécoslovaquie sont des fédérations. La République Russe des Soviets, créée en novembre 1917, fut dès le début une république fédérative. Avant de sombrer dans l'opportunisme, le P.C. belge eut le fédéralisme inscrit dans son programme[1]. Avant la guerre, le P.S.R. eut également à son programme la transformation de la Belgique en une «fédération des républiques socialistes soviétiques flamande et wallonne».

Un argument avancé contre le fédéralisme consiste à affirmer que la position révolutionnaire est celle de demander la séparation, alors que les réformistes se contentent du fédéralisme et de l'autonomie. Il s'agit d'une double confusion. Tout d'abord les marxistes révolutionnaires reconnaissent le droit des nationalités à réclamer leur auto-détermination, y compris la séparation. Mais l'auto-détermination veut dire précisément que la décision reste entre les mains de la nationalité. Si on reconnaît à une nationalité le droit à la séparation, on lui reconnaît forcément aussi, le droit à l'autonomie, si elle ne demande pas davantage !

En outre, l'autonomie, le fédéralisme, c'est l'école de la séparation et refuser le premier au nom du second est donc une absurdité, comme le précise Lénine dans *Contre le Courant*: « L'autonomie en tant que réforme est, du point de vue des principes, différente de la liberté de séparation, mesure révolutionnaire. C'est incontestable. Mais il est bien connu que la réforme est en pratique souvent un pas vers la révolution. C'est précisément l'autonomie qui permet à une nation maintenue par la force dans les frontières d'un Etat, de

Marxisme et Federalisme

se constituer définitivement en tant que nation, de rassembler ses forces, d'apprendre à les connaître, de les organiser et de choisir, le moment voulu, la déclaration dans l'esprit 'norvégien' : « Nous, le parlement autonome de la Nation, ou de la région, nous déclarons que le tsar de toutes les Russies a cessé d'être le roi de Pologne, etc. »[2]

En définitive, en cette matière, il n'y a pas de principes abstraits : seuls comptent les intérêts de la lutte de classe. Et ces intérêts peuvent nous amener à préférer le fédéralisme (l'autonomie) à la séparation, comme Trotski l'a précisé à propos de la Catalogne et du Pays basque : « Les tendances séparatistes posent devant la révolution la tâche démocratique de la libre détermination nationale. Ces tendances se sont accentuées et extériorisées pendant la période de la dictature. Mais tandis que le « séparatisme » de la bourgeoisie catalane n'est pour elle, dans son jeu avec le gouvernement de Madrid, qu'un instrument contre le peuple catalan et espagnol, le séparatisme des ouvriers et des paysans catalans est l'enveloppe de leur indignation sociale. Il faut faire une distinction rigoureuse entre ces deux genres de séparatisme. Or, pour séparer de leur bourgeoisie les ouvriers et les paysans opprimés nationalement, l'avant-garde prolétarienne doit prendre, dans la question de la libre détermination nationale, la position la plus hardie et la plus sincère. Les ouvriers défendront jusqu'au bout le droit des Catalans et des Basques d'organiser leur vie nationale indépendante, dans le cas où la majorité de ces peuples se prononcerait pour une séparation complète. Cela ne veut pas dire cependant que les ouvriers avancés pousseront, les Catalans et les Basques vers l'indépendance. Au contraire, l'unité économique du pays avec une large autonomie des régions nationales présenterait pour les ouvriers et les paysans de grands avantages au point de vue économique et culturel. »[3]

Dans le cas de la Wallonie, les intérêts de la lutte de classe plaident en faveur d'un fédéralisme à contenu économique anti-capitaliste. Mais le fédéralisme, en tant que moyen de réaliser le droit des peuples flamand et wallon à disposer d'eux-mêmes n'est-il réalisable qu'après la victoire de la révolution socialiste? C'est, l'argument que Rosa Luxembourg opposa avant et durant la première guerre mondiale à Lénine qui combattit en faveur de l'inscription dans le programme socialiste du droit immédiat et inconditionnel des peuples à disposer d'eux-mêmes. Nous croyons que les trois réponses de Lénine[4] restent valables aujourd'hui encore:

1) Il est du devoir du parti marxiste d'appuyer toute revendication démocratique sincère des masses, indépendamment de la possibilité ou non de la réaliser à bref terme. Celui qui s'oppose à la lutte pour le droit d'une nationalité à disposer d'elle-même sous prétexte que cette lutte est « utopique » dans le cadre du capitalisme, est objectivement un allié de l'oppression nationale et de l'annexionnisme.

2) Il est faux de dire qu'aucune revendication démocratique ne puisse plus être réalisée partiellement dans le cadre du régime capitaliste (voir : l'indépendance de la Norvège en 1909. Voir depuis lors, tous les pays qui ont conquis leur indépendance politique formelle). La seule chose qu'affirme la théorie marxiste, et en particulier la théorie de la révolution permanente, c'est que l'ensemble des revendications démocratiques, l'ensemble des tâches historiques de la révolution bourgeoise ne peut plus être réalisé à l'époque impérialiste sans le renversement du capitalisme. Mais la mobilisation des masses pour des objectifs démocratiques importants peut justement devenir le prélude d'une lutte pour le renversement du capitalisme, tandis que l'abstention de cette lutte, sous une phraséologie «gauchiste», ne peut qu'isoler les révolutionnaires et prolonger la vie du capitalisme (et ajoutons aujourd'hui : prolonger le contrôle des réformistes et des centristes sur le mouvement ouvrier)[5].

3) Même si une revendication démocratique déterminée est effectivement irréalisable dans le cadre du capitalisme, cela ne justifie en rien le refus de l'appuyer ou d'engager la lutte pour elle. Il faut faire avec les masses l'expérience de cette impossibilité, afin que cette expérience aboutisse à une prise de conscience

Marxisme et Federalisme

de la nécessité de dépasser le cadre du capitalisme dans la lutte. Lénine réfuta d'ailleurs, au cours de la même polémique avec Rosa Luxembourg l'argument selon lequel les revendications démocratiques ne seraient progressistes que dans les seuls pays coloniaux et non pas à l'égard des petites nationalités européennes.

Dès lors l'appui à la volonté d'autodétermination des masses wallonnes s'impose. Le seul argument valable contre cet appui serait celui qui affirmerait que la grande majorité du peuple wallon désire rester dans le cadre d'un État belge unitaire. Le fait qu'outre le MPW, le PSB et le PC se soient prononcés en faveur du fédéralisme et que même les démocrates-chrétiens wallons penchent vers cette solution, s'inscrit en faux contre une telle hypothèse. Sous peine d'apparaître objectivement comme des défenseurs de l'état bourgeois unitaire belge, les marxistes révolutionnaires n'ont donc pas le droit de s'opposer à la revendication du fédéralisme.

Fédéralisme et prise de pouvoir

Une grande confusion a été créée autour du problème assez complexe des rapports concrets entre la lutte pour le fédéralisme et la lutte pour le socialisme en Belgique. Soulignons d'abord que selon Lénine, que toute l'expérience confirme, aucune lutte pour des revendications démocratiques comme le fédéralisme n'est nuisible à la lutte pour le socialisme, du moins si les marxistes font leur devoir. Affirmer qu'il eût été préférable que la revendication nationale ne soit pas posée, c'est, en dernière analyse, affirmer qu'il eût été préférable que la nationalité n'existe pas. Il ne faut pas oublier qu'en Flandre la question du 'séparatisme', de 'l'autonomie' ou du 'fédéralisme'» est posée depuis un demi-siècle et qu'une des causes fondamentales de la stagnation du mouvement ouvrier dans cette partie du pays c'est son incapacité à se placer hardiment à la tête de la lutte pour les justes revendications démocratiques au peuple flamand. Peut-on reprocher au mouvement ouvrier wallon d'avoir coupé l'herbe sous le pied de démagogues réactionnaires en posant lui-même la revendication fédéraliste?

Nationalité et Lutte de Classe en Belgique

Certes nous avons reproché à Renard[6] la manière dont il a soulevé la question du fédéralisme au cours d'une grève où des travailleurs flamands et wallons se battaient côte à côte, ce qui n'a pas contribué à renforcer l'unité du front gréviste. Cette critique fut juste. Mais il serait absolument injuste de la prolonger pour la période d'après la grève.

Pendant la grève, Renard a soulevé la question du fédéralisme pour esquiver celle du pouvoir. Après avoir négligé pendant des années de constituer un noyau de gauche en Flandre, après avoir accepté pendant toute cette période le partage du mouvement syndical belge en «zones d'influence»: la Flandre pour Major[7] et, la Wallonie pour lui, il s'est trouvé brusquement confronté au cours de la grève avec la nécessité de dépasser l'action purement économique. Ses préjugés anarcho-syndicalistes (le refus de « faire de la politique») autant que son centrisme (le refus d'aller jusqu'au bout dans l'action anti-capitaliste) l'empêchèrent de poser la question gouvernementale et la question de la conquête du pouvoir, qui auraient dû couronner logiquement l'action d'ensemble des travailleurs. En lançant le slogan du fédéralisme il posa cette question par le biais, sans se prononcer ouvertement sur les structures politiques.

Mais précisément parce que la question du fédéralisme est, en fait, une question de pouvoir, les travailleurs wallons d'avant-garde l'ont saisie après la grève avec une résolution dont il faut souligner le caractère de classe. Exiger le fédéralisme, c'est devenu pour eux une façon indirecte d'exiger que la prochaine grève n'aboutisse à une impasse. Ils affirment qu'ils sont placés devant le choix d'attendre jusqu'à ce que les travailleurs flamands aient atteint leur niveau de conscience, ce qui pourrait durer longtemps, ou bien d'aller jusqu'au bout dans l'action, c'est-à-dire de conquérir le pouvoir dans la seule Wallonie, ce qui permettrait aussi un bond décisif en avant de la conscience de classe des travailleurs flamands. Nous serions de très mauvais révolutionnaires si nous leur répondions qu'ils doivent attendre et que l'action révolutionnaire est impossible

Marxisme et Federalisme

du moment qu'elle se limite pour l'essentiel à la seule Wallonie.

Un argument particulièrement inepte est celui qui affirme que les centristes, en liant les 'réformes de structure anticapitalistes' au fédéralisme 'poursuivent la chimère du socialisme dans une seule province'. C'est la vieille confusion stalinienne entre la possibilité de conquérir le pouvoir dans un seul pays et la possibilité d'y parachever la construction d'une société socialiste. Autant les marxistes révolutionnaires rejettent cette seconde possibilité, autant ils affirment hautement que les prolétaires doivent utiliser tout concours de circonstances favorables, tout rapport de forces particulièrement amélioré, pour lutter pour le pouvoir, indépendamment des dimensions géographiques du pays. Refuser d'envisager la lutte pour une Wallonie socialiste sous prétexte que c'est un petit pays, que la révolution serait vite «étouffée par le capital étranger», etc., c'est répéter les arguments avec lesquels les réformistes et les centristes se sont jusqu'ici opposés à toute prise du pouvoir par le prolétariat, dans n'importe quel pays.

Les marxistes abordent le problème de la manière opposée, comme le firent Lénine et Trotski en 1917. Loin d'attendre une « conjoncture internationale plus favorable », ils considérèrent que pour améliorer cette conjoncture dans l'action, il faut exploiter toute chance de victoire révolutionnaire même instable, où qu'elle se présente. Et il n'y a pas de doute qu'actuellement la Wallonie constitue une des zones d'Europe occidentale où les rapports de forces sont relativement les plus favorables au prolétariat.

Les capitalistes et le fédéralisme

La réalisation du fédéralisme sera-t-elle simultanée à la prise du pouvoir? Favorisera-t-elle celle-ci? Pourrait-elle la rendre plus difficile ? Après avoir examiné la question à la lumière des principes, il faut l'examiner à celle des faits précis.

La droite réformiste prétend que le fédéralisme affaiblirait le mouvement ouvrier et certains 'ultra-gauches' le répètent.

Nationalité et Lutte de Classe en Belgique

Cet affaiblissement résulterait du sabotage capitaliste qui s'accentuerait dans le cadre du fédéralisme, l'évasion des capitaux, la 'désindustrialisation' de la Wallonie qui se poursuivrait à un rythme accéléré, etc. Dans la bouche d'un marxiste, c'est un argument indigne, un argument de capitulard. L'expérience historique – y compris celle toute récente de Cuba – démontre au contraire que si le capitalisme sabote de manière cynique un gouvernement issu de la volonté populaire, de la lutte des masses, cela pousse ces masses en avant dans la lutte vers le socialisme. Il est possible que ce sera précisément sous le fouet du «sabotage capitaliste» qu'un gouvernement social-démocrate wallon serait obligé de faire place à un gouvernement centriste[8] et que, sous le fouet du même sabotage, les masses, loin de se démoraliser, s'engageraient sur un chemin révolutionnaire.

Le reste dépendrait naturellement des rapports de forces en Wallonie, en Belgique, en Europe et dans le monde. Personne ne peut prédire des défaites ou des victoires certaines. Mais même une défaite, une fois la bataille engagée dans ces conditions, serait d'une immense valeur éducative pour tout le prolétariat européen.

Toute cette hypothèse implique que la bourgeoisie belge admettrait l'instauration d'un fédéralisme en Belgique, courrait le risque d'un gouvernement social-démocrate wallon homogène, sous forte pression des masses et que la bataille décisive se produirait après l'instauration du fédéralisme et non avant elle. Mais si l'on ne peut exclure cette hypothèse, elle est cependant la moins probable. Il est infiniment plus probable que le fédéralisme ne sera arraché à la grande bourgeoisie que dans le cadre d'une bataille d'ensemble contre le Grand Capital et qu'il ouvrira dès le début une période de dualité du pouvoir ou bien que la conquête du fédéralisme coïncidera avec la conquête même du pouvoir.

Ce qui plaide en faveur de ces deux dernières hypothèses, c'est le fait que dans les conditions présentes la réalisation du fédéralisme signifie, du point de vue de la grande bourgeoisie, livrer son

Marxisme et Federalisme

industrie lourdes et ses sources essentielles de profit au contrôle d'un gouvernement social-démocrate soumis à une puissante pression des masses. Pareille éventualité ne se présenterait qu'en cas de crise pré-révolutionnaire grave, lorsque cela apparaîtrait à la bourgeoisie comme un moindre mal. Mais précisément dans une telle période, cela apparaîtrait aux masses comme une victoire arrachée de haute lutte à cette bourgeoisie, cela stimulerait fortement leur combativité et permettrait d'envisager à brève échéance la création d'une dualité de pouvoir.

Le fond du problème pour l'avant-garde du prolétariat wallon, qui représente déjà plusieurs dizaines de milliers de militants soustraits à l'influence réformiste pour la première fois dans l'histoire du mouvement ouvrier belge, c'est que la lutte pour le fédéralisme est l'expression d'une prise de conscience très nette : la faillite de la voie réformiste et parlementaire vers le socialisme en Belgique. Ces travailleurs ne croient plus à la possibilité de créer le socialisme en Belgique à l'aide du bulletin de vote. Il faut apprécier à sa juste valeur l'immense progrès ainsi réalisé.

Il est vrai que ces mêmes travailleurs, en train de rompre avec le réformisme, ne sont pas encore arrivés à une conscience révolutionnaire nette. C'est que leur conscience est en mouvement, en évolution, non encore fixée et que cette évolution durera longtemps, jusqu'à ce que des événements révolutionnaires l'accélèrent (leur prise de conscience actuelle est d'ailleurs essentiellement le produit de la grande grève). Ils veulent rompre avec le PSB, mais sans aller plus loin que le MPW[9]. Ils ne croient plus à la voie réformiste vers le socialisme en Belgique mais ils y croient encore à moitié pour la Wallonie !

Il est du devoir des marxistes révolutionnaires de partir de ce niveau de conscience donné, de vivre avec eux l'expérience dans laquelle ces travailleurs sont engagés et, sans ultimatums ni prêches incompréhensibles pour eux, de les guider pédagogiquement vers la conclusion pratique que la Wallonie socialiste ne naîtra que de leur lutte révolutionnaire. Mais ce serait la pire des erreurs sectaires de leur dire d'avance qu'un gouvernement wallon issu du suffrage universel serait impuissant. Il faut au contraire créer les conditions subjectives adéquates pour qu'ils mettent dès le début l'épée dans les reins d'un tel gouvernement, pour qu'ils le radicalisent ou le remplacent à chaque expérience d' « impuissance », pour que la logique soit une logique de progrès et non de recul vers des défaites dès maintenant proclamées comme « inévitables »

Quant au danger de simulacre de fédéralisme qui laisserait toutes les compétences économiques au pouvoir central, renardistes et centristes l'ont déjà suffisamment dénoncé dans leurs journaux *Combat* et *La Gauche* pour que la prise de conscience à ce propos se propage largement dans la classe ouvrière. Cette argumentation, juste pour l'essentiel, a même triomphé maigre les efforts de la droite social-démocrate au congrès de Charleroi des socialistes wallons en avril dernier.

Appui critique au MPW

Si notre appui au fédéralisme est clair, net et sans réserve en tant que revendication démocratique juste, dans le cadre des revendications transitoires, notre appui au MPW ne peut être qu'un appui critique, pour détourner ses militants des déviations très dangereuses. Notamment :

a) de toute déviation chauvine, de toute propagande nationaliste anti-flamande. Il faut constater que l'action menée dans ce sens par les centristes de gauche a rencontré un très large écho parmi les travailleurs et a déjà obligé les dirigeants du MPW à rectifier leur cours, ne fut-ce qu'en partie;

b) de la croyance que le fédéralisme, en tant que tel, ou même combiné avec de vagues « réformes de structure» serait le moyen de résoudre des problèmes économiques et sociaux dont la solution exige en fait le renversement du capitalisme. Pour certains renardistes, la formule 'fédéralisme et réformes de structure'

Marxisme et Federalisme

recouvre en fait la formule : 'un néo-capitalisme wallon à la place de l'actuelle expérience de néo-capitalisme belge'. C'est là semer chez les travailleurs de dangereuses illusions, qu'il faut combattre. Mais cette lutte ne doit pas être essentiellement négative ('dénoncer') mais constructive, c'est-à-dire axée sur des propositions qui unissent en pratique la lutte pour le fédéralisme avec la lutte pour les revendications transitoires de type anti-capitaliste ;

c) des moyens d'action envisagés pour faire triompher les objectifs du MPW. Les moyens d'action envisagés par les renardistes sans être purement parlementaires, ne sont pas de nature à porter à une mobilisation croissante des masses. Des équivoques graves subsistent : nature de la grève générale, illusions sur le référendum, etc. Il faut être les défenseurs systématiques de la lutte pour les objectifs du MPW par l'action directe, pour la voie révolutionnaire vers le fédéralisme, tout en comprenant que cela n'implique pas une agitation intempestive à tout instant en faveur de l'insurrection ! Ni l'emploi d'un vocabulaire provocateur dans les meetings en présence de flics!

En fin de compte, le jugement que nous pouvons porter sur le MPW est déterminé par le jugement d'ensemble que nous portons sur la situation actuelle du mouvement ouvrier belge. Nous considérons l'aile renardiste qui constitue le gros des forces du MPW, comme le seul courant de masse qui ait débordé les chefs réformistes sur leur gauche. Au niveau des masses, il n'y a aucune chance réaliste de construire pareil courant révolutionnaire autonome dans un avenir immédiat. La seule politique de masse valable est dès lors d'accorder un appui critique au courant renardiste. La tactique la plus efficace, pour le moment, est celle de l'aile marchante du courant renardiste, à condition qu'elle reste toujours un pas à gauche de sa direction, pas plus et pas moins.

Toute autre politique aurait des effets désastreux: isoler cette aile des masses les plus avancées est servir objectivement la droite réformiste. Car dans la bataille réelle engagée entre renardistes et réformistes, toute politique qui consiste à les attaquer de la même façon, sur le même plan, avec la même vigueur, prête en pratique aide et assistances aux pires opportunistes de la droite réformiste. Quant aux travailleurs flamands, il est essentiel qu'ils puissent comprendre les réelles divergences entre la droite réformiste et le courant centriste renardiste. Tout en critiquant toute déviation nationaliste éventuelle des renardistes, il faudra établir toujours l'unité d'action entre l'avant-garde flamande et wallonne sur les positions relativement les plus avancées et non pas sur des positions qui sont en fait des positions de repli.

Perspectives à court terme et à long terme

Après la manifestation du 1er avril 1962, il est possible de préciser davantage les perspectives à court terme. Cette manifestation fut un succès pour le MPW, dans la mesure où elle permit de rassembler 20 à 25.000 travailleurs, malgré une directive explicite du président du P.S.B. Elle fut un échec dans la mesure où elle resta inférieure aux 35 à 40.000 manifestants prévus. Le PSB a démontré qu'il contrôle toujours les larges masses mais il doit constater que l'avant-garde qu'il ne contrôle plus totalement en Wallonie est devenue beaucoup plus large que jamais dans le passé. Dans ces conditions, l'éventualité la plus probable à court terme, est celle du compromis entre droitiers et renardistes, en vue de la reconstitution du secrétariat de la FGTB au congrès de décembre prochain.

A plus long terme, l'évolution au sein du mouvement ouvrier dépend plus que jamais de l'évolution du rapport de forces entre les classes, à l'échelle nationale et internationale. La fin de la haute conjoncture, une nouvelle offensive contre les conditions de vie et de travail des travailleurs, l'incidence de l'évolution de la situation dans le reste de l'Europe occidentale prépareront d'ici peu d'années une nouvelle épreuve de force.

Il faudra mettre tout en œuvre pour que la classe ouvrière aborde cette bataille sans avoir perdu sa puissance essentielle par suite

Marxisme et Federalisme

d'une démoralisation. Il faudra qu'elle ait assuré la cohésion de son front en évitant la scission syndicale et qu'elle ait préparé un programme d'action plus précis et plus à gauche que celui d'avant décembre 1960. C'est dans la lutte que se décideront finalement toutes les questions soulevées par le problème du fédéralisme posé actuellement devant ce pays.

1 Au moment de sa fondation en 1921 le PCB reconnut l'existence de la question flamande mais il différait sa solution au lendemain de la formation de l'État prolétarien; en attendant le parti appelait à l'unité de classe avec la population ouvrière wallonne. Le 7ᵉ congrès du Komintern, où fut adoptée la ligne du « front populaire », se prononça pour une lutte prolétarienne aux racines « nationales ». Là-dessus le PCB décida à son 6ᵉ congrès en 1936 de former en son sein, un Parti Communiste Flamand (VKP), muni de sa propre direction. En 1938 le PCB se prononça pour un large front en Wallonie pour lutter en faveur de l'autonomie Flamande et Wallonne, mais il rejetait la scission de la Belgique, considérant celle-ci comme faisant le jeu de l'Allemagne nazie. Ce danger provoqua à son tour un nouveau tournant politique: sur les insistances de Moscou on condamnait l'abus que faisait le fascisme du nationalisme flamand, mais également les séparatistes wallons et les « rattachistes », c'est-à-dire ceux qui voulaient le rattachement de la Wallonie à la France. Cf. José GOTOVITCH, *The Communist Party of Belgium*, s.d. (H.P.)

2 V. LÉNINE, « Bilan d'une discussion sur le droit des nations », in *Œuvres*, vol. 232, Paris/Moscou 1960, p. 371.

3 Trotsky : *Œuvres choisies*, III, pp. 423 et 424.

4 Cf. Lénine, « La révolution socialiste et le droit des nations », in *Œuvres 22*, pp. 155-170, et « À propos de la brochure de Junius », *ibidem*, p. 328-343. (H.P.)

5 Lénine critiqua en 1916 les révolutionnaires puristes en ces termes : « Croire que la révolution sociale soit concevable sans insurrections des petites nations dans les colonies et en Europe, sans explosions révolutionnaires d'une partie de la petite bourgeoisie avec tous ses préjugés, sans mouvement des masses prolétariennes et semi-prolétariennes politiquement inconscientes contre le joug seigneurial, clérical, monarchique, national, etc. – c'est répudier la révolution sociale.

95

Nationalité et Lutte de Classe en Belgique

C'est s'imaginer qu'une armée prendra position en un lieu donné et dira : 'nous sommes pour le socialisme', et qu'une autre, en un autre lieu, dira : 'Nous sommes pour l'impérialisme', et que ce sera alors la révolution sociale ! C'est seulement en procédant de ce point de vue pédantesque et ridicule qu'on pouvait qualifier injurieusement de 'putsch' l'insurrection irlandaise ». *Œuvres*, Vol. 22, Paris-Moscou 1960, p. 383. (H.P.)

6   À propos du dirigeant wallon André Renard et la grève de 1960-1961 voire l'article «La Belgique entre le néo-capitalisme et le socialisme » (*La Gauche*, 1964).

7   Le Flamand Louis Major (1902-1985) était le secrétaire général de la FGTB de 1952 à 1968 (H.P.)

8   Dans le jargon de l'Internationale communiste: un gouvernement à la gauche de la social-démocratie qui hésite entre réforme et révolution, qui doute des possibilités révolutionnaires. (H.P.)

9   Cf. supra « La Belgique entre le néocapitalisme et le socialisme ».

LE CANADA LE PROUVE:
FEDERALISME ET REFORMES
DE STRUCTURES (1962)

L'article ci-dessous, paru le 8 décembre 1962 dans l'hebdomadaire Links, deux ans après la grande grève, s'adresse aux militants syndicaux et à la gauche socialiste en Flandre : il s'agit d'entraîner leur conviction sur la nécessité du fédéralisme et de l'union avec les travailleurs wallons qui avaient déjà opté pour cette solution. Notons que les réformes de structures canadiennes mentionnées dans le texte ne sont pas précisément anticapitalistes. Il semble que l'article ait pour objectif la diffusion de l'idée générale de réformes de structures parmi les socialistes, dans l'espoir qu'elles pourraient susciter une dynamique anticapitaliste.

Les conservateurs de la province du Québec ont été anéantis dans les élections provinciales au Canada. Le pouvoir y sera exercé par une large majorité libérale. Ce qui se passe au Québec nous intéresse et vous allez voir pourquoi. Le Canada est un État fédéral dans lequel les provinces disposent de compétences étendues. La nationalisation des compagnies d'électricité était l'enjeu de la bataille électorale au Québec. Les libéraux sont enfin parvenus à former une majorité aux dépens des conservateurs grâce à leur campagne pour la nationalisation. Car c'est bien cette campagne qui leur a fourni la majorité absolue, un cas unique en Amérique du Nord.

Nationalité et Lutte de Classe en Belgique

Ce pas en avant remarquable est une réaction au fait que le développement du Québec à été défavorisé par une gouvernance ultra-réactionnaire et du fait que l'industrie était majoritairement contrôlée par des capitaux Américains et Britanniques. L'opposition libérale a tenté sa chance sans hésiter.

Il faut être incorrigible pour ne pas comprendre que cette affaire est pleine d'enseignements pour nous-autres en Belgique, mais il faut aussi remarquer à toutes fins utiles un autre fait remarquable : peu avant les élections au Québec le gouvernement catholique d'Italie avait décidé de nationaliser la production de l'électricité, malgré la colère de son aile droite. Mais il est un fait que ce gouvernement bourgeois n'a jamais été aussi fort depuis de longues années. Il faut comparer consciencieusement ces deux faits avec la déchéance des positions socialistes dans divers pays de l'Europe occidentale (par exemple le SFIO en France). Le SPD de la République Fédérale Allemande n'a qu'un seul espoir: c'est qu'Adenauer[1] ou son successeur auraient la gentillesse de les inviter à siéger dans le gouvernement — mais les catholiques et les libéraux sont contre, parce que le SPD en opposition ne représente aucun danger. Ce parti ne défend aucune revendication de réforme de structures, aucune voie alternative. Les conservateurs anglais sont au pouvoir sans interruption depuis un peu plus de onze années et ils n'ont jamais été si impopulaires — sans que les Travaillistes n'en profitent sérieusement, vu que leur direction agit comme le SPD allemand. Les choses ne sont pas différentes aux Pays-Bas.

Partout où les socialistes dans l'opposition suivent un cours droitier ne leur rapporte rien, au contraire même ! Mais il s'avère maintenant au Canada et en Italie que les réformes de structures sont très populaires, et tellement populaires que les partis bourgeois en tirent un profit quand ils nationalisent.

Faut-il encore rappeler que le PSB possède un programme de réformes encore plus impressionnant ? Que notre pays a l'avantage d'avoir une population qui consiste à 70% de salariés, ouvriers et appointés ? Mais la direction du parti n'a toujours pas fait le premier pas pour informer les travailleurs de ce programme, et encore moins de les mobiliser en faveur de ces réformes de structures.

Ce n'est pas tout. La nationalisation au Québec sera possible malgré l'existence d'un gouvernement canadien fédéral : il ne faut pas en douter, car dans la province de l'Ontario l'électricité a été nationalisée depuis longtemps. En ce qui concerne le Québec, les libéraux ont déjà déclaré qu'éventuellement ils ne se limiterons pas à l'énergie, mais qu'ils pourraient s'en prendre au secteur du crédit. Eh bien, chez nous on entend souvent dire que le socialisme n'est pas le bon moyen pour faciliter la réalisation du fédéralisme. Cette assertion ne repose sur aucune preuve, mais plutôt sur des suppositions craintives. Mais l'exemple du Canada montre que ces craintes non pas de raison d'être. Il est clair que ce que les libéraux canadiens font dans une de leurs provinces, n'est pas impossible à réaliser en Wallonie où les socialistes se sont prononcés à l'unanimité pour le fédéralisme et un programme de réformes de structures détaillé.

En soutenant nos camarades Wallons nous rendrons en même temps un grand service à la Flandre en préparant une voie socialiste qui n'est tout simplement pas à l'ordre du jour aujourd'hui. Un seul exemple comme illustration. La Suisse aussi est un État fédéral et malgré son caractère bourgeois, les différences entre les cantons sont importantes. Ce fédéralisme à permis, comme l'a constaté le numéro de mars de la revue Socialisme, aux cantons 'de pointe' de tirer les cantons arriérés vers soi, avec comme résultat des avantages pour le bien-être des populations, dont entre autres des lois sociales.

1 Konrad ADENAUER (1876-1967) fut président du parti chrétien-démocrate CDU et chancelier de la nouvelle république fédérale allemande en 1949. (H.P.)

Manifestation de masse contre la Loi Unique, hiver 1960- 1961

La Belgique Entre Neo-Capitalisme et Socialisme

LA BELGIQUE ENTRE NEO-CAPITALISME
ET SOCIALISME (1963)

L'essai ci-dessous, paru d'abord en anglais sous le titre The
Dialectic of Class and Region in Belgium[1], *a été publié en
version française un an plus tard dans* La Gauche. *Nous l'avons
comparé à la version anglaise. Après un survol historique du
développement socio-économique de la Belgique, l'auteur développe
sa vision sur la question nationale au lendemain de la grève de
1960-1961. Son point de départ est le développement inégal des
deux régions du pays et le déclin industriel de la Wallonie selon
une perspective socialiste. C'est pourquoi il relie la revendication
du fédéralisme à des réformes de structure anticapitalistes, réformes
résultant de la lutte du mouvement ouvrier. Il est clair que Mandel
ne concevait pas ces réformes comme une stratégie réformiste
conduisant à une solution socialiste. Sa détermination à construire
la grève dans la perspective d'une confrontation générale avec le
capital était exemplaire. Partant d'une fausse interprétation de son
analyse de la grève, certaines sectes ont condamné son attitude, la
qualifiant de trahison[2]. Récemment encore un militant wallon a
accusé Mandel d'être personnellement responsable de la révolution
manquée en 1960-1961[3]. On peut certes attribuer beaucoup de
qualités à Mandel mais non qu'il puisse décider en personne du
sort de la révolution ! On oublie souvent que les hebdomadaires* La
Gauche *et* Links, *dont Mandel était rédacteur, n'étaient pas des
organes de la IVe Internationale, mais un regroupement 'centriste'
au sein de l'aile gauche du Parti Socialiste Belge. Se couper des*

101

socialistes et militants syndicalistes de gauche et, après la grève, du Mouvement Populaire Wallon qui venait d'être constitué, était aux yeux de Mandel aussi sectaire que stérile: ils étaient le seul point d'appui réel pour pouvoir développer et approfondir une conscience anticapitaliste. La grève n'était pas de nature insurrectionnelle ou révolutionnaire. On peut, en revanche, s'interroger sur la tactique entriste de la IVᵉ Internationale et sur l'optimisme légendaire de l'auteur, en particulier sur ses espoirs dans les possibilités révolutionnaires de la classe ouvrière en Wallonie. Aujourd'hui, un demi-siècle plus tard, les structures et les institutions de la Belgique ont bien changé. Il y a bien eu le fédéralisme, mais pas de réformes de structures. L'approche méthodologique de Mandel pour analyser la problématique Belge et pour proposer une solution anticapitaliste reste cependant valable.

Le cas de la Belgique fournit une excellente illustration de la loi du développement inégal, qui domine toute l'histoire du capitalisme. La crise structurelle que le pays traverse actuellement provient précisément du fait qu'il a été le premier pays industrialisé sur le continent européen. Et cette crise se trouve plus particulièrement localisée dans la partie méridionale du pays, la Wallonie, jadis grand bassin industriel de la Belgique, aujourd'hui en proie à ce même sous-développement économique dont commence à se dégager la Flandre, qui en fut la victime pendant plus d'un siècle.

Révolution industrielle et capital financier

Ce développement inégal a des racines historiques lointaines. Déjà, au cours du Moyen âge, les grandes villes flamandes furent, avec les villes italiennes de la plaine lombarde, les centres les plus avancés de l'industrie urbaine en Europe. Aux XVᵉ et XVIᵉ siècles, après le début du déclin de cette industrie artisanale, deux villes flamandes, Bruges et Anvers[4], furent successivement les principaux centres du commerce dans la Mer du Nord, sinon du commerce mondial. Lorsque les Pays-Bas se révoltèrent contre le Roi d'Espagne Philippe II – la première grande révolution bourgeoise de l'ère moderne[5], un siècle avant la révolution anglaise et plus de deux siècles avant les révolutions américaine et française – c'est dans ces villes flamandes, et notamment à Gand et à Anvers, qu'elle eut ses premiers centres les plus combatifs et les plus radicaux. La Wallonie[6], plus agricole et moins avancée socialement, put être reconquise plus facilement par la contre-révolution, dirigée par Alexandre Farnèse, tandis qu'Anvers ne fut occupée qu'après un siège acharné. C'est cette résistance vigoureuse de la révolution dans les provinces des Pays-Bas du Sud qui lui permit de triompher dans les provinces des Pays-Bas du Nord, où elle fut d'ailleurs renforcée par des milliers d'émigrés venus du sud. C'est ainsi qu'est née la Hollande indépendante[7].

Les Pays-Bas du Sud – la future Belgique – payèrent leur défaite contre l'Espagne et l'indépendance des Pays-Bas du Nord d'un siècle et demi de décadence économique progressive. Occupée successivement par les Espagnols et les Autrichiens, ils furent le théâtre de toutes les guerres dynastiques du XVIIe et du XVIIIe siècle, et subirent d'innombrables destructions. L'Escaut, fermée, condamna le port d'Anvers à l'asphyxie. C'est le nord qui hérita de la richesse commerciale belge ; ce fut Amsterdam qui succéda à Bruges et à Anvers. Mais les Provinces Unies allaient payer, eux aussi, leur siècle d'or commercial de cent cinquante ans de stagnation et d'un sérieux retard d'industrialisation – les capitaux disponibles étant tous absorbés par le commerce et par l'exploitation des colonies, – alors que la Belgique allait se relever dès la deuxième moitié du XVIIIe siècle et devenir le théâtre successif d'une révolution industrielle dans la production des tissus de laine (Verviers), du charbon (Hainaut et Liège), du lin et des cotonnades (Gand), et finalement de l'acier (Liège[8]).

A l'exception d'une partie de l'industrie textile, cette révolution industrielle fut cependant localisée en Wallonie et non en Flandre, dont la décadence économique, sociale et politique, sous l'Ancien Régime, se prolongea d'une décadence sociale et politique accentuée pendant un siècle de révolution industrielle.

Nationalité et Lutte de Classe en Belgique

Une deuxième révolution bourgeoise (la révolution liégeoise et la révolution brabançonne) éclata en 1789, conjointement avec la Révolution française, et remporta une victoire totale[9] sur la base de ces conditions économiques et sociales, profondément modifiées, comparées à celles de 1560.

D'abord dominée par des entrepreneurs privés et des entreprises familiales, cette révolution industrielle aboutit à un premier essor de sociétés anonymes dès la période 1825-35. Cet essor fut vigoureusement soutenu, sinon stimulé par la première grande banque moderne fondée en Belgique, la Société Générale[10]. Cette banque fut, dès le début, une banque mixte, c'est-à-dire à la fois banque de dépôt et banque d'investissement, propriétaire d'importants paquets d'actions dans d'innombrables sociétés industrielles, financières, commerciales et de transport. La Belgique est donc la terre de naissance du capital financier au sens marxiste du terme, c'est-à-dire du capital bancaire qui pénètre dans l'industrie, y substitue des participations à des crédits, et y contrôle étroitement la gestion des sociétés. Le capital financier belge acquiert une position prépondérante dans l'économie du pays un demi-siècle avant que le même phénomène ne se répète en Allemagne, en France, aux Etats-Unis, en Italie et ailleurs.

Ce n'est pas étonnant que partant de cet acquis, la Belgique fut le premier pays du continent européen à passer à la construction ferroviaire, et que l'essor de son industrie sidérurgique fut étroitement lié au développement des chemins de fer. Lorsque le pays lui-même avait construit le réseau ferroviaire le plus dense du monde, il fallut regarder ailleurs pour obtenir des commandes pour l'industrie sidérurgique, à laquelle était venue s'agglomérer une importante industrie de matériel roulant. Aussi, le capital belge commença-t-il très tôt à être exporté sur grande échelle.

Des sociétés Belges financèrent et créèrent des chemins de fer en Pologne, en Russie, en Espagne, en Egypte, au Mexique et en Amérique du Sud. Elles en construisirent même en Chine et,

La Belgique Entre Neo-Capitalisme et Socialisme

bien entendu au Congo. Plus tard, la construction de tramways, de conduites d'eau, de centrales électriques, allait relayer la construction des chemins de fer dans ces mêmes régions. C'est la métallurgie belge qui créa l'industrie sidérurgique russe et brésilienne. Contrairement aux exportations de capitaux anglais et français, en premier lieu dirigés vers les Emprunts d'État et vers la construction de services publics, les exportations de capitaux belges furent davantage diversifiées et orientées assez rapidement vers la création d'industries à l'étranger. La conquête du Congo, réalisée d'abord pour le compte privé du roi Léopold II, puis reprise par la Belgique ou plus exactement par la *Société Générale de Belgique*, qui y contrôle jusqu'aujourd'hui les 75% des capitaux investis, allait compléter cette structure traditionnelle du capitalisme belge. Pendant une brève période, elle fut orientée vers l'exploitation de l'hévéa (production du caoutchouc naturel). Mais bientôt la reconversion minière fut effectuée, et l'économie congolaise fut tout entière axée sur la production de cuivre et d'étain (Union Minière), à laquelle se joignit plus tard l'uranium, sur la production de diamants (Forminière, Bécéka) et d'or (Kilo-Moto). Chemins de fer et centrales électriques furent construits en fonction des besoins d'exportation de ces minerais, qui développèrent en Belgique des industries de transformation très prospères (industrie des métaux non-ferreux et industrie diamantaire).

Ainsi, l'économie belge avait reçu sa physionomie définitive – et distinctive – dès le début du siècle, physionomie qui ne fut plus modifiée essentiellement jusqu'à ce jour. Elle est fondée sur une industrie spécialisée dans la transformation des matières premières en produits semi-fabriqués. Ses principaux produits d'exportation sont l'acier, le ciment, le verre, les tissus de coton et de laine, les métaux non-ferreux, les engrais chimiques et le diamant, auxquels il fallait ajouter jadis le charbon et le lin.

Cette industrie était carrément orientée vers le marché mondial, exportant de 60 à 70% de sa production, et occupant une place de premier plan dans plusieurs domaines industriels des plus

105

importants. L'Union Economique Belgo-Luxembourgeoise est encore aujourd'hui le premier exportateur d'acier du monde entier, et parmi les principaux exportateurs de ciment et de verre[11]. La capacité concurrentielle de l'industrie capitaliste belge était fondée sur une combinaison d'avance technologique et de salaires très bas. Ces bas salaires résultaient du fait que la Belgique ne fut qu'à moitié industrialisée, que la Flandre resta essentiellement agricole, que les prix des vivres furent donc très bas et qu'une armée de réserve industrielle abondante pesait en permanence sur les rémunérations. Du même fait, il n'y eut point de problèmes de balance des payements, le pays étant presque autarcique du point de vue agricole et important des matières premières qu'il exporta transformées. Les importants revenus des exportations invisibles fournirent les ressources pour les exportations de capitaux considérables.

L'essor économique de la Belgique pendant quatre-vingt-cinq années de paix (de 1830 à 1914) avait étonné le monde entier. Sans doute le pays comptait-il une des bourgeoisies et petites-bourgeoisies les plus opulentes du monde. Mais cette prospérité était payée d'une grande misère populaire, dont les fléaux communs de l'analphabétisme et de l'alcoolisme faisaient des ravages sombres dans le corps du peuple. A la veille de la première guerre mondiale, la semaine de travail était en moyenne de soixante heures et les salaires étaient parmi les plus bas de l'Europe occidentale[12].

L'Etat bourgeois classique d'Europe

Ce n'est pas pour rien que Karl Marx avait appelé la Belgique du XIXe siècle le paradis du capitalisme. Plus que tout autre État, l'État belge, avant la première guerre mondiale, fut un État bourgeois au sens le plus classique du terme. Pendant plus d'un demi-siècle, seuls les bourgeois disposaient du droit de vote. Et alors que ces mêmes bourgeois avaient le droit d'acheter leur libération du service militaire, ils constituaient une garde civique armée, fermée aux pauvres et appelée à « protéger la propriété ».

La Belgique Entre Neo-Capitalisme et Socialisme

Deux grands partis se disputaient les suffrages de cette bourgeoisie : le parti catholique et le parti libéral. Le parti catholique fut, à l'origine, le parti de la noblesse, des paysans riches et des notables conservateurs ; le parti libéral fut le parti de la bourgeoisie industrielle et commerciale par excellence. Le parti catholique fut profondément réactionnaire, faisant partie de l'aile intégriste du catholicisme international, fanatiquement attachée au Vatican et condamnant encore un siècle après, la Révolution française, son œuvre comme l'œuvre du diable.

Le parti libéral ne pouvait s'appuyer dans ce jeune pays, arrivé pour la première fois à l'indépendance en 1830[13], sur de grandes traditions nationales ou culturelles. En Flandre, il s'efforça, non sans succès, de se rattacher au combat révolutionnaire et anticlérical des Gueux[14] du XVIᵉ siècle; c'est de cet effort de se trouver des titres de noblesse historiques qu'est née l'œuvre la plus remarquable de la littérature belge du XIXᵉ siècle, le *Tyl Uylenspiegel* de Charles de Coster[15]. Mais il fallait créer du néant une véritable tradition belge ou culture belge, et si un historien de génie comme Henri Pirenne[16] y a fait une contribution durable, cette bourgeoisie libérale était, en général, trop peu raffinée, trop portée vers le gain immédiat et trop absorbée par les affaires pour pouvoir réussir dans ce domaine.

L'idéologie du parti libéral belge se résumait donc essentiellement, outre dans le credo du libre-échange, dans anti-cléricalisme. La guerre scolaire, variante belge du *Kulturkampf* de Bismarck contre l'Eglise catholique, devint l'arène de combat politique par excellence. Seule l'extrême-gauche libérale représentait une tradition plus démocratique, comparable à celle des radicaux britanniques, et appuyait notamment la lutte du mouvement ouvrier pour le suffrage universel. Mais cette extrême-gauche libérale fut, en même temps, le pont par lequel l'anti-cléricalisme petit-bourgeois pénétra dans le mouvement ouvrier, avec des conséquences néfastes sur lesquelles nous devrons revenir.

Nationalité et Lutte de Classe en Belgique

La Belgique ne disposait point d'un réseau d'enseignement public largement structuré lorsqu'elle accéda à l'indépendance. L'école primaire était dominée par le clergé. Les gouvernements libéraux d'après 1830 s'efforcèrent d'abord de créer des écoles secondaires publiques (en Belgique, l'enseignement secondaire va de 12 à 18 ans), puis cherchèrent à étendre l'enseignement public à l'enseignement primaire. Craignant de perdre son principal champ de recrutement, l'Eglise s'y opposa furieusement. Il s'en suivit de dures batailles, marquées par des manifestations de rue et des représailles exercées par les gouvernements successifs, au fur et à mesure que les majorités politiques changeaient. Les catholiques mobilisèrent la jeunesse des campagnes, les libéraux la jeunesse bourgeoise des villes.

Ce système politique étroit ne put résister à la longue à la pression d'une classe ouvrière réveillée à la conscience politique. Les premières associations ouvrières, constituées notamment comme sections de la Iᵉ Internationale, se mirent presque immédiatement à réclamer le suffrage universel. *Le Catéchisme du Peuple* (1886), d'Alfred Defuisseaux[17], eut un retentissement énorme. Des grèves violentes, en 1886-87, puis la grève générale de 1893, obligèrent la bourgeoisie à céder. On passa au suffrage universel[18], mais non pas le suffrage égal (un homme une voix), mais le suffrage plural (accordant plusieurs voix à certains électeurs, selon le nombre d'enfants qu'ils avaient, la propriété qu'ils détenaient, etc.). Ce système resta en vigueur jusqu'en 1919, quand le suffrage universel simple fut finalement obtenu.

Les premières élections au suffrage universel virent un triomphe socialiste — le Parti Ouvrier Belge obtint, du premier coup, vingt-sept députés — et l'effondrement du parti libéral qui, depuis lors, n'a plus jamais su reconquérir une place de première importance dans la vie politique du pays. Mais ils virent, en même temps, la consolidation par le parti catholique d'une majorité absolue renforcée, majorité qu'il allait conserver jusqu'en 1919.

La Belgique Entre Neo-Capitalisme et Socialisme

On peut se demander comment, dans un pays aussi industrialisé que la Belgique, la bourgeoisie a pu exercer tranquillement le pouvoir politique pendant près de trois quarts de siècle tout en accordant le suffrage universel à la classe ouvrière. Bien entendu, le suffrage plural y est pour quelque chose, pendant la période 1893-1914. Mais on ne peut y trouver la raison fondamentale du phénomène. Celle-ci ne peut être trouvée ailleurs que dans la division des forces laborieuses entre mouvement ouvrier socialiste et mouvement ouvrier chrétien.

Dès le moment où le suffrage universel paraît comme inévitable, le parti catholique, s'appuyant toujours sur un petit clergé extrêmement énergique et dévoué, entreprend, en effet, une double œuvre d'organisation qui a profondément marqué la vie politique du pays : l'organisation des syndicats chrétiens et l'organisation d'une association paysanne[19]. Le but de ces deux groupements est d'abord franchement avoué : il s'agit de combattre l'influence croissante du socialisme. C'est à tel point vrai que le premier quotidien des syndicats catholiques en Flandre, le journal *Het Volk* de Gand, porte d'abord comme sous-titre « Journal antisocialiste ». Ensuite, dans le but même d'être efficace, ces deux groupements sont obligés d'accorder une place de plus en plus importante à la défense d'intérêts professionnels, ce qui en modifie la nature insensiblement : ils deviennent des instruments de lutte de classe modérée, mais tout de même de lutte de classe, malgré tous les serments de collaboration de classe que contiennent leurs déclarations de principe. Cette modification de la nature des syndicats chrétiens est importante pour l'avenir du mouvement ouvrier belge. Elle n'empêche que les catholiques avaient obtenu le résultat voulu : créer une base électorale organisée pour le parti catholique, à la ville comme à la campagne.

A partir de ce moment, et surtout au lendemain de la première guerre mondiale, lorsque le suffrage universel simple fut accordé, le parti catholique changea donc de nature. Cessant d'être le parti conservateur par excellence, il devint le parti dominant de la bourgeoisie, s'appuyant sur des structures parallèles qui lui permirent de mobiliser une importante clientèle électorale au service de cette bourgeoisie. Le système politique belge devient, de ce fait, un système tripartite classique, parti catholique, parti libéral, parti socialiste, mais avec une division des syndicats en deux tronçons presque égaux en puissance, le tronçon socialiste et le tronçon catholique ; la division politique du mouvement ouvrier belge est le reflet fidèle de cette division syndicale.

Dans le cadre de ce système de parti, la bourgeoisie domine tous les gouvernements, car elle est présente dans toutes les coalitions où elle joue le rôle de chien de garde des intérêts essentiels du capitalisme. C'est le cas des gouvernements catholiques-libéraux; c'est le cas des gouvernements catholiques majoritaires (il y en eut un seul depuis 1919, celui de 1950-1954), le parti catholique étant lui-même une coalition de forces différentes, mais avec une aile bourgeoise consciente qui contrôle le cabinet ; c'est le cas d'un gouvernement socialiste-libéral, comme le cabinet Van Acker (1954-1958), car les libéraux y dominent les départements économiques et ils sont des représentants directs du grand capital ; et c'est même le cas des coalitions catholiques-socialistes, comme l'actuel gouvernement Lefèvre-Spaak, car l'aile conservatrice du parti catholique y joue le même rôle traditionnel de frein de toute volonté d'imposer des réformes réellement radicales.

Il faut signaler enfin que du fait de cette même division des forces laborieuses, le Parti Socialiste (même tenant compte des voix communistes) n'a jamais pu franchir le mur des 40% des voix aux élections législatives. En fait, le pourcentage des voix qu'il obtient à ces élections est resté pratiquement stagnant depuis 1919, c'est-à-dire depuis l'introduction du suffrage universel simple.

La Belgique Entre Neo-Capitalisme et Socialisme

La percée du mouvement ouvrier chrétien

C'est donc grâce à la puissance du mouvement ouvrier chrétien que le parti catholique – qui s'appelle aujourd'hui Parti Social Chrétien – a pu devenir et rester le principal parti politique de la bourgeoisie belge[20]. Mais comment expliquer cet essor puissant du mouvement ouvrier chrétien, devant un mouvement socialiste qui sembla marcher de succès en succès?

Une première distinction s'impose au départ. Les deux grandes régions qui composent la Belgique, la Flandre et la Wallonie, n'ont pas été industrialisées au même moment. Le prolétariat belge est donc composé de deux parties d'âge inégal :

- Un 'vieux prolétariat', essentiellement wallon, mais qui comporte aussi en Flandre quelques noyaux à Anvers et à Gand : c'est un prolétariat formé lors de la première révolution industrielle, urbanisé en général depuis trois ou quatre générations, travaillant essentiellement dans de grandes entreprises et dans l'industrie lourde. Ce prolétariat fut conquis au socialisme pendant la période 1865-1885, il participa à la fondation du Parti Ouvrier Belge en 1885, il vota socialiste à partir de 1893 et il est resté fidèle à ce parti jusqu'à ce jour ;

- Un 'jeune' prolétariat, essentiellement flamand, mais qui comporte aussi quelques noyaux francophones, notamment à Bruxelles, à Liège et dans le Hainaut. Il s'agit de travailleurs qui ont été entraînés dans l'industrie à partir du XXe siècle, par vagues successives (une première pendant la période 1910-1914, lorsqu'on commence à exploiter le bassin charbonnier du Limbourg ; une deuxième dans la période entre les deux guerres, surtout dans la province d'Anvers ; une troisième, depuis la deuxième guerre mondiale), qui ont conservé des attaches à la campagne, qui sont urbanisés depuis une seule génération, ou qui vivent encore à la campagne, qui travaillent surtout dans de petites et moyennes entreprises, et qui sont employés, de préférence, dans l'industrie légère plutôt que dans l'industrie lourde. Il faut y ajouter une bonne moitié des employés de bureaux en Wallonie et à Bruxelles, et la grande majorité de ces employés en Flandre, qui n'ont pas encore réussi à se libérer de l'influence prépondérante de l'Eglise et de leur milieu petit-bourgeois.

C'est donc le développement de ce 'jeune prolétariat', à côté du vieux prolétariat conquis au socialisme, qui constitue la base sociologique de l'essor des syndicats chrétiens. Mais si cet essor semble évident en ce qui concerne les employés de bureaux et les éléments culturellement plus arriérés, il faut se demander comment il se fait que la majorité des ouvriers flamands, occupés dans l'industrie, ont été organisés par les syndicats chrétiens et non par les syndicats socialistes. Trois causes fondamentales expliquent ce fait, lourd de conséquences pour un demi-siècle d'histoire du mouvement ouvrier belge : une politique délibérée de la part de la bourgeoisie ; les erreurs politiques et syndicales commises pendant la période entre les deux guerres par les dirigeants du mouvement socialiste; les liens particuliers qui se sont établis en Flandre entre le mouvement national flamand et le mouvement ouvrier chrétien.

A partir des grèves et émeutes de 1886, à la lueur desquelles la bourgeoisie 'découvrit' la question sociale, les éléments les plus conscients au sein de la classe bourgeoise ont délibérément poursuivi une politique tendant à endiguer les progrès du socialisme. Cette politique comportait plusieurs facettes : début de législation sociale, encouragement à l'essor du syndicalisme chrétien, paternalisme patronal dans les entreprises importantes, etc. Etant donné cette orientation générale du capitalisme belge, il est logique que le début d'industrialisation de la Flandre ait été accompagné d'un effort systématique pour empêcher que le prolétariat wallon classique, rebelle, athée et socialiste, ne se reproduise automatiquement au nord de la frontière linguistique. Parmi les multiples efforts entrepris dans ce sens, il faut souligner particulièrement le changement d'attitude du patronat lui-même. Longtemps rebelle à l'idée d'un syndicalisme quelconque, fût-il catholique et modéré, le patronat a, petit à petit, abandonné son

La Belgique Entre Neo-Capitalisme et Socialisme

hostilité à l'égard des syndicats chrétiens, et les a plutôt considérés comme la barrière ultime devant la marée socialiste. Il a dès lors favorisé le recrutement des syndicats chrétiens, souvent subordonné l'embauche à l'adhésion à ces syndicats, collaboré avec le clergé pour assurer le transfert automatique d'élèves d'écoles catholiques à l'usine, où ils deviennent membres des syndicats chrétiens. Dans un milieu essentiellement rural, et sous des conditions de chômage endémique sous lesquelles l'emploi industriel apparaît déjà comme un bienfait, cette coalition entre un clergé encore tout-puissant, un enseignement dominé par ce clergé, et une classe d'employeurs cherchant à favoriser par tous les moyens les syndicats chrétiens, constituait un obstacle presque infranchissable à la percée des syndicats socialistes. Le meilleur exemple en est offert par le bassin charbonnier du Limbourg, né à la veille de la première guerre mondiale, dominé dès le début par les syndicats chrétiens, qui ont su y conserver leurs positions prédominantes jusqu'à ce jour.

Le clergé catholique a d'ailleurs admirablement compris et appliqué les leçons d'organisation de la social-démocratie allemande. Sauf peut-être en Italie, on ne trouve nulle part ailleurs, en Europe, un tissu d'organisations aussi souple mais également aussi impénétrable que celui dans lequel l'Eglise belge a réussi à enserrer pendant un demi-siècle la majorité du peuple flamand. Happant les enfants dès leur naissance dans les cérémonies religieuses, les embrigadant dans le mouvement des scouts catholiques avant même qu'elle les endoctrine dans ses écoles, leur facilitant l'octroi d'un emploi à condition qu'ils s'organisent dans les syndicats chrétiens, les amenant à acheter leurs vivres dans des magasins de coopératives chrétiennes, à se constituer une épargne dans des banques de ces mêmes coopératives et à s'assurer contre les risques de maladie, dans des mutualités chrétiennes, l'Eglise catholique 'y tient' les ouvriers flamands par mille liens subtils, où les convictions religieuses et les petits avantages mutuels se combinent constamment pour retarder la formation de la conscience de classe[21].

113

Nationalité et Lutte de Classe en Belgique

L'État bourgeois lui-même, ou plus exactement, les gouvernements catholiques homogènes qui se sont succédé sans interruption pendant trente ans (1884-1914), ont admirablement complété cette œuvre par une législation cherchant à retarder la concentration du prolétariat et à stimuler les appétits de petits-bourgeois qui sommeillent dans une classe ouvrière à peine sortie de la paysannerie. Un système d'abonnements ouvriers de chemins de fer très bon marché assurait à la bourgeoisie une grande mobilité de main-d'œuvre et permettait en même temps de fixer les travailleurs dans leurs villages d'origine. Une politique facilitant l'accès à la propriété immobilière tendait à transformer ces mêmes ouvriers en propriétaires de leurs minuscules petites maisons, éparpillées à la campagne ou le long des chaussées. De ce fait, on n'a pas vu naître, en dehors des vieux centres de Gand et d'Anvers, de véritables concentrations prolétariennes flamandes comme celles qui avaient marqué, au XIXe siècle, la naissance de la grande industrie wallonne. La masse des ouvriers flamands – en chiffres absolus plus importante aujourd'hui que la masse des ouvriers wallons – continue à vivre à la campagne ou dans de petites villes de province[22].

Ces conditions d'habitat facilitèrent l'emprise du clergé, et limitèrent en outre, l'influence civilisatrice des grandes villes et impliquèrent en même temps une fatigue physique supplémentaire (beaucoup d'ouvriers flamands ajoutent à une journée de travail de huit heures, cinq ou six heures de trajet domicile-lieu-de-travail-domicile), autant d'obstacles sur la voie d'une prise de conscience socialiste.

Néanmoins, l'ensemble de ces conditions défavorables à un essor rapide du mouvement socialiste en Flandre n'aurait pas pu empêcher, à long terme, cet essor. L'obstacle majeur provenait de l'évolution de ce mouvement socialiste lui-même. Il avait conquis son emprise sur la classe ouvrière wallonne pendant sa période de gloire, période d'opposition virulente au régime capitaliste et de lutte violente pour le suffrage universel simple. Mais le début

La Belgique Entre Neo-Capitalisme et Socialisme

d'industrialisation de la Flandre coïncidait avec un affaiblissement de ces traditions radicales. Saisi par la mainmorte réformiste, le mouvement socialiste belge chercha de plus en plus son salut dans la tentative de construire un réseau d'organisations de masse parallèle à celles du mouvement catholique. Son effort essentiel porta sur les coopératives, les mutualités, les cliniques, et non pas sur l'éveil de la conscience socialiste des travailleurs flamands, le mouvement syndical socialiste se plaça à l'extrême-droite du mouvement ouvrier socialiste. Entre 1923 et 1938, ses effectifs stagnèrent, ou reculèrent même partiellement ; toutes les grandes grèves organisées entre ces deux dates en Belgique furent des grèves sauvages, éclatant contre la volonté et la résistance farouche des dirigeants syndicaux.

Or, pendant la même période, le syndicalisme chrétien connut l'évolution en sens inverse. Né pour nier la lutte des classes, il fut obligé par les impératifs de concurrence avec le syndicalisme socialiste de se montrer de plus en plus revendicatif dans le domaine des revendications immédiates. Une certaine habitude de surenchère naquit ainsi entre les deux syndicats, qui ne fut pas défavorable à l'augmentation du niveau de vie des travailleurs. Mais au fur et à mesure que les syndicats chrétiens pratiquèrent de plus en plus la politique des revendications immédiates, les syndicats socialistes abandonnèrent de plus en plus toute revendication anti-capitaliste, se retranchant, eux aussi, dans la seule défense des revendications salariales au jour le jour. Les différences pratiques entre les deux centrales s'atténuèrent au point de supprimer tout attrait pour l'ouvrier catholique flamand de passer de l'une à l'autre.

Finalement, les dirigeants socialistes commirent l'erreur fatale de laisser aux catholiques le quasi-monopole des revendications nationales flamandes, dont l'attrait sur la jeunesse flamande, y compris la jeunesse ouvrière, fut considérable, il s'en est suivi une symbiose entre le mouvement national flamand et le mouvement ouvrier chrétien, qui fut un facteur important de force pour les syndicats chrétiens.[23]

115

Nationalité et Lutte de Classe en Belgique

Du mouvement national Flamand au mouvement national Wallon

La Belgique indépendante était née comme un pays de deux peuples[24] mais d'une seule bourgeoisie. En effet, depuis le XVIe siècle, les classes dominantes, en Flandre, avaient adopté la langue française, notamment pour accentuer leur distance par rapport au peuple commun[25]. A part une petite minorité orangiste[26], la bourgeoisie belge se groupa unanimement derrière le nouvel État et en fit un État unilingue francophone.

Il en résulta pour le peuple flamand une situation d'oppression nationale qui ne fut définitivement supprimée qu'un siècle plus tard, par la législation linguistique de 1932.[27] Dans tous les domaines de la vie sociale, le français était la seule langue d'élite et de commandement. Les débats parlementaires se firent exclusivement en français. Il n'y avait que des universités françaises. A l'armée, tous les officiers commandaient en français à des soldats parlant en grande majorité le flamand. Les juges ne comprenaient que le français ; deux ouvriers flamands furent condamnés à mort et exécutés parce que le tribunal ne put comprendre leurs serments d'innocence, prononcés en flamand.

L'oppression nationale se combina avec l'exploitation sociale pour faire de la 'question flamande' une question éminemment explosive. Aussi, si l'on fait abstraction de l'aspect purement littéraire et artistique du réveil flamand, qui se place dans le cadre international du mouvement romantique, le mouvement flamand fut-il à ses origines nettement démocratique, progressiste et même socialisant[28]. Ce fut un mouvement de petites gens du peuple, dirigés par des intellectuels petits-bourgeois, contre la double oppression qui les condamnait à la misère. Et dans la mesure où le haut clergé fut partie liée avec la bourgeoisie francisée, et où le parti catholique resta en Flandre un parti de châtelains et de propriétaires fonciers francisés, rien ne prédestinait ce mouvement à tomber sous la coupe cléricale.

La Belgique Entre Neo-Capitalisme et Socialisme

Et cependant cette convergence s'est réalisée au cours de la période 1890-1914 pour se maintenir jusqu'à nos jours. Les causes en sont multiples : tournant effectué par le bas clergé qui se plaça à la tête du mouvement flamand jeune dans les petites villes et à la campagne; transformation du parti catholique lui-même, qui adopta de larges structures de masse après 1893 et reprit, du même fait, les aspirations les plus immédiates de cette masse restée sous l'influence de l'Eglise ; dessein calculé des éléments les plus intelligents de la bourgeoisie, qui firent leur conversion flamande, etc. Mais ici aussi, l'élément décisif pour expliquer cette convergence est sans aucun doute une erreur stratégique fatale de la part des dirigeants socialistes.

Les forces majeures de ce parti étaient des forces wallonnes, ce qui leur rendait déjà difficile une identification avec les revendications populaires du mouvement national flamand. Les dirigeants flamands du même parti eurent le souci de ne pas s'aliéner la sympathie des électeurs petits-bourgeois bruxellois et wallons, qui considérèrent sans sympathie les efforts du mouvement national flamand pour obtenir pour son 'patois' un statut égal à celui du français, 'langue universelle'. Mais surtout, la tradition anticléricale virulente qui existait dans les milieux dans lesquels se recrutèrent la plupart des dirigeants socialistes, et leur orientation vers une alliance avec la bourgeoisie libérale francophone en Flandre, contre trente années de domination cléricale, les poussaient à tourner délibérément le dos aux revendications nationales, linguistiques et culturelles, sous prétexte que les revendications sociales et politiques auraient la priorité. L'ironie de l'histoire, c'est que ce fut précisément l'accent mis sur les revendications nationales et linguistiques flamandes qui aida les catholiques à construire en peu de temps un mouvement syndical plus puissant en Flandre que le mouvement syndical socialiste.

Au lendemain de la première guerre mondiale, et surtout au lendemain du vote des lois linguistiques de 1932, qui établirent l'égalité totale des deux langues flamande et française dans l'Etat belge, le mouvement national flamand commença à changer de nature. Un petit parti nationaliste flamand était né, qui servit surtout de groupe de pression sur le parti catholique flamand en lui soutirant des électeurs à l'occasion de chaque 'capitulation', par réaction à toute tiédeur suspecte dans la défense des 'droits flamands'. Ce petit mouvement nationaliste flamand se scinda lui-même en deux tronçons, dont l'un surtout démocratique, pacifiste et tourné de plus en plus vers les problèmes économiques, rejoignit le parti socialiste, tandis que l'autre, de plus en plus autoritaire et raciste, connut une véritable dégénérescence après l'arrivée au pouvoir des nazis en Allemagne et rejoignit le camp international du fascisme.

Derrière la façade de ces changements politiques, des transformations sociales importantes s'étaient opérées. Les revendications purement linguistiques et culturelles avaient cessé d'être le reflet d'une oppression nationale subie par la grande masse du peuple flamand, pour devenir surtout l'apanage de la petite-bourgeoisie, en lutte pour une juste répartition des sinécures les plus avantageuses dans l'appareil d'État. Les aspects non résolus de l'émancipation du peuple flamand furent de plus en plus exclusivement les aspects socio-économiques, qui se confondirent avec le retard d'industrialisation et un degré inférieur de bien-être résultant de ce retard (ainsi que de la structure particulière de l'économie flamande : chômage endémique ; prédominance de l'industrie moyenne et de l'industrie légère, où les salaires sont plus bas que dans la grande industrie lourde wallonne, etc.). La lutte pour supprimer ce retard devenait de plus en plus difficile sans se combiner hardiment avec une lutte anticapitaliste, pour une économie planifiée avec un secteur public de plus en plus prédominant. C'est dire que le mouvement socialiste détient là une clé pour réaliser cette percée en Flandre qui modifierait toute la physionomie politique de la Belgique.

La Belgique Entre Neo-Capitalisme et Socialisme

L'irruption du mouvement national wallon

Mais au même moment où les conditions mûrissent pour que l'alliance entre le mouvement national flamand et le mouvement socialiste, rompue vers la fin du XIXe siècle, se rétablisse sur des bases nouvelles, le peuple wallon, qui était longtemps resté à l'écart de toute revendication nationale, connaît à son tour une tumultueuse prise de conscience nationale. Pendant plus d'un demi-siècle, les travailleurs wallons ne connurent qu'une seule question : la question sociale. A travers les organisations diverses du mouvement socialiste, ils cherchèrent à résoudre cette question, ils voulurent accéder à la propriété socialiste[29]. La question nationale ne pouvait naître, dans la mesure où il n'y avait pas de phénomènes de discrimination culturelle ou linguistique dont ils furent victimes: au contraire, leur langue, le français, était la langue prédominante du pays.

Mais en conquérant l'égalité linguistique en 1932, les Flamands avaient, du même fait, créé les conditions pour assurer leur prédominance numérique dans la vie politique. L'évolution démographique favorise, en effet, la Flandre. Le suffrage universel doit, tôt ou tard, refléter cette supériorité du nombre. Pendant trente ans, l'élément modérateur fut celui de Bruxelles, vaste zone théoriquement bilingue, en réalité de plus en plus unilingue française, qui à la fois par son expansion géographique en pays flamand et par un phénomène d'assimilation progressive d'immigrés venus de Flandre, rétablissait tant bien que mal l'équilibre numérique des deux nationalités. Les efforts du mouvement national ont pourtant tendu à arrêter ce gonflement de la région bruxelloise. Par ailleurs, l'évolution démographique est telle qu'aujourd'hui le nombre d'électeurs flamands dépasse celui des Wallons et des Bruxellois réunis. Ainsi naît la crainte du peuple wallon d'être définitivement mis en minorité dans le cadre de l'État belge unitaire.

Cette crainte aurait pu ne pas déclencher un mouvement de masse, si elle n'avait coïncidé à la fois avec un début de déclin économique et avec les conséquences sociales et politiques de la grande grève générale de 1960-1961. C'est dans ce contexte d'ensemble que le mouvement national wallon fait brusquement irruption sur la scène politique belge au début de 1961.

La crise de structure de l'économie belge

Ce début de déclin de l'économie wallonne n'est compréhensible qu'en tant que manifestation de la crise de structure de toute l'économie belge. Nous avons vu comment cette économie avait acquis, dès avant la première guerre mondiale, la physionomie qu'elle a conservée jusqu'à ce jour : une spécialisation dans la fabrication de produits d'exportation semi-finis. Cette spécialisation a été en partie le résultat de l'activité d'une série de grands capitaines d'industrie qui furent en même temps de « grands inventeurs et de grands innovateurs » : Évence Coppée, constructeur du premier four à coke ; Ernest Solvay, inventeur du procédé de fabrication de la soude à l'ammoniaque ; Empain, créateur du métro de Paris et autres.

Dès la première guerre mondiale, cette sève s'est tarie. Les groupes financiers qui contrôlent l'économie substituent de plus en plus une activité gestionnaire et conservatrice à l'ancienne aventure de l'innovation. Leur 'goût du risque' décline proportionnellement à la croissance des capitaux qu'ils gèrent. La concentration des capitaux liquides réalisée par les banques qu'ils contrôlent condamne les entrepreneurs privés à l'autofinancement et ne leur permet l'accès au marché des capitaux qu'au risque d'être accaparés par les grands holdings. Par ces deux effets conservateurs de leur puissance les groupes financiers portent donc la principale responsabilité du retard dans le développement des industries nouvelles (machines-outils, électronique, biens de consommation durables, produits pharmaceutiques, pétrochimie, fibres synthétiques, etc.), qui caractérise aujourd'hui l'économie belge.

La Belgique Entre Neo-Capitalisme et Socialisme

L'ampleur de ce retard est considérable. Alors qu'avant la guerre la Belgique était un pays beaucoup plus industrialisé que les Pays-Bas ou que l'Italie, les exportations de machines et de matériel de transport de l'Union Economique belgo-luxembourgeoise ne s'élèvent actuellement qu'à 60% des mêmes exportations néerlandaises et qu'à 45% des mêmes exportations italiennes. Les exportations de l'Allemagne fédérale pour ces produits sont dix fois plus élevées que les exportations belges, alors qu'au total les exportations allemandes ne dépassent que trois fois les exportations belges. Même phénomène en ce qui concerne les produits chimiques : les exportations belges de produits pharmaceutiques ne s'élèvent qu'à 80% des exportations néerlandaises et italiennes, et qu'à 22% des exportations françaises.

Or ce sont les secteurs industriels 'nouveaux' qui contribuent de manière majeure à l'expansion économique que l'Europe capitaliste a connue au cours des dix dernières années. Le retard de développement des industries nouvelles se traduit donc par une expansion économique beaucoup plus lente que dans les autres pays membres du Marché Commun.

Indices de production industrielle (1953 = 100)

	1954	1955	1956	1957	1958	1959	1960	1961	1962
RFA	113	131	142	149	154	166	186	199	208
Italie	109	120	129	140	144	161	186	209	229
France	110	120	133	145	151	157	172	184	195
Pays-Bas	113	121	127	130	130	145	165	169	174
Belgique	105	117	124	124	115	119	128	135	141

Comparé à la situation d'avant-guerre, ce retard de l'expansion économique belge n'est pas moins prononcé. Sur la base de 1938 (100), l'indice de la production industrielle se situe en 1962 à 369 en Italie, à 283 aux Pays-Bas, à 263 en France, à 258 en Allemagne occidentale et à 196 en Belgique.

Nationalité et Lutte de Classe en Belgique

Ce retard du développement des branches industrielles nouvelles en Belgique coïncide cependant avec une industrialisation de plus en plus poussée des anciens débouchés belges sur le marché mondial. Il en résulte une position de plus en plus marginale de la Belgique sur le marché mondial, un détournement de plus en plus accentué des exportations belges vers des pays hautement industrialisés, qui n'achètent les produits belges que dans la mesure où leurs propres capacités de production sont déjà pleinement utilisées. Ce n'est donc pas l'effet du hasard que la Belgique fut le seul pays de la Communauté Économique Européenne à être frappé par la récession de 1958.

Pendant les premières années d'après-guerre, ces faiblesses structurelles de l'économie belge n'étaient pas immédiatement visibles. La bourgeoisie belge put même se permettre le luxe de transformer la Belgique d'un pays de salaires (relativement) bas en un pays de salaires (relativement) élevés, et éviter ainsi une crise sociale majeure comme celle qui frappa la France et l'Italie pendant la même période. Ce fut possible grâce à un concours de circonstances particulièrement favorables.

L'industrie belge fut moins détruite que celle de tous les autres pays belligérants d'Europe, permettant ainsi une reconstruction rapide et une conquête d'importants débouchés sur le marché mondial. Le port d'Anvers fut le seul grand port de la mer du Nord tombé intact entre les mains des alliés, devint ainsi le centre d'approvisionnement d'abord des armées et puis de l'économie en Europe occidentale et gagna les dollars nécessaires, pour permettre une libération immédiate des importations. L'uranium, dont le Congo belge conserva le monopole pendant l'immédiat après-guerre, contribua, avec le port d'Anvers, à supprimer tout problème de balance des paiements pour la Belgique. Enfin, alors que les empires coloniaux britanniques, français et néerlandais furent durement ébranlés ou même s'effondrèrent, l'empire colonial belge connut sa période d'essor suprême pendant la période 1945-1955, les profits provenant du Congo atteignant un

La Belgique Entre Neo-Capitalisme et Socialisme

tiers des profits de l'ensemble des sociétés belges par actions.

Mais la fin de la période de reconstruction dans le reste de l'Europe occidentale, et surtout le grand boum commencé en 1953 supprimèrent rapidement ces conditions, qui avaient permis l'apparition d'un miracle belge bien avant qu'on n'eût parlé du miracle allemand ou du miracle italien. A partir de 1958, le destin frappa à la porte du capitalisme belge. Celui-ci ne pouvait conserver à la longue ses structures surannées sans risquer d'aller au-devant d'une crise économique et sociale d'une ampleur exceptionnelle. Cette crise prenait une forme précise sur le plan économique : l'affaiblissement, l'un après l'autre, des vieux secteurs industriels qui, ayant perdu leurs débouchés étrangers, se voyaient même disputer d'une manière croissante leur marché intérieur par la concurrence internationale de plus en plus accentuée. Un premier exemple de pareil affaiblissement s'était déjà produit au début des années 50 dans l'industrie du matériel roulant (locomotives et wagons de chemins de fer, tramways, etc.), vénérable branche de la métallurgie belge qui avait jadis équipé l'industrie ferroviaire de très nombreux pays étrangers. En l'espace de dix ans, cette industrie, essentiellement localisée dans la région de La Louvière (Hainaut), avait presque complètement disparu. A partir de 1958, ce fut l'industrie charbonnière wallonne qui subit le même sort. Ayant perdu presque tous ses débouchés étrangers, cette industrie ne pouvait plus se défendre contre le charbon, meilleur marché, de la Ruhr, de Grande-Bretagne et surtout des Etats-Unis qui, après la chute des frets maritimes, arriva à Anvers meilleur marché que le charbon belge. En l'espace de quelques années, des dizaines de puits furent fermés, la production charbonnière fut réduite de près d'un tiers (de 30 à 21 millions de tonnes par an), la production charbonnière wallonne réduite de moitié.

Or, le charbon avait été, avec l'acier, 'intégré' dans un marché commun à partir de 1953. L'expérience de la Communauté européenne du charbon et de l'acier (CECA) est donc, en quelque sorte, une répétition générale de l'expérience du Marché

Commun. Pour l'économie belge, cette expérience se solde par un bilan d'abord nettement favorable, puis par l'apparition de signes de plus en plus dangereux. La CECA, d'abord (pour la sidérurgie), le Marché Commun ensuite, ont incontestablement fourni à la Belgique d'importants marchés de remplacement se substituant aux marchés perdus en Europe orientale, dans les pays d'outre-mer ou au Congo. Ils ont donc prolongé la période de transition pendant laquelle l'économie belge aurait pu moderniser ses structures. La Belgique est le seul pays du Marché Commun qui envoie aujourd'hui plus de 50% de ses exportations vers les pays partenaires de la CEE. Les exportations belges de produits sidérurgiques vers les pays de la C.E.E. ne s'élevaient en 1958 qu'à 30% du total ; elles ont, aujourd'hui, également atteint 50%.

Mais le Marché Commun ne peut fournir à l'industrie belge un débouché de remplacement 'durable' que dans la mesure où elle y perd sa position marginale ; sinon, elle risque d'être soumise à des fluctuations conjoncturelles de plus en plus graves, subissant, en les amplifiant, toute récession modérée chez ses voisins, et ne connaissant le plein emploi qu'après que celui-ci se soit réalisé dans le reste du Marché Commun.

L'ambiguïté des réformes de structure

Pour subsister, l'économie belge doit donc, en tout cas, traverser une période de réadaptation et de modernisation accélérées. Aujourd'hui, la classe bourgeoise le comprend aussi bien que le mouvement ouvrier, chacun des antagonistes voulant évidemment réaliser cette modernisation sans en supporter lui-même l'essentiel des frais. Il n'en fut cependant pas toujours ainsi. Fort longtemps, la bourgeoisie a nié la nécessité d'une telle reconversion. Et c'est le mouvement ouvrier, et lui seul, qui avait d'abord dévoilé les déficiences structurelles de l'économie belge, et mis à l'ordre du jour la 'réalisation de réformes de structure' afin de surmonter ces déficiences.

La Belgique Entre Neo-Capitalisme et Socialisme

La guerre, l'occupation nazie, la résistance, la brève poussée de radicalisation de l'immédiat après-guerre (moins forte qu'en France ou qu'en Italie, mais plus forte que dans les autres pays d'Europe occidentale) avaient provoqué d'importantes modifications structurelles dans le mouvement ouvrier belge. Avant la deuxième guerre mondiale, le parti socialiste et les syndicats vivaient sous le régime de l'unité organique à l'anglaise ; les dirigeants socialistes avaient réussi à imposer, du même fait, aux syndicats, la règle qu'aucun de leurs dirigeants ne pouvait adhérer à un autre parti que le parti socialiste. Les dirigeants syndicalistes socialistes se situèrent à l'extrême-droite du mouvement ouvrier socialiste.

Pendant la guerre, ces dirigeants perdirent le contrôle des syndicats. Un mouvement syndical fortement diversifié et radicalisé surgit de la résistance. Les communistes conquirent d'importantes positions, notamment parmi les mineurs et dans les services publics, qu'ils reperdirent en grande partie (mais pas complètement) par la suite; la direction des syndicats des services publics évolua progressivement vers la gauche, se situant à la gauche ou au centre-gauche du Parti socialiste. Et des forces syndicales de gauche conquirent la direction du syndicat des métallurgistes dans la plupart des régions wallonnes, avant tout à Liège.

La reconstitution d'une unité syndicale par la création de la Fédération Générale du Travail belge (FGTB) devint, de ce fait, incompatible avec le maintien d'une unité organique entre les syndicats et le parti socialiste. L'indépendance syndicale fut reconnue, et la FGTB fut liée par un pacte d'unité d'action mais plus par une unité organique aux autres formes du mouvement ouvrier socialiste : le pacte de *l'Action Commune*. Du coup, la FGTB se plaça, dans son ensemble, légèrement à gauche et non plus à droite de la direction socialiste, et l'aile gauche de la FGTB devint l'aile marchante de tout le mouvement ouvrier belge.

Cette aile gauche subit l'empreinte de la forte personnalité d'André Renard. Le dirigeant dynamique des métallurgistes de Liège avait

conservé de sa jeunesse de fortes sympathies anarcho-syndicalistes,
et il n'avait pas grande confiance dans le jeu réformiste classique
au Parlement et dans les négociations salariales avec le patronat.
Incarnant la combativité de l'avant-garde de la classe ouvrière
wallonne, il sut forger, à Liège, un instrument syndical d'une
puissance remarquable. A quatre reprises, en 1946, en 1948, en 1950
et en 1957, les grèves qu'il déclencha à Liège permirent d'arracher
d'importantes concessions à la bourgeoisie et à des gouvernements
divers, y compris des gouvernements à participation socialiste.

Renard avait compris fort tôt l'impasse d'une politique syndicale
qui se contente de lutter avec le patronat pour une meilleure
répartition du revenu national. Il réclama une politique syndicale
plus dynamique, plus radicale, qui mettrait le régime capitaliste
lui-même en question. C'est ainsi qu'il présenta à deux reprises, en
octobre 1954 et en octobre 1956, des rapports économiques à des
congrès extraordinaires de la FGTB, qui effectuèrent une analyse
pénétrante des déficiences structurelles de l'économie belge.
Ces analyses débouchèrent sur le programme des réformes de
structure impliquant notamment : la planification économique ; la
nationalisation du secteur de l'énergie; la suppression du contrôle
que les holdings exercent sur l'économie belge ; l'établissement
d'un service national de santé.

Ce programme apparut comme une véritable solution de rechange
non seulement par rapport à l'aveugle complaisance des milieux
capitalistes dirigeants qui, à l'occasion de l'Exposition Universelle
de Bruxelles de 1958, vantèrent la prospérité de l'économie
belge, la veille imminente du premier éboulement, mais encore
par rapport à la politique suivie par la direction socialiste sous
l'influence de Max Buset, le président du PSB. Buset avait assigné
au PSB une stratégie axée sur le refoulement de l'influence des
écoles catholiques sur la jeunesse flamande. Il préconisa, à cette
fin, une alliance à long terme entre le parti socialiste et le parti
libéral. Il était prêt à payer le prix nécessaire à une telle alliance:
abandonner la conduite de l'économie aux ministres libéraux,

La Belgique Entre Neo-Capitalisme et Socialisme

c'est-à-dire se contenter d'une politique économique libérale ou néo-libérale classique. Pareille stratégie ne pouvait qu'aboutir à un échec : elle risquait de placer les syndicats chrétiens à gauche des syndicats socialistes dans la lutte revendicative immédiate, d'élargir le fossé entre travailleurs socialistes et travailleurs chrétiens, et du même fait de renforcer la prédominance des syndicats chrétiens sur la classe ouvrière flamande.

Au lendemain des élections de 1958, qui se soldèrent par un recul socialiste, la gauche socialiste déclencha une violente offensive pour que le PSB s'aligne sur le programme des réformes de structures de la FGTB. Cette offensive fut couronnée de succès dès le Congrès socialiste de décembre 1958; et en 1959 un congrès socialiste extraordinaire adopta formellement un programme d'action presque identique à celui de la FGTB.

L'adoption générale de ce programme n'exprima cependant point l'adoption par la majorité du mouvement socialiste belge – et surtout pas par sa direction ! – d'une orientation vers la suppression de la mainmise du grand capital sur l'essentiel de l'industrie et de l'économie belges; elle n'eut cette signification que pour l'avant-garde de la classe ouvrière, essentiellement réduite à la tendance Renard au sein de la FGTB et à la gauche socialiste (les communistes belges n'acceptèrent qu'avec grand retard le programme des réformes de structures, auquel il opposèrent d'abord un programme exclusivement axé sur la « lutte pour la paix » et les revendications immédiates. Et quand ils l'adoptèrent, ils lui donnèrent un contenu beaucoup plus modéré et beaucoup plus néo-capitaliste que la gauche socialiste). Elle exprima plutôt une inquiétude générale sur le sort qui attendait la classe ouvrière en cas de graves secousses économiques résultant des déficiences structurelles. Subsidiairement, elle exprima l'inquiétude de l'appareil du Parti devant les conséquences électorales désastreuses pour le PSB d'une baisse du niveau de vie des travailleurs et d'un déclin économique prolongé dans les régions qui étaient traditionnellement les bastions socialistes en Wallonie.

Nationalité et Lutte de Classe en Belgique

Mais à peine le parti socialiste avait-il réalisé le tournant vers le programme des réformes de structure que le Parti social-chrétien commença à soulever, lui aussi, le problème des déficiences structurelles de l'économie belge. Sous le coup de la récession de 1958-59, la bourgeoisie belge prit conscience de ce problème. Certains exposés du premier ministre réactionnaire de l'époque, M. Eyskens – notamment à l'occasion de la grève générale dans le Borinage de février 1959 contre la fermeture des charbonnages, apparurent à d'aucuns comme des échos des Rapports de la FGTB d'octobre 1954 et d'octobre 1956. Dès cette époque, la nouvelle direction du PSB commença, sur cette base, à s'orienter vers un gouvernement de coalition PSB-PSC, et une équipe de jeunes technocrates (dont certains avaient collaboré à la rédaction des rapports de la FGTB et du programme du PSB!) prépara la plate-forme de ce futur gouvernement, ensemble avec de jeunes technocrates du PSC.

C'est dès ce moment que l'ambiguïté des réformes de structure apparut clairement à l'avant-garde du mouvement ouvrier belge. Les déficiences structurelles de l'économie capitaliste belge étaient un fait devant lequel aucune classe sociale ne pouvait fermer les yeux. Mais les solutions à apporter à ces déficiences n'avaient pas seulement un certain contenu technique; elles avaient aussi une portée sociale précise. Et cette portée était évidemment diamétralement opposée selon la classe sociale qui inspirait la solution.

La nécessité d'une reconversion industrielle fondamentale implique techniquement la nécessité d'un accroissement des investissements. Mais cet accroissement peut être obtenu d'après la logique capitalise – par une augmentation du taux de profit – ou, au contraire, par une incursion tyrannique dans le domaine de la propriété privée (nationalisations; ponction fiscale sévère contre les capitalistes; planification impérative, etc.). L'accroissement des investissements doit aboutir à un développement prioritaire des industries nouvelles. Mais ce développement peut résulter soit d'une

128

La Belgique Entre Neo-Capitalisme et Socialisme

aide sélective de l'État (en dernière analyse : une nationalisation des pertes et des risques au profit du capital privé) soit, au contraire, d'un développement de nouvelles industries étatiques, avec des capitaux enlevés au secteur privé (nationalisation des bénéfices au profit du secteur public). La planification peut être impérative, selon un plan qui fixe des priorités d'après des critères d'intérêt des masses ; elle peut aussi être simplement indicative, et ne représenter dès lors qu'une coordination entre les prévisions des principaux trusts et groupements patronaux.

Bref, des formules techniques apparemment identiques ou analogues peuvent recouvrir soit des réformes néocapitalistes qui ont pour but d'améliorer le fonctionnement de l'économie capitaliste et de faire payer aux masses les frais de la reconversion, soit des réformes anticapitalistes, qui ont pour but de briser l'emprise des holdings sur l'économie du pays et d'imposer au grand capital les frais d'une rénovation économique et sociale. Dans le premier cas, on se heurtera rapidement aux intérêts immédiats de la classe ouvrière, et une épreuve de force décidera si, oui ou non, celle-ci accepte de payer les frais de l'opération. Dans le second cas, on se heurtera rapidement au sabotage de l'appareil d'État et à la résistance farouche de la bourgeoisie, et une épreuve de force décidera de la nature du pouvoir, seul un État d'une nature nouvelle pouvant aller jusqu'au bout de l'élimination du pouvoir capitaliste sur l'économie et la nation[30].

La grève générale de 1960-61 et la naissance du Mouvement Populaire Wallon

La grande grève générale de décembre 1960-janvier 1961 fut précisément pareille épreuve de force. Ou, plus exactement: elle fut, au départ, une lutte de résistance – largement victorieuse – des travailleurs contre la tentative du gouvernement Eyskens de leur imposer, par le truchement de la 'loi unique' les frais d'un premier effort d'assainissement de l'économie capitaliste belge. Elle fut, dans son déroulement, un premier assaut, largement échoué, des forces ouvrières les plus conscientes pour substituer à la solution néocapitaliste une véritable solution anticapitaliste de la crise structurelle de l'économie belge.

La 'loi unique' comportait deux volets : d'une part, une série de mesures tendant à stimuler les investissements (surtout dans certains secteurs et dans certaines régions), mesures qui signifient, en dernière analyse, des subsides aux entre-preneurs capitalistes (étrangers ou nationaux); d'autre part, une série d'économies budgétaires et d'impôts nouveaux tendant à fournir les ressources pour payer ces subsides sans déséquilibrer les finances publiques. Inutile de dire que l'essentiel de ces économies (à la fois suppressions ou réductions de subsides sociaux) devait retomber sur le dos des travailleurs, de même, d'ailleurs, que l'accroissement des impôts, qui prit la forme d'une augmentation des impôts indirects.

Les partis gouvernementaux de l'époque (PSC et libéraux) espérèrent limiter les réactions immédiates contre le projet, du fait que seule la catégorie des travailleurs des services publics subirent une réduction directe de leurs conditions de vie et de travail. Les dirigeants socialistes espérèrent canaliser les réactions contre la 'loi unique' dans le seul cadre parlementaire, en vue d'une future victoire électorale. Mais la pression de l'aile gauche syndicale – André Renard présenta au Comité national élargi de la FGTB une motion demandant la préparation d'une grève générale, et cette motion ne fut rejetée qu'à une infime majorité – et le débrayage spontané des ouvriers de la métallurgie de Liège et de Charleroi, en signe de solidarité avec des ouvriers des services publics qui avaient déclenché leur grève le 20 décembre 1960, déjouèrent tous ces calculs. L'heure de l'épreuve de force avait sonné.

On connaît la suite des événements. Pendant une première semaine, la grève s'étendit de plus en plus dans tout le pays, aboutissant à une grève générale complète dans toute la Wallonie. Mais la direction nationale de la FGTB tarda à proclamer la grève générale dans tout le pays. Après un moment d'étourdissement, les dirigeants du PSC en profitèrent pour amener la tête de la hiérarchie catholique belge, le cardinal Van Roey, à adresser un 'mandement' à tous les ouvriers chrétiens, leur demandant de ne pas se joindre à la grève. Jusqu'au moment du 'mandement', les travailleurs chrétiens avaient rejoint en nombre croissant les rangs des grévistes. Mais les hésitations des dirigeants flamands de la FGTB avaient donné la chance à la hiérarchie d'intervenir; et le 'mandement' cassa net l'extension de la grève parmi les travailleurs non socialistes en Flandre.

La grève s'étendit encore pendant quelques jours, les dirigeants de la FGTB proclamant la grève générale à Anvers et à Gand (où elle ne fut d'ailleurs que partielle). Puis le mouvement cessa de s'étendre. Il allait stagner pendant deux semaines, pendant lesquelles les grévistes organisèrent des cortèges monstres, mais pendant lesquelles les dirigeants de la grève refusèrent de passer à une forme d'action plus radicale (notamment à l'organisation d'une 'marche sur Bruxelles' réclamée par la gauche socialiste). Cela permit aux forces de répression, mobilisées par le gouvernement, de se concentrer sur les points les plus faibles de la grève en Wallonie, d'y démanteler les piquets par des arrestations massives, d'isoler ainsi les principaux bastions qui tinrent tête jusqu'à la fin du mois de janvier.

La grève ne fut pas un échec. Elle obligea le gouvernement Eyskens à dissoudre le Parlement et, au cours des élections qui suivirent, les partis gouvernementaux furent battus. Des parties importantes de la 'loi unique' ne furent jamais appliquées. Le salaire réel des travailleurs belges ne connut aucun recul. La grève sauva donc la classe ouvrière d'un sort comparable à celui que connut la classe ouvrière française après la dévaluation Pinay-Rueff, fin 1958, à celui que connut partiellement la classe ouvrière britannique après le 'blocage des augmentation de salaires' proclamé par Selwyn Lloyd.

Nos chances gaspillées

Mais elle ne fut pas, non plus, une victoire. A travers la grève, la majorité des travailleurs wallons, et une minorité non négligeable des travailleurs flamands, étaient décidées à engager la lutte pour la conquête des réformes de structures. Cet espoir fut déçu. Il fut même plus que déçu. Car lorsqu'aux élections de 1961 succéda la constitution d'un gouvernement de coalition PSC-PSB, il s'avéra bien vite que le programme de ce gouvernement ne comportait qu'un simulacre de réformes de structures telles que les avaient comprises les travailleurs d'avant-garde. A la place de la nationalisation de l'énergie, il n'y eut qu'un pâle 'Directoire Charbonnier', incapable même de déterminer les prix du charbon et d'ordonner les concentrations nécessaires pour sauver l'industrie charbonnière flamande, menacée, à son tour, après la débâcle de l'industrie charbonnière wallonne. A la place d'une planification réelle, on n'eut qu'une 'programmation' indicative, qui répondit pleinement aux vœux du patronat. A la place d'un secteur industriel arraché au capital privé, on appliqua, sur une échelle plus large que jamais, la politique des subsides publics au profit de l'industrie privée. Quant à la lutte contre l'influence des holdings sur l'économie du pays, il n'en fut plus question.

Pourquoi le fédéralisme ?

Le déroulement et la fin de la grève 1960-61, puis la déception provoquée par le programme du gouvernement Lefèvre-Spaak de 1961, forment la toile de fond sur laquelle se dessine l'essor du Mouvement Populaire Wallon. Militants syndicalistes et travailleurs d'avant-garde ont comparé la réussite exceptionnelle de la grève générale en Wallonie et l'échec partiel de la grève en Flandre. Ils ont tiré un parallèle entre ces deux phénomènes d'une part, et l'attitude des dirigeants FGTB avant et pendant la grève, d'autre part: vaste campagne pour les réformes de structures en Wallonie au cours de longues années; absence de toute campagne comparable en Flandre; volonté d'organiser le combat en

La Belgique Entre Neo-Capitalisme et Socialisme

Wallonie. Hésitation et tendance à céder devant la pression des syndicats chrétiens en Flandre. Ils sont arrivés à la conclusion que le mouvement ouvrier était condamné à de longues années de stagnation s'il restait enfermé dans un cadre belge unitaire.

Pour eux, il n'y avait que deux possibilités: ou bien respecter ce cadre unitaire, et alors être condamné à attendre jusqu'à ce que la majorité des travailleurs flamands soient détachés du syndicalisme chrétien; ou bien agir dans un cadre nouveau, celui de la seule Wallonie, où l'action des masses laborieuses pouvait être déterminante pour conquérir à brève échéance les réformes de structure. Or, l'attente, c'était le déclin économique irrémédiable de la Wallonie, et la désagrégation des forces syndicales et sociales. Il devenait donc impossible de suivre cette voie, et il fallait, par conséquent, se prononcer pour le fédéralisme, seul moyen de réaliser rapidement les réformes de structures, fût-ce seulement en Wallonie. L'exemple wallon contribuerait, peu après, à accélérer la prise de conscience des travailleurs flamands. En d'autres termes : les dirigeants du MPW ont déjà compris l'impossibilité d'accéder à une véritable transformation socialiste de la Belgique par la voie purement électorale; ils ne sont pas encore prêts à passer à l'action révolutionnaire proprement dite; ils ne voient donc pas d'autre issue que le fédéralisme, qui devrait permettre un début de transformation socialiste de la Wallonie par des moyens largement légaux.

Certes, la création du Mouvement Populaire Wallon comporte des risques. L'emploi d'une phraséologie par moment romantique, voire chauvine, attire au MPW une frange d'éléments petits-bourgeois, idéologiquement confus. L'équivoque règne sur les moyens de réaliser le fédéralisme: un référendum ? élections ? grève générale ? combinaison entre tous ces moyens ? L'équivoque ne règne pas moins quant à l'ampleur réelle des réformes de structures que réaliserait un gouvernement wallon socialiste homogène. Sur toutes ces questions cruciales, de nouvelles différenciations et de nouveaux alignements s'opèrent ou se préparent au sein du MPW.

Nationalité et Lutte de Classe en Belgique

La conscience de l'avant-garde ouvrière wallonne, figée pendant trois quarts de siècle sur une image exaltante mais vague du socialisme, a commencé à marcher de l'avant. Ce n'est pas tant le point éphémère où elle s'arrête un instant qui importe pour juger le MPW, que sa direction générale et son sens historique, déterminés en dernière analyse par les forces sociales qui s'affrontent.

Marx a dit qu'il ne faut pas juger les gens et les partis d'après ce qu'ils disent d'eux-mêmes, mais bien d'après le rôle objectif qu'ils jouent dans l'Histoire. Malgré tous les dangers et toutes les équivoques, il ne peut échapper à personne que le MPW n'est rien d'autre, aujourd'hui, que 'l'organisation collective des forces socialistes de gauche en Wallonie'. Dans ce sens, sa constitution reflète en elle-même un énorme progrès. Elle est point de départ et non point d'aboutissement. Dans la bataille féroce que les 'forces de l'ordre' mènent contre le MPW, comment un socialiste véritable hésitera-t-il à prendre parti? Dans la bataille non moins dure qui oppose les réformistes traditionnels, la direction du parti socialiste et les ministres du gouvernement du Roi, aux dirigeants et masses du MPW, ce choix n'est pas plus difficile. A travers les batailles en cours et les batailles futures se constitue en Wallonie et, sans doute demain, dans toute la Belgique, une force dont le mouvement ouvrier ne dispose plus dans aucun pays sur le continent européen, sauf (partiellement) en Italie: une force socialiste de gauche capable de mobiliser la grande majorité des travailleurs de son pays dans des batailles d'affrontement global avec la société capitaliste.

Le mouvement ouvrier belge devant le défi néo-capitaliste

Au lendemain de la deuxième guerre mondiale, la résistance syndicale fit sauter le blocage des salaires que le gouvernement d'union nationale – avec la participation des communistes – essaya d'imposer comme il le fit dans la plupart des pays d'Europe occidentale. En même temps, elle imposa le retour au système

La Belgique Entre Neo-Capitalisme et Socialisme

d'avant-guerre de 'liaison des salaires à l'indice des prix de détail', c'est-à-dire 'en pratique l'échelle mobile des salaires'. (des accords différents règlent cette adaptation automatique des salaires à l'augmentation des prix de détail dans chaque branche d'industrie. Mais en gros, le système prévoit une augmentation des salaires nominaux chaque fois que les prix dépassent de 2,5% pendant deux mois de suite, un 'taux-pivot' qui est celui de l'adaptation précédente). Ce système à empêché que les travailleurs belges ne deviennent les premières victimes de l'inflation qui a ravagé la plupart des pays ex-belligérants après 1944.

Certes, le système ne fonctionne pas de manière parfaite. L'indice des prix de détail n'est pas un véritable baromètre du 'coût de la vie'. Tous les articles n'y sont pas repris; les services, notamment, n'y sont pas suffisamment représentés (on ne tient pas compte des loyers des logements), et ce sont précisément les prix des services qui ont le plus augmenté au cours de la dernière période. Le gouvernement peut aussi appliquer une 'politique de l'index', c'est-à-dire faire baisser artificiellement le prix d'un seul produit afin d'empêcher l'indice des prix de détail de dépasser le 'seuil' fatidique où l'augmentation des salaires devient automatique. Finalement, la progressivité de l'impôt sur le revenu fait perdre aux travailleurs une partie de leur pouvoir d'achat lors de chaque augmentation des salaires nominaux.

Néanmoins, le système de l'échelle mobile s'est avéré largement supérieur à tout autre système salarial en Europe occidentale, et il a assuré aux travailleurs belges pendant quinze ans les salaires réels les plus élevés des pays ex-belligérants en Europe.

Mais, petit à petit, le retard de l'expansion économique belge par rapport à celle des autres pays d'Europe a commencé à influencer les niveaux comparés des salaires. A partir de 1958 et surtout de 1960, les salaires belges ont augmenté beaucoup plus lentement que les salaires anglais, allemands, hollandais, sans parler des salaires italiens. La récession de 1959, la crise charbonnière, la lutte contre la 'loi unique': tout cela a retardé l'accession des salaires belges. En fait, si le gouvernement Eyskens a échoué dans sa tentative de 'réduire' le niveau de vie des travailleurs belges, il a réussi à en 'ralentir' considérablement l'augmentation.

Le panneau de la 'programmation'

Du même fait, la 'planification souple' ou 'programmation économique' néo-capitaliste, s'est révélée un énorme piège pour la classe ouvrière. Les syndicats ayant réclamé pendant des années une planification économique, le gouvernement bourgeois, en tant que conseil d'administration de toute la classe bourgeoise, leur a répondu à un certain moment: « D'accord! Mais, dans ce cas, le 'programme économique' doit être, en quelque sorte, un contrat conclu entre les 'partenaires sociaux', auquel chaque partie doit se tenir strictement. 'Nous' nous engagerons à réaliser un certain nombre d'investissements et à atteindre un certain pourcentage d'augmentation annuelle de la production (les fameux 4%, chers au président Kennedy et à M. Maudling[31]). 'Vous' vous engagerez à ne pas présenter des revendications de salaires supplémentaires à celles sur lesquelles nous nous mettons d'accord pour une période de deux ans (pour commencer; ensuite ce serait trois ans, quatre ans et ainsi de suite)».

En 1960, les syndicats tombèrent dans le panneau. Ils acceptèrent cette 'programmation sociale' pour une période de deux ans. Au moment où l'accord fut conclut, on sortait à peine de la récession; 2% d'augmentation des salaires réels par an, cela semblait appréciable. Mais bientôt ce fut la haute conjoncture, le boum; alors on aperçut qu'on avait vendu ses droits d'aînesse pour un plat de lentilles, et laissé les fruits de la haute conjoncture au seul patronat.

En fait, tout accord qui lie des augmentations de 'salaires' à des augmentations de la 'productivité' – les secondes dépassant d'ailleurs largement les premières ! – ne peut être qu'un jeu de dupes. C'est évidemment aux 'bénéfices' [profits et productivité] et non à la 'productivité' qu'il faut comparer les salaires, en se proposant comme but non pas de 'geler' la répartition du revenu national à un niveau déterminé (en n'augmentant les salaires que dans la même proportion que la productivité), mais atteindre un niveau déterminé jugé comme équitable.

De 1948 à 1960, la part des salariés et appointés dans le revenu national belge est restée stable, c'est-à-dire quelle a augmenté exactement dans la même proportion dans laquelle a augmenté la part que représentent salariés et appointés dans la masse totale de la population active. Mais la comparaison avec la situation d'avant-guerre est éloquente: en 1938, salariés et appointés constituant 68% de la population active et touchent 56,9% du revenu national; en 1960, ils constituent 78% de la population active et ne touchent que 56,7% du revenu national. Leur part dans celui-ci s'est donc considérablement réduite. La loi de la 'paupérisation relative' s'est vérifiée.

Comment expliquer ce phénomène, malgré le jeu de l'échelle mobile des salaires ? C'est que la productivité a augmenté dans des proportions considérables, surtout pendant la période 1955-1962. Si la bourgeoisie belge n'a pas créé de nouvelles branches d'industries, elle a très largement 'modernisé ses secteurs traditionnels': on trouve en Belgique le plus grand four à ciment et la plus grande machine à fabriquer du papier du monde entier. La sidérurgie, les verreries et glaceries, la construction de machines textiles, ont également réussi des progrès technique remarquables. Les profits élevés résultant de ces progrès de la productivité ont, d'ailleurs, en partie, été investis à l'étranger (d'abord au Congo, ensuite au Canada).

Les intermédiaires, la bourgeoisie moyenne des commerçants, ont également réalisé des profits plantureux. Une étude récente du Marché Commun démontre que les marges d'intermédiaires sont les plus élevés en Belgique de tous les six pays de la CEE. L'écart entre les prix payés notamment au paysan et le prix demandé au consommateur dépasse[32] encore celui de la France, alors que les frais de transports sont incomparablement plus réduits.

Néanmoins, les patrons s'en tiennent rigidement à leur formule d'augmentation 'limité aux chiffres du plan'. Au début de 1963, ce fut leur argument pour refuser une augmentation de 3,5 % des salaires réclamée par le syndicat des métallurgistes. Après l'expérience décevante de 1960-1961, les syndicalistes sont cependant de moins en moins enclins à se laisser abuser par ces sophismes. Ils obtenaient cependant gain de cause après quelques grèves dures.

C'est alors qu'une autre voix de sirène s'élève: « Si on veut le but, il faut vouloir les moyens. Vous dites que le but, c'est l'accélération de l'expansion. Mais en régime capitaliste, l'accélération de l'expansion dépend de l'accroissement des profits. Vous ne pouvez donc pas vous opposer à l'accroissements des profits sans saborder tout l'édifice que vous réclamez à construire... ».

Ce n'est pas un patron qui parle ainsi, mais un dirigeant socialiste, 'inspirateur' du ministre socialiste des Affaires économiques[33]. En fait, la politique de l' 'expansion' prônée par celui-ci ressemble comme deux gouttes d'eau à celle de son prédécesseur libéral du gouvernement Eyskens: accorder des subsides aux entrepreneurs qui veulent bien aller s'établir dans des régions en déclin, attirer des industriels étrangers en leur promettant des terrains gratuits et des détaxations massives; encourager les investissements en détaxant les bénéfices réservés. Le 'hic', c'est qu'au bout de ce processus, il y a d'une part enrichissement privé des capitalistes, – puisque les investissements deviennent propriété privée – et d'autre part, réduction de la part relative des travailleurs dans le revenu national, donc appauvrissement relatif. Croire que c'est de cette manière qu'on fait du socialisme, même au jour le jour, même au pas de tortue, c'est pure aberration !

La Belgique Entre Neo-Capitalisme et Socialisme

Pour une issue socialiste

Quelle issue faut-il donc proposer ? Certains, en désespoir de cause, jouent avec l'idée de 'l'actionnariat ouvrier'. L'augmentation des investissements s'opérerait toujours par une 'épargne forcée' des travailleurs. Mais ceux-ci resteraient propriétaires de cette 'épargne', à travers un organisme d'épargne collective à laquelle serait versée la part du revenu national destinée à l'accroissement des investissements. Cet organisme investirait ces sommes normalement, par l'intermédiaire du marché financier. Ce serait, en somme, le système suédois du fonds des pensions, pouvant opérer sur le marché des capitaux.

Ce système ne pourrait fonctionner efficacement dans un pays comme la Belgique, où le marché financier est étroitement contrôlé par un petit nombre de holdings. Il ne modifierait pas le contrôle de ceux-ci sur les grands trusts industriels, et n'empêcherait pas non plus que, par le jeu des bénéfices réservés, l'enrichissement privé se concentrerait toujours entre relativement peu de mains. Or, actuellement, on estime que 4,5% de la population possèdent plus de la moitié de toute la fortune privée de Belgique. Cette inégalité serait, dans le meilleur des cas gelée à son niveau actuel par le système susmentionné.

La véritable solution réside évidemment dans l'expansion du secteur public. L'État taxant les bénéfices puis réinvestissant les produits de l'impôt dans les secteurs industriels déterminés comme prioritaires par le plan. C'est seulement à cette condition qu'on pourrait parler réellement de 'planification' et que celle-ci n'aboutirait plus à enrichir les capitalistes privés. Encore faudrait-il, à cette fin, briser le contrôle des holdings sur l'économie nationale. Mais un État qui pousse les réformes de structure anti-capitaliste jusqu'à ce point ne peut manifestement pas être un État bourgeois. C'est pourquoi des réformes de structure anticapitalistes impliquent, à côté du développement planifié d'un secteur industriel public prédominant, la réalisation générale du

Nationalité et Lutte de Classe en Belgique

contrôle ouvrier. C'est le seul moyen d'éviter que le secteur public devienne une immense entreprise de subsides au secteur privé, comme c'est le cas aujourd'hui en France, en Grande-Bretagne et en Italie.

Les travailleurs d'un 'welfare state' [État providence] moderne sont-ils prêts à prendre en considération un tel programme ? Ne sont-ils pas conditionnés par les dieux tout-puissants du néo-capitalisme, le 'confort matériel' (avec ses symboles, qui s'appellent l'Auto, le Frigidaire et l'appareil de T.V.), la 'publicité' insidieuse, qui montre que le confort n'est jamais complet et qu'il reste toujours des besoins à satisfaire, et la 'course individuelle vers le succès' (avec ses manifestations typiques: heures supplémentaires, ventes à tempérament et endettement croissant, qui sapent la conscience de classe)? Sans sous-estimer ces obstacles, nous croyons pouvoir répondre qu'ils ne sont pas insurmontables. Et l'élan inoubliable d'un million de travailleurs belges – les mieux payés d'Europe, et en Belgique même, les mieux payés du pays! – pendant quatre semaines de la grande grève générale de décembre 1960 – janvier 1961, nous donne de solides raisons d'espérer.

Le capitalisme du XIXe siècle est une vaste école de lutte de classe 'à l'échelle de l'usine'. Le capitalisme du XXe siècle est une vaste école de lutte de classe 'à l'échelle de l'économie nationale et internationale'. Quelle que soit l'ardeur du combat pour les salaires, c'est peine perdue si l'ensemble du mécanisme économique n'est pas soumis à un contrôle. Les travailleurs le comprennent d'instinct, par centaines de milliers. De même ils sentent obscurément que l'injustice fondamentale qu'ils subissent, c'est dans la production et non dans la consommation qu'il faut la situer, c'est dans le fait d'être condamnés à travailler pour le compte d'autrui qu'elle réside, c'est par l'obligation d'obéir à des 'chefs' souvent moins habiles qu'eux-mêmes et moins capables de faire coopérer les machines qu'elle se manifeste, et que c'est sur le désir de devenir les maîtres des usines, c'est-à-dire les maîtres de leurs destinées, qu'elle débouche. Qui dira quel enthousiasme et

La Belgique Entre Neo-Capitalisme et Socialisme

quelle ardeur se dégageront de cet objectif, lorsque le mouvement ouvrier l'aura officiellement adopté et enseigné à toute la classe ? En Yougoslavie[34], malgré mille défauts, ça marche, et les conditions de départ étaient si difficile ! Pourquoi cela ne marcherai-il pas cent fois mieux avec les travailleurs qualifiés de chez nous, riches d'un siècle d'éducation socialistes ?

1   The Dialectic of Class and Region in Belgium', in *New Left Review* n° 20, été 1963. (H.P.)

2   Par exemple Peter ARNOLD dans une brochure consacrée à la Belgique : *A New Party. Some lessons for Belgian labour* (Socialist Labour League, avril 1965). (H.P.)

3   Gustave DACHE, La grève révolutionnaire et insurrectionnelle de 1960-1961, éd. Marxisme.be. Cf. Annexe 3 pour une réaction à ces accusations. (H.P.)

4   L'auteur emploie le mot 'flamand' par métonymie pour la région située entre les grandes rivières et la frontière linguistique. Anvers par exemple faisait historiquement partie du duché du Brabant et non pas du comté de Flandre. (H.P.)

5   Sur le caractère révolutionnaire bourgeois de la révolte qui résultat dans la formation de la République des Provinces Unies, cf. Pepijn BRANDON, « The Dutch Revolt : a social analysis », in *International Socialism*, n° 16, oct. 2007, et « Marxism and the 'Dutch Miracle' : The Dutch Republic and the Transition Debate », in *Historical Materialism* n° 19 (3), 2011, pp. 106-146. Consultez également Jan DE VRIES & Ad. VAN DER WOUDE, *Nederland 1500-1815. De eerste ronde van de moderne economische groei*, Amsterdam 2005, chapitre 13. (H.P.)

6   Il s'agit en fait des seigneuries du Hainaut et de l'Artois. (H.P.)

7   Notamment la République des Provinces Unies avec la Hollande-Zélande comme région dominante. (H.P.)

8   La principauté de Liège n'appartenait pas aux Pays-Bas méridionaux, mais d'un point de vue féodal et jusqu'à son annexion par la France en 1794, au Saint Empire germanique. (H.P.)

9   L'auteur a sans doute en vue la 'victoire complète' de la révolution industrielle. La révolution brabançonne de 1789-1790 fut écrasée par les troupes autrichiennes ; l'ancien régime fut aboli par l'occupation

Nationalité et Lutte de Classe en Belgique

française en 1792. (H.P.)

10 La Société Générale fut l'œuvre du roi Guillaume I d'Orange. Elle se rangea du côté de la révolution belge en 1830. Elle devint en 1988 une filiale de groupe français Suez qui l'absorbait totalement dix années plus tard. (H.P.)

11 Ce qui n'est plus le cas aujourd'hui. (H.P.)

12 Dans un ouvrage célèbre consacré à la Belgique (*Land and Labour, Lessons from Belgium*, 1910) Seebohm ROWNTREE affirme qu'en 1894 plus de la moitié de la population belge doit avoir recours à l'assistance publique ou aux Monts-de-Piété. (E.M.)

13 De 1818 à 1830 la Belgique faisait partie, suite aux décision du Congrès de Vienne, du Royaume Unies des Pays-Bas sous la dynastie de la Maison d'Orange et avec La Haye comme capitale. (E.M.)

14 Sobriquet attribué aux résistants à la tyrannie espagnole et à l'intolérance de Philippe II, repris par les libéraux au XIXe siècle pour souligner leur opposition au cléricalisme. (H.P.)

15 Ce roman fut vilipendé par l'Église catholique et mutilé par l'aile réactionnaire du mouvement flamand. Cf. Marnix BEYEN, *Held voor alle werk. Tijl Uilenspiegel*, Anvers/Baarn 1998. (H.P.)

16 La glorification par les élites du 'belgicisme' de ce grand historien a été analysée par Jan DHONDT, 'Henri Pirenne : historien des institution urbaines', in *Machten en Mensen/Hommes et pouvoirs*, Stichting/Fondation Jan Dhondt, Gand 1976. (H.P.)

17 Ce « catéchisme » d'Alfred DEFUISSAUX (1843-1901) connut un succès énorme. Partisan de l'instauration de la république et de la grève générale, il fut exclu du POB et créa le *Parti Socialiste Républicain* en 1887, pour rejoindre de nouveau le POB en 1894. Yves QUAIRIAUX considère le PSR comme une dissidence wallonne de la social-démocratie suite à la surévaluation des ouvriers flamands en Wallonie au congrès de Damprémy (*L'image du Flamand en Wallonie*, Bruxelles 2006). (H.P.)

18 Réservé aux hommes, les femmes n'obtiendront le droit de vote qu'en 1948 en votèrent pour la première fois en 1949. (H.P.)

19 Il s'agit du *Boerenbond* (Ligue paysanne), une organisation catholique, née en 1890 sous le nom « Belgische Boerenbond », et qui regroupa des fermiers et des ruraux en Flandre et après 1918 dans les cantons de langue allemande. (H.P.)

La Belgique Entre Neo-Capitalisme et Socialisme

20 Cela depuis 1945. En 1968 ce parti se divisera, les troubles autour de l'université de Louvain aidant, en deux partis distincts: un parti francophone (PSC) et un parti flamand (CVP). Ils ont perdu beaucoup de leur influence depuis 1999. (H.P.)

21 La perte de l'intérêt pour l'Église en Flandre est devenue entre-temps un fait, mais elle dispose toujours de réseaux bien organisés, dont le mouvement ouvrier chrétien et ses dépendances, l'enseignement libre et un système hospitalier très développé. (H.P.)

22 La campagne en Flandre est aujourd'hui fortement urbanisée.(H.P.)

23 Cf. entre autres Marcel LIEBMAN, *Les socialistes belges 1885-1914*, Bruxelles 1979 (chapitre 9). (H.P.)

24 On peut contester les notions de 'peuple' (volk) et de 'nation' (natie) dans le contexte de la Belgique d'avant 1914. Voire à ce sujet entre autre Marc REYNEBEAU, *Het Klauwen van de Leeuw. De Vlaamse identiteit van de 12de tot de 21ste eeuw*, Louvain 1995. (H.P.)

25 Ce snobisme avait déjà été villipendé par Jan-Baptist VERLOOY dans un essai publié en 1788 (*Verhandeling op d'Onacht der moederlycke Tael in de Nederlanden*). Verlooy appartenait à l'aile révolutionnaire-démocrate dans la Révolution brabançonne (1789-1790). (H.P.)

26 Les orangistes étaient pour l'unité des Pays-Bas sous la maison d'Orange. (H.P.)

27 Il s'agit d'une loi sur l'utilisation des langues dans l'administration. (H.P.)

28 Le républicain bilingue wallon Lucien JOTTRAND (1804-1877) avait participé à la révolution de 1830. Il avait animé avec Karl Marx « l'Association Démocratique » qui vit le jour en 1847. Il défendit en tant que « cultuurflamingant » les aspirations flamandes. Il présida en 1856 la Commission flamande (« commission des griefs ») instituée par le gouvernement et publia cette même année son livre *La Question flamande*. (H.P.)

29 Cf. Marcel LIEBMAN, op.cit. (H.P.)

30 Le texte anglais dit « société » au lieu de « nation ». (H.P.)

31 John F. KENNEDY (1917-1963), président des États Unis d'Amérique 1961-1963. Reginald MAUDLING (1917-1979), politicien conservateur britannique. (H.P.)

Nationalité et Lutte de Classe en Belgique

32 Un éleveur reçoit 3 shilling pour un kilo de viande bovine; le consommateur le paie parfois 17 shilling. (E.M.)

33 Il s'agit d'un conseiller du socialiste Antoon SPINOY (1906-1967), ministre des affaires économiques et de l'énergie dans le gouvernement PSC-PSB de Théo LEFÈVRE au moment de la rédaction de cet article.

34 Pour une vision critique le l'autogestion ouvrière en Yougoslavie consultez Catherine SAMARY: "Le rêve Yougoslave et l'autogestion", *Le Monde Diplomatique* 8/2009; *Le marché contre l'autogestion*, Paris 1988; *Plan, Marché et démocratie*, Cahier d'Études et de Recherche n° 7/8, IIRF Amsterdam.

BRUXELLES, LA FLANDRE ET LE FÉDÉRALISME (1963)

Cette considération sur le rôle de Bruxelles dans une Belgique fédérale a été publiée le 6 décembre 1963 sous le pseudonyme Robert Sixte dans La Gauche. Elle prend comme point de départ une analyse de la revue flamande De Maand qui s'attaque à quelques mythes véhiculés par le nationalisme flamand. Selon l'auteur de cette analyse, ce n'est pas un complot des francophones qui a imposé le français à la population autochtone et à l'immigration flamande, mais un choix social: la promotion sociale n'était possible que par la connaissance du français. Il n'en reste pas moins que Bruxelles reste une des pierres d'achoppement dans la fédéralisation de la Belgique. Le nationalisme flamand considère Bruxelles, ville majoritairement francophone, comme la capitale de la Flandre et comme siège de son parlement flamand. Position difficile à tenir. La spécificité de la capitale belge et de sa périphérie est l'objet principal de l'analyse de Mandel : la Flandre devenue une nation de l'Etat fédéral, les problèmes naturellement issus de ce contexte ne manqueront pas de surgir. Au moment de la rédaction de cet article Mandel était toujours membre du PSB dont il critique la politique bruxelloise.

Dans la revue *De Maand*, Telemachus publie un courageux article dans lequel il s'efforce de placer le problème belge sur son véritable terrain, celui de la sociologie. Il rappelle de façon très opportune que nos problèmes linguistiques ne sont pas uniques en leur genre, et que les cas sont nombreux dans le monde où les frontières de classe, coïncidant avec une barrière de langue, provoquent des conflits aigus.

145

Nationalité et Lutte de Classe en Belgique

Tout d'abord, applaudissons à la 'déculpabilisation' de l'adversaire que tente l'analyste flamand : « Le processus de francisation, écrit-il, processus qui se poursuit encore, n'est pas une entreprise délibérée. Il répond en grande partie à des motifs socio-psychologiques, et pas exclusivement, ni même de façon prépondérante, à des motifs politiques réfléchis. »

Evoquant les causes de la flambée présente, il apporte une description très pénétrante de l'apparition d'une troisième communauté sur la scène politique: la communauté bruxelloise. L'auteur la situe dans le phénomène caractéristique de ce siècle: la promotion des masses. « Cette montée vers un niveau économique et culturel plus élevé est parallèle en Flandre et à Bruxelles, mais avec des conséquences inverses. En Flandre, elle s'accomplit à travers une 'flamandisation' croissante, tandis qu'à Bruxelles, elle s'accompagne d'une francisation toujours plus poussée de l'agglomération et des communes périphériques. »

C'est cette évolution divergente de la Flandre et de Bruxelles qui fait apparaître une nouvelle communauté populaire: les Bruxellois, et cette communauté entre en réaction pour la première fois contre une partie des immigrants en provenance de Flandre. « L'américanisation des paysans napolitains qui émigrèrent vers 1880 dans les villes de la côte atlantique des Etats-Unis, l'anglicisation des ruraux du Canada français qui émigrent à Montréal, la francisation des immigrants flamands qui, depuis un siècle, se fixent à Bruxelles sont comparables, en ce sens qu'elles font partie d'un processus général d'ascension 'sociale'. »

L'auteur rappelle que lorsque le groupe immigrant appartient à une couche élevée de la société, il s'efforce toujours de maintenir son intégrité linguistique, et résiste à l'assimilation. « La dominance du schéma culturel francophone dans la société bruxelloise et, d'autre part, la faiblesse de la position sociale des immigrés, font que la mobilité sociale de l'individu dépend de son adaptabilité culturelle, donc linguistique. ». « Le rythme de la francisation à Bruxelles correspond dès lors à la position sociale de l'immigrant flamand; on devra tenir compte aussi d'un facteur décisif: le fait que la classe populaire bruxelloise locale parcourt (et bien plus rapidement encore que les immigrants) le même processus de francisation. »

« Avant 1940, seuls quelques intellectuels flamingants ont opposé une résistance à la francisation, mais ce n'était que des cas individuels... Depuis 1950 environ se sont annoncés une nouvelle vague d'immigrants flamands: techniciens, ingénieurs, officiers, fonctionnaires, classes moyennes et ouvriers qualifiés. Ils ont échappé quasi spontanément (et pas tellement par flamingantisme délibéré) à la francisation... Entre-temps, la dominante culturelle reste donnée par les vagues précédentes, qui se sont adaptées complètement, y compris par la langue... Les moyens légaux et institutionnels qui sont utilisés pour amener l'immigrant flamand à Bruxelles à conserver son caractère flamand sont jugés dès lors différemment. Pour la nouvelle vague, les moyens légaux seront des points d'appui grâce auxquels urbanisation et francisation cesseront d'être synonymes... Mais, pour la plus grande partie des Bruxellois d'origine flamande, qui sont non seulement les plus nombreux, mais aussi les mieux implantés, grâce à leur arrivée plus ancienne, les mêmes mesures institutionnelles sont subies comme autant de tentatives de freiner leur ascension sociale. »

Ces extraits, dont la sérénité sociologique tranche sur le ton ordinaire des commentaires politiques, placent le débat sur le terrain qu'il n'aurait pas dû quitter, celui de la promotion sociale et culturelle des travailleurs. Et dans ce cadre, il trace les limites de trois 'communautés' dans lesquelles ce problème se pose en des termes différents.

En Flandre le français, langue de la noblesse... puis de la bourgeoisie

Lorsqu'il y a quinze siècles, les Francs envahirent la Gaule, leur colonisation de peuplement s'arrêta aux confins des terres que les

Gallo-Romains avaient déjà mises en culture, c'est-à-dire grosso modo à la frontière linguistique actuelle. Ainsi naquit la noblesse franque, flamande de race et de langue[1]. Elle conserva sa langue durant deux siècles, avant d'adopter à là longue celle de ses serfs. Mais quand la cour du Roi se romanisa, la noblesse de province la suivit. Lorsque le Comté de Flandre et le duché de Brabant échurent par héritage à une branche cadette de la Maison de France, les ducs de Bourgogne, les tendances « fransquillonnes » de la noblesse s'accentuèrent encore.

Ainsi, Le « fransquillonisme » fait partie des traditions les plus anciennes de la Flandre et il y constitue, dès le départ, un phénomène de classe. La francisation s'est arrêtée longtemps aux poternes des châteaux. La bourgeoisie urbaine du XVe siècle parlait et écrivait le néerlandais. Au siècle suivant, les guerres de religion devaient compromettre ce brillant départ de la culture néerlandaise dans les Pays-Bas méridionaux. Non seulement l'élite des villes émigra massivement dans les Provinces-Unies du Nord, mais la répression anti-calviniste jeta la suspicion sur la langue néerlandaise, qui servait de véhicule aux idées interdites.

C'est du XVIIe siècle surtout que date la francisation de la bourgeoisie flamande. A la veille de l'industrialisation, une situation intolérable était née ainsi : la masse paysanne et ouvrière était coupée des sources de la culture. L'obstacle de la langue s'ajoutait à celui de la fortune. Si la lutte des classes avait eu raison de la puissance bourgeoise, la langue du peuple flamand serait devenue la langue de la Flandre toute entière, en ce comprise Bruxelles, qui était, au XIXe siècle une ville flamande.

Le refus d'une la révolution

Mais le mouvement catholique flamand a reculé devant la nécessité d'une révolution sociale. Il a préféré séparer le combat contre le bourgeois du combat contre le fransquillon. Cette position ambiguë lui a permis de canaliser à son profit les frustrations linguistiques du paysan et de l'ouvrier flamand.

Au véritable adversaire de la masse flamande, le bourgeois fransquillon, le mouvement catholique flamingant substituait un adversaire mythique, le Wallon, qui n'avait pourtant rien à voir dans le problème. Mais l'attachement des Wallons à la langue française donnait à cette substitution une vraisemblance suffisante.

Le piège était grossier, mais il a atteint son but: le combat linguistique des démocrates chrétiens flamands a réussi, sans contester le régime économique et social, à donner le pouvoir politique, en Flandre, à des hommes issus de la petite bourgeoisie non francisée. La loi de 1932 sur l'unilinguisme scolaire a créé entre-temps une nouvelle génération d'intellectuels flamands qui brigue aujourd'hui les postes dirigeants des entreprises, dernier bastion de la vieille bourgeoisie.

Citons encore Telemachus : « Cette troisième génération (du mouvement flamand) n'est plus flamingante, ou à peine, pour la simple raison qu'elle est flamande. Elle possède un arrière-plan culturel néerlandais qui lui est propre et elle ne partage plus de culture commune avec ses contemporains francophones... »

La flamandisation des entreprises en Flandre

La dernière étape du triomphe de cette nouvelle bourgeoisie est la conquête des entreprises. Elle est inévitable, et proche. Soyons sans ambiguïté à ce sujet. Il est de l'intérêt objectif des travailleurs de Flandre que leurs entreprises soient administrées dans leur langue. Mais nos préférences vont à la révolution économique, qui atteindrait ce but en instaurant l'autogestion dans les entreprises, et en les intégrant au secteur public.

Mais puisque les catholiques ont réussi à canaliser la poussée populaire flamande dans un sens néo-capitaliste[2], ce qui est un fait historique, il faut sans doute accepter la flamandisation sans socialisation comme une étape intermédiaire. Elle constitue un progrès objectif, favorable à l'émancipation et à la promotion sociale et culturelle des travailleurs de Flandre. Nous appuyons donc sans réserve la flamandisation interne des entreprises flamandes.

Bruxelles

Si la révolution sociale avait eu lieu il y a trois générations, Bruxelles serait restée une ville flamande. Mais comme Telemachus nous l'a montré, elle a évolué différemment, malgré les lois scolaires de 1932, qui n'ont jamais été réellement appliquées parce qu'elles se heurtaient à l'opposition unanime de la communauté bruxelloise.

L'ouvrier bruxellois est aujourd'hui largement francisé, et s'il ne l'est pas, il veut l'être et il veut que ses enfants le soient Plus de 80% des miliciens et plus de 85% des enfants de l'agglomération choisissent le régime français.

La quasi-totalité des bourgeois, des commerçants, des intellectuels, des techniciens, des cadres et des ouvriers qualifiés nés dans l'agglomération sont aujourd'hui francophones et quasi-unilingues. Cela fait les trois quarts de la population. Les manœuvres sont bilingues en majorité. Leurs seules chances de promotion culturelle à court terme et d'ascension sociale sont dans une connaissance améliorée de la langue française. Leur intérêt objectif, qui correspond à leur désir profond, est d'achever leur francisation. En soutenant cette aspiration, le PSB bruxellois fait coïncider (une fois n'est pas coutume) l'intérêt objectif des masses avec ses propres réflexes électoralistes.

Les Bruxellois bilingues n'ont, comme le dit Telemachus, avec les nouveaux intellectuels flamands, issus de la loi de 1932, aucun « arrière-plan culturel commun ». Rien ne les attire chez ces immigrés flamands de fraîche date. Mais l'agressivité dont témoigne à leur égard la minorité flamande intellectuelle, les reproches parfois violents qu'elle leur adresse de ne pas résister à la francisation, tout cela indispose les Bruxellois bilingues, qui entendent garder la liberté de parler leur patois, sans pour cela se retrancher de la communauté bruxelloise en adoptant une langue culturelle étrangère.

Les lois de contrainte en matière scolaire sont donc ressenties comme une agression de l'étranger-flamand contre le petit peuple de Bruxelles. Le sobriquet de « gauleiter » qu'a déjà reçu le Vice-Gouverneur[3], avant même d'être nommé, témoigne de l'esprit de résistance qui anime à présent la communauté bruxelloise. Le climat de passion est entré dans la ville, et il y grandira, si le gouvernement ose ouvrir en terre bruxelloise la « chasse aux gosses » promise aux Flamands de l'extérieur en échange de la demi-reconnaissance du fait bruxellois dans 6 communes de la périphérie[4].

Bruxelles doit-t-elle être bilingue pour être accueillante ?

On dit que Bruxelles doit être accueillante. On dit aussi que les Flamands doivent s'y sentir chez eux. Ce sont là deux choses très différentes, Accueillante, elle doit l'être certes, et pas seulement aux flamands de Flandre. Elle a le même devoir à l'égard de tous les citoyens des six pays associés dont elle entend devenir la capitale.

De la même façon, Berne doit être accueillante aux Suisses romands ou Tessinois, et Ottawa aux Canadiens français. Faut-il pour autant espérer qu'ils s'y sentent 'chez eux' ? La Bruxelles accueillante, c'est celle qui aurait des écoles européennes et des écoles flamandes en suffisance, des commerçants et des administrations aimables avec l'étranger qui comprend mal la langue locale.

Mais la Bruxelles « où les Flamands se sentent chez eux », c'est tout autre chose. C'est une ville où deux peuples s'affrontent, se heurtent, se jalousent, se disputent l'influence et le pouvoir. Où les deux milieux intellectuels seraient, un jour hypothétique, égaux en nombre tout en 'n'ayant aucun arrière-plan culturel commun'. Cette ville imaginaire 'où les Flamands se sentiraient autant chez eux que les francophones', c'est une Bruxelles à demi-reconquise.

Nationalité et Lutte de Classe en Belgique

Reconnaissons qu'à celui qui s'adresse en flamand dans un magasin de luxe bruxellois on ne lui accorde pas précisément l'accueil aimable qu'y attend l'acheteur italien ou allemand. Mais cela provient de ce que la langue flamande était jadis la langue des couches populaires, et cette manifestation discourtoise et détestable de l'orgueil de classe est appliquée par erreur au client flamand immigré[5].

Ces attitudes outrageantes sont en train de disparaître sous l'effet de l'apparition d'une clientèle de flamands nantis et cultivés. Que Bruxelles remplisse donc désormais son devoir de courtoisie envers les fonctionnaires, flamands, comme elle le fait envers les fonctionnaires des Six. Mais là s'arrêtent ses obligations. Bruxelles doit attendre de ses hôtes flamands qu'ils reconnaissent qu'en abandonnant le schéma culturel commun sur lequel, s'est fondée la Belgique de 1830, ils ont cessé d'avoir des droits sur les deux autres parties du pays.

Il demeure, bien sûr, que la perte de Bruxelles est cuisante pour la jeune nation flamande, qui prend forme. On comprend dès lors les rêves de reconquête qui agitent certains milieux nationalistes. Nous pensons que la paix des peuples en Belgique est au prix de la reconnaissance des faits objectifs. Bruxelles s'est francisée, parce que dans une société bourgeoise, l'intérêt objectif des classes opprimées est d'adopter la langue du groupe sociologique dominant, afin de faciliter à ses enfants l'ascension sociale et la promotion professionnelle et cultuelle. Bruxelles étant située tout près de la frontière linguistique, et recevant un contingent régulier d'immigrants wallons, la résistance à la francisation aurait été, de la part des masses bruxelloises flamandes, un véritable suicide sociologique.

En choisissant la flamandisation sans socialisation, en acceptant de maintenir les bases capitalistes de la société, la démocratie chrétienne flamande a fait un choix qui impliquait la francisation de Bruxelles. On ne peut réécrire l'histoire. Bruxelles est dès à

Bruxelles, la Flandre et le Fédéralisme

présent une communauté pratiquement unilingue, si sûre de l'être et de le rester qu'elle réclame la liberté linguistique la plus entière pour tous ses habitants. Le jour où elle sera souveraine sur son territoire, elle adoptera en matière linguistique une politique de pluralité sans contrainte. Mais précisément, cette souveraineté lui est refusée, parce que la communauté flamande n'a pas renoncé au rêve de reflamandiser partiellement Bruxelles par le moyen du pouvoir national belge.

Il faut reconnaître que les Bruxellois n'ont pas fait grand chose jusqu'à présent pour faire admettre leur souveraineté dans leur ville. Mais cet état ne durera pas. L'agression linguistique fera comprendre à Bruxelles qu'elle doit revendiquer le statut de ville-état, de cité souveraine librement affiliée à une fédération, statut qui est celui de Genève et de Bâle et celui de Hambourg et de Brème. Ces villes n'ont pas à se plaindre de leur statut politique, qui a fait leur prospérité et leur rayonnement. Plus que tout autre, il peut servir les ambitions 'européennes' de Bruxelles et résoudre ses problèmes administratifs.

S'ils ne se ressaisissent pas, les Bruxellois se verront imposer par les Flamands et les Wallons réunis le statut du District Columbia de Washington, district dont les habitants quasi sans droit de vote, n'administrent même pas les affaires municipales de leur cité. C'est bien de cela qu'il s'agit lorsqu'on parle du « Rijksgebied Brussel », dont l'arrondissement de Bruxelles-capitale est la timide préfiguration.

Jusqu'ici, le MPW n'a jamais cessé d'affirmer le principe du droit pour la communauté bruxelloise à se gouverner elle-même. Mais à l'heure du compromis, qui peut dire ce que le PSC flamand (dont la Volksunie d'aujourd'hui préfigure les thèses futures) obtiendra dans une négociation wallo-flamande dont les Bruxellois seraient absents ?

Nationalité et Lutte de Classe en Belgique

La périphérie Bruxelloise

La bourgeoisie bruxelloise s'installe dans les villages flamands de la périphérie avec la bonne conscience de celui qui cultive le jardin de ses pères. La population ouvrière et paysanne de la périphérie accueille d'ailleurs cette invasion pacifique avec assez de sympathie. Elle sait que la francisation est inévitable, mais c'est un prix que beaucoup jugent léger au regard des avantages matériels et sociaux qu'ils attendent de l'urbanisation.

Mais le milieu petit-bourgeois, technicien et intellectuel, éduqué par l'école unilingue flamande après 1932, réagit différemment. Pour ces hommes qui ont accompli en langue néerlandaise un effort récent et important de promotion culturelle, le milieu dominant bruxellois est un milieu étranger. Ils ressentent son intrusion comme une agression contre la nation flamande à laquelle ils appartiennent désormais.

Ceux qui réagissent ainsi ne sont aujourd'hui qu'une minorité. Mais, à mesure que les années passent, et que de nouvelles communes sont atteintes par la tache urbaine bruxelloise, leur nombre grandit. La minorité anti-bruxelloise de Flamands conscients est plus nombreuse et plus solide dans les communes dont l'invasion a commencé plus tard. D'ici peu d'années, elle deviendra majorité, et le contexte flamand se défendra spontanément contre la bruxellisation.

La 'défense du sol flamand' est encore organisée principalement par le Parlement belge à majorité flamande et par quelques commandos d'extrémistes, mais cette situation touche à sa fin. C'est pourquoi les limites géographiques de la communauté bruxelloise se stabiliseront bientôt.

Les sauvegardes légales nouvelles contre la bruxellisation de la périphérie, instaurées par la récente loi scolaire, sont difficilement compatibles avec les principes juridiques qui sont à la base d'un état unitaire. Le droit du sol prime désormais le droit personnel

Bruxelles, la Flandre et le Fédéralisme

dans un Etat qui ne reconnaît juridiquement d'autre sol que le sol belge ! La situation sera différente, évidemment, le jour où la Flandre sera une nation autonome. Tout État unilingue est en droit de préserver son homogénéité, dans l'intérêt du corps social, et en vue d'empêcher sur son territoire la constitution de minorités allogènes, causes probables de troubles futurs. Il est donc légitime de contraindre les minorités immigrées à s'intégrer dans la nation en rendant obligatoire l'instruction dans les écoles nationales et dans la langue nationale. On ne saurait donc contester à la future nation flamande le droit d'imposer l'enseignement en langue néerlandaise pour tous les habitants de son territoire. Ce qui est pure violence et discrimination de la part de l'Etat belge sera donc légitime de la part de la nation flamande.

C'est pourquoi la fixation des limites du territoire de Bruxelles présente, pour l'avenir de cette ville et pour l'équité tout court, une importance très grande. Nous restons attachés, pour notre part, au principe du référendum, tout en reconnaissant que, vu l'évolution des situations sociologiques, le référendum serait en maints endroits de la grande banlieue plus favorable aux Bruxellois en 1963 qu'en 1970, et que, dès lors, le point de vue flamand d'une limite négociée mérite considération. En revanche, on ne peut accepter de livrer à la flamandisation forcée des portions de la communauté bruxelloise, qui sont dès à présent bruxelloises de fait et de cœur, dans leur grande majorité, même si leur établissement est récent. Car cet établissement s'est fait sans violence, dans le cadre de lois non contestées.

Les 25 communes[6] constituent la base vraisemblable (mais non acquise) d'un accord définitif sur le territoire de Bruxelles. Mais l'invasion bruxelloise se répand déjà au-delà des 25 communes, par le jeu de la spéculation foncière. Il serait raisonnable d'interdire ces lotissements spéculatifs hors limites, qui exaspèrent la Flandre et ne font qu'aggraver le contentieux bruxello-flamand.

Hélas, un gouvernement sous contrôle bourgeois pourra-t-il ou voudra-t-il jamais enrayer la spéculation ? D'où le détour scandaleux que prend la dernière loi. Plutôt que d'interdire le grand lotissement spéculatif d'Alsemberg, par exemple, on interdit aux parents francophones déjà installés à Alsemberg de mettre leurs enfants dans les écoles francophones de Rhode-Saint-Genèse. Demain, on leur interdira sans doute les écoles d'Uccle et de Braine-l'Alleud, ce qui les obligera à vendre leur maison. On frappe les victimes du spéculateur, mais on laisse à ces derniers l'intégralité de ses droits.

Bruxelles enfermée ? Bruxelles socialiste ?

Le verrou actuel est injuste et inhumain. Il réussit cependant à intimider assez les « envahisseurs » bruxellois pour faire monter aux nues les prix des terrains dans les 25 communes, et plus encore dans les 19. Dès lors, le manque de place est la première réalité à laquelle la communauté bruxelloise devra faire face. Qui dit manque de place, dit spéculation foncière et prix forcés du logement.

La seule attitude saine, pour un parti socialiste, est donc de proposer la suppression de la spéculation foncière, c'est-à-dire la municipalisation (ou la « bruxellisation ») du sol des 25 communes. A ce besoin bruxellois, la majorité démocrate-chrétienne flamande, accrochée aux intérêts de la petite spéculation villageoise, type loi De Taeye[7], répondra « niet », et apportera l'appui massif de ses voix aux forces bourgeoises. Le Parlement belge unitaire laissera donc la rareté du sol se traduire en loyers exorbitants pour les travailleurs bruxellois. Le PSB dispose d'une majorité politique virtuellement absolue dans les 25 communes. Un Parlement bruxellois est pour lui non seulement l'occasion de s'affirmer politiquement, mais aussi celle de réaliser un morceau de socialisme urbain, et de servir efficacement les intérêts économiques des travailleurs bruxellois.

Bruxelles, la Flandre et le Fédéralisme

Conclusion

Le problème linguistique belge est un combat social. Dans ce combat, le socialisme est du côté qui assure la promotion culturelle et l'ascension sociale des masses. En Flandre, ce côté est celui de la langue néerlandaise. Il faut continuer la flamandisation de la Flandre, jusque et y compris celle de la gestion interne des entreprises. A Bruxelles, ce côté est celui de la langue française[8] et, de ce fait, Bruxelles a cessé d'appartenir au contexte flamand dont elle est issue. Elle constitue une communauté distincte, qui doit s'exprimer politiquement en une Ville-État autonome dans une Belgique fédérale. En effet, Bruxelles est d'abord une grande ville, un grand centre industriel, une communauté de travailleurs urbains. Ensuite, et subsidiairement, elle est le siège de quelques ministères belges et de quelques communautés européennes. Comme telle, elle doit accueillir décemment les fonctionnaires qui viennent résider dans ses limites.

Mais la courtoisie ne l'oblige pas à accepter un bilinguisme que la Flandre refuse pour elle-même, car aucune communauté ne peut vivre heureuse lorsque des groupes culturels s'y affrontent constamment. Pour échapper à cet enfer préfabriqué et imposé du dehors, Bruxelles doit réclamer sa liberté. Elle doit s'en servir aussi pour aménager sa vie quotidienne sur un territoire désormais étriqué. Cela implique la socialisation du sol, jointe à une grande politique de logement, à une politique du coût de la vie et à un urbanisme digne de ses ambitions. Telle est la tâche qui attend le socialisme à Bruxelles. Le moins qu'on puisse dire, c'est qu'il ne l'a pas encore comprise.

1 Cette assertion historique est plus que douteuse. Le Néerlandais le plus ancien a reçu des linguistes le nom « Vieux bas francique » (Oudnederfrankisch); il était parlé entre 700 et 1150. La noblesse franque parlait une langue germanique qui se dédoublera plus tard en bas et haut allemand. Le terme obsolète de « race » est ici employé dans le sens de groupe ethnique. (H.P.)

2 Sur la notion de « néocapitalisme » voir l'article *Le sens profond de la révolte de Louvain*, note 1. (H.P.)

3 Il s'agit de Léon CAPPUYNS. Cf. Annexe 1. (H.P.)

4 C'est-à-dire en attribuant des facilités linguistiques aux francophones. Voire la note 5.

5 Beaucoup de flamands ne seront pas d'accord avec cette affirmation. Il ne s'agit pas seulement de « par erreur », mais aussi de mépris et de ressentiment envers les flamands en tant que tel. (H.P.)

6 Il s'agit des 19 communes qui forment la Région Bruxelles-Capitale depuis 1989 et les 6 communes de la périphérie (donc en Flandre) et qui offrent des facilités linguistiques aux habitants francophones (Drogenbos, Kraainem, Linkebeek, Rhode-Saint-Genèse, Wemmel et Wezenbeek-Oppem).

7 La loi du 29 mai 1948, dite De Taeye, adoptée par le PSC et le PSB, instituait un système de primes pour l'achat d'un logement populaire, un stimulant très actif pour acquisition d'une propriété.

8 Il est possible que la rédaction de la Gauche n'était pas unanime sur cette question.

Bruxelles, la Flandre et le Fédéralisme

Le dirigeant syndical wallon André Renard s'adresse aux grévistes.
Liège, hiver 1960-1961

LE SENS PROFOND DE LA REVOLTE
DE LOUVAIN (1968)

Cet article, légèrement raccourci, s'adressait au public francophone belge. Il est publié dans La Gauche *du 10 et 17 février 1968. La révolte du mouvement étudiant flamand de l'Université Catholique de Louvain, qui comportait une section flamande et une section francophone, faisait écho aux révoltes de la jeunesse dans le monde. Mais ses liens avec le mouvement d'émancipation flamand sema la confusion chez les francophones. Comment pouvait-on accepter la revendication d'une université unilingue si cela impliquait une scission de l'UCL bilingue? Le monolinguisme de la Flandre (à l'instar de la Wallonie), vieille revendication du mouvement Flamand, n'était pas en vigueur au sein de cette université. Les étudiants se heurtèrent à l'hiérarchie de l'église et aux forces de l'ordre. À la longue, cependant, ils obtinrent gain de cause. Leurs actions incitèrent les étudiants d'autres universités (et pas seulement en Flandre) à revendiquer une démocratisation du système d'enseignement. Ceci donna naissance à des groupes d'obédience maoïstes, anarchistes et trotskistes. L'emploi du terme « néo-capitaliste » par Mandel souligne les nouvelles caractéristiques du capitalisme, comme la « programmation sociale », etc.[1] Il abandonnera ce terme quelques années plus tard, en remarquant qu'il n'impliquait en aucune façon (pas plus que celui de « capitalisme tardif » d'ailleurs) une nouvelle nature du capitalisme qui infirmerait les résultats analytiques de Marx et de Lénine: « L'ère du troisième âge du capitalisme n'est pas une époque nouvelle de développement du capitalisme, mais la poursuite du développement de l'époque impérialiste. »* (Le troisième âge du capitalisme, Paris 1997, p. 16)

Nationalité et Lutte de Classe en Belgique

L'ampleur des manifestations estudiantines provoquées par la volonté de l'administration de «Louvain francophone » d'assurer le maintien de cette section de l'Université catholique dans la ville flamande de Louvain, a surpris tous les observateurs, malgré les avertissements de 1966. La première constatation doit partir précisément de l'ampleur des manifestations. Il serait indigne de tout démocrate, sans parler d'un socialiste ou même d'un marxiste, d'expliquer ces cortèges quotidiens s'étendant progressivement à toutes les villes flamandes par l'influence prépondérante « d'agitateurs » ou de «chefs d'orchestre occultes». Il s'agit manifestement d'un phénomène social, qui doit avoir des causes sociales. La radicalisation des étudiants est un phénomène qui devient de plus en plus universel. Qu'on se rappelle les puissantes manifestations du Zengakuren japonais en 1960, le *free speech movement* de Berkeley (Californie) aux Etats-Unis, la montée du mouvement anti-guerre parmi les étudiants américains, les actions radicales des étudiants en Allemagne occidentale, l'agitation en faveur du «pouvoir noir» déclenchée par les étudiants noirs aux USA, les grandes manifestations contre le plan Fouchet des étudiants français, les récentes occupations de plusieurs universités italiennes par les étudiants, dont l'Université catholique de Milan, la révolte dos étudiants de Madrid et de diverses universités espagnoles, le mouvement provo à Amsterdam, la révolte des jeunes de Brême il y a quinze jours, etc., etc. Il est clair que l'explosion des étudiants flamands n'est pas un phénomène isolé et que, malgré ses particularités, elle reproduit dans notre pays une tendance qui se manifeste dans presque tous les pays du monde.

'L'explosion universitaire'

Dans les pays industriellement développés, les racines objectives de cette radicalisation doivent être mises en lumière. Il faut partir de «l'explosion universitaire», qui a considérablement accru le nombre d'étudiants de l'enseignement supérieur, ce qui correspond d'ailleurs à des besoins objectifs du mode de production capitaliste, à son étape présente de développement. Mais en fonction du développement inégal entre la 'consommation privée' et la 'consommation collective' (c'est-à-dire l'insuffisance des crédits alloués à l'enseignement supérieur), l'accroissement du nombre des étudiants a été à la base d'une crise presque permanente de l'université bourgeoise. Ni l'infrastructure matérielle de l'université (locaux, maisons et restaurants d'étudiants, bibliothèques, instruments de recherche, etc.), ni la structure de l'enseignement, ni la qualification du personnel universitaire, ni surtout la structure organisationnelle de l'université n'ont évolué en fonction des besoins résultant de cette 'explosion universitaire'.

Bref, une certaine démocratisation de l'accès aux études s'est faite dans le cadre d'une université qui, elle, n'est pas démocratisée, et qui devient une 'machine à diplômés'. Or, cette explosion a profondément modifié le recrutement social des étudiants. Alors que l'université était, dans le passé, presque exclusivement accessible aux fils de la grande bourgeoisie et des cadres supérieurs, l'augmentation du nombre des étudiants y a introduit, sinon un pourcentage majeur de fils de la classe ouvrière (ceux-ci restent victimes d'une discrimination résultant de la structure non démocratique de l'ensemble du système d'enseignement, à partir de l'école primaire), du moins un nombre considérable de fils et filles de la petite-bourgeoisie, des employés et des couches inférieures de fonctionnaires. Souvent, il s'agit d'étudiants qui, de par leur milieu d'origine, sont plus près des travailleurs que de la grande bourgeoisie. Souvent aussi, il s'agit d'étudiants qui sont confrontés avec des problèmes matériels quotidiens ignorés jadis par la masse estudiantine d'origine riche. De ce fait, la crise permanente de l'université bourgeoise aboutit nécessairement à une remise en question croissante de cette université et de la société bourgeoise dans son ensemble par une minorité importante d'étudiants politisés.

Nationalité et Lutte de Classe en Belgique

Les étapes d'une remise en question

Les étapes de cette remise en question sont bien connues, et Louvain flamand, où le nombre d'étudiants d'origine modeste est plus élevé que dans n'importe quelle autre université belge, en a fourni un exemple véritablement classique depuis quelques années :

1. Naissance du syndicalisme estudiantin à des fins purement matérielles (restaurants universitaires, coopératives de logement, grève contre les prix excessifs des repas).

2. Remise en question de la structure autoritaire de l'administration de l'Université, sur toutes les questions concernant le bien-être immédiat des étudiants.

3. Remise en question de cette même autorité en matière de politique universitaire (la décision de maintenir « Louvain francophone » a été prise en dépit de l'opinion de la majorité des étudiants et sans même consulter ceux-ci).

4. Naissance d'un sentiment de révolte à l'égard de toutes les structures autoritaires (celle de l'Université, de l'épiscopat, de l'Etat bourgeois, *du grand capital); C'est alors que naît le SVB. (Studenten Vakbeweging*, le mouvement syndical étudiant) dans le courant de 1967.

5. Elargissement de la prise de conscience grâce à une sensibilité plus nette à l'égard des grands problèmes internationaux (Vietnam, Cuba, guérillas d'Amérique latine). Il faut souligner le fait que des étudiants de sciences sociales peuvent plus facilement obtenir une vue globale de l'évolution sociale que des travailleurs manuels ou intellectuels, victimes de la division du travail et rivés à des tâches parcellaires qui tendent de les couper d'une vue d'ensemble du monde. Aussi n'est-ce pas par hasard que, tant sur la question du Vietnam que sur Che Guevara, l'Université de Louvain a connu des meetings plus larges et d'un esprit plus militant que n'importe quelle autre ville de Belgique. Il faut y ajouter que le souvenir du R.P. Camilo Torres, ancien étudiant de Louvain, tombé en héros à

la tête de guérillas en Colombie, y contribue également.

6. Tentative délibérée d'intégrer cette révolte contre les structures autoritaires et contre l'hypocrisie et le cynisme qui prévalent dans la société bourgeoise et dans les partis traditionnels dans une critique d'ensemble de la société néo-capitaliste.

7. Efforts de traduire dans les faits cette tentative d'orientation anticapitaliste (puissamment stimulée par les incidents de Zwartberg[2]) en prenant contact avec les travailleurs d'avant-garde, ce qui s'est soldé par l'effort des étudiants de Louvain d'aider les ouvriers des usines A.B.R. de Louvain d'occuper leur usine lorsque la Société Générale a annoncé leur fermeture.

Une particularité...

Sur cette évolution qui ne fait que reproduire en Belgique ce qui s'est passé dans maints autres pays se greffe évidemment une particularité: le conflit des nationalités dans notre pays et les antécédents politiques et idéologiques du mouvement estudiantin à Louvain. Sa tradition est nettement nationaliste petite-bourgeoise. Comme partout en Flandre, ce nationalisme avait été à prédominance démocratique et socialisant dans la période 1918-29, a été largement influencé sinon accaparé par des forces fascistes dans la période 1930-44[3], et a connu un examen de conscience et un réalignement généralisé au lendemain de la deuxième guerre mondiale, processus qui est loin d'être terminé. Autant il serait erroné de présenter la masse des étudiants politisés de Louvain comme des «racistes» ou des «xénophobes», sinon comme des «semi-fascistes», autant il serait déplacé d'ignorer que des influences réactionnaires s'exercent encore sur cette masse.

Décléricalisation

En fait, l'évolution de cette masse peut être résumée par la formule de décléricalisation. Le choc émotionnel provoqué par le refus de l'épiscopat de respecter à Louvain la volonté de l'immense majorité du peuple flamand de maintenir le caractère homogène, du point de vue linguistique, de l'enseignement en Flandre, a fait fondre comme neige au soleil l'influence politique du PSC et du haut clergé parmi le corps estudiantin de Louvain. Ainsi s'est créé un grand vide, où deux forces luttent pour le moment pour conquérir l'influence prédominante:

- les forces de la Volksunie, qui se cramponnent à un nationalisme d'essence culturelle et linguistique, caractérisé par le cri « Walen buiten » (les Wallons dehors), qui recherchent une alliance exclusivement dans la petite-bourgeoisie et la bourgeoisie moyenne flamande, et qui représentent l'arrière-garde du mouvement, le poids du passé sur le présent.

- les forces des syndicats estudiantins, qui cherchent à étendre la révolte estudiantine vers la même prise de conscience anticapitaliste qu'ils ont eux-mêmes vécue il y a quelques années, qui essayent de substituer au cri « Walen buiten » le cri « bourgeois buiten », qui recherchent délibérément l'alliance avec les syndicats ouvriers et les milieux de travailleurs d'avant-garde, tant en Flandre qu'en Wallonie et à Bruxelles, et qui représentent manifestement l'avant-garde du mouvement, l'annonce de l'avenir déjà en marche.

En comprenant qu'il s'agit d'une lutte au sein d'une masse estudiantine qui, demain, influencera profondément toutes les organisations de masse flamandes, on comprend l'importance pour le mouvement ouvrier d'une attitude qui n'aboutit ni à l'abstentionnisme, ni à la diversion, mais qui jette son poids dans la balance pour permettre aux forces flamandes progressistes d'arracher de manière durable la direction du mouvement flamand aux forces de droite.

On peut dire qu'on se trouve devant une responsabilité véritablement historique, car c'est la rupture entre le mouvement ouvrier et le mouvement flamand, pourtant d'origine et de portée essentiellement démocratique et sociale, qui a largement empêché dans ce pays, pendant plus d'un demi-siècle, la percée de l'extrême-gauche et du socialisme. Il y a aujourd'hui une occasion qui peut permettre de surmonter cette rupture. Ceux qui refusent de le faire ou qui empêchent de marcher dans cette voie prennent la responsabilité d'une nouvelle phase de paralysie de fait des forces de gauche. Pareille orientation correspond aux principes doctrinaux défendus par la CST et acceptés, du moins en partie, par une fraction importante de la gauche.

Louvain et le droit des peuples

La demande du transfert en Wallonie de la section francophone de l'Université de Louvain correspond aux exigences du droit démocratique des peuples à disposer librement d'eux-mêmes, et reflète les impératifs du fédéralisme, réclamé à la fois par le peuple wallon et par le peuple flamand. Elle est donc conforme à nos principes. Mieux: refuser ce transfert, c'est jeter le doute sur la sincérité des professions de foi fédéralistes, c'est renforcer le soupçon que les francophones de ce pays réclameraient à la fois le fédéralisme pour échapper à leur minorisation au sein de l'Etat unitaire et le droit de continuer à grignoter le caractère homogène, du point de vue culturel et linguistique, de la Flandre, c'est-à-dire réclameraient à la fois l'autogouvernement pour la Wallonie et le refus d'autogouvernement pour la Flandre.

Il est évident que si le mouvement wallon devait par malheur adopter pareille position, la lutte pour le fédéralisme serait irrémédiablement condamnée à l'échec. S'il devait par contre comprendre l'utilité d'élargir toutes les brèches qui apparaissent dans les structures de l'Etat unitaire bourgeois, il préparerait la nécessaire et inévitable confluence des forces populaires wallonnes et flamandes, qui jetteraient bas et l'Etat unitaire et le capitalisme en Belgique.

Il est grand temps de prendre la mesure exacte du mouvement flamand et de la révolte de Louvain. C'est une nécessité vitale pour le mouvement ouvrier belge; la désunion entre ces deux

Nationalité et Lutte de Classe en Belgique

mouvements a empêché depuis un demi-siècle toute percée de l'extrême-gauche socialiste.

Pour comprendre la révolte de Louvain, il faut partir, en premier lieu, de la radicalisation des étudiants, phénomène universel qui se manifeste aux USA comme au Japon, à Berlin à Milan comme à Madrid. Les étudiants de l'enseignement supérieur sont aujourd'hui en grande partie d'origine petite bourgeoise et ils ressentent, à plus d'un titre, et plus vivement peut-être qu'aucune catégorie sociale, l'oppression particulière du système néo-capitaliste inscrite dans les structures de l'université.

D'autre part, cette jeunesse instruite prend conscience des grands problèmes internationaux de l'heure, le Vietnam, Cuba, l'Amérique latine. Pour comprendre la révolte de Louvain il faut partir, en second lieu, du mouvement d'émancipation du peuple flamand, enfermé jusqu'ici dans un stérile conflit de nationalités.

D'origine démocratique, le mouvement flamand est en train de franchir le cap de la décléricalisation et de la prise de conscience anticapitaliste. Il faut donc que tous les ouvriers du pays, flamands et wallons, jettent leur poids dans la balance pour permettre aux forces flamandes progressistes d'arracher, de manière durable, la direction du mouvement flamand aux forces de droite. Cette orientation correspond profondément aux principes doctrinaux défendus par la CST[4]. La demande du transfert en Wallonie de la section francophone de l'Université de Louvain est un pas décisif vers le fédéralisme qui jettera à bas l'Etat unitaire et le capitalisme en Belgique.

Qu'il s'agisse vraiment d'un test de sincérité des convictions fédéralistes, voilà ce qui se confirme à la lumière du fait que toutes les formations politiques flamandes, y compris les socialistes flamands lors de leur récent congrès de Klemskerke, y compris le *Liberaal Vlaams Verbond* (l'Union libérale flamande), pourtant des plus modérés, se rallient à la thèse de 'Louvain Flamand'. On peut difficilement contester dans ces conditions qu'ils s'agisse d'une revendication émanant de toute la nationalité flamande et qu'on piétine dès lors les droits des nationalités en refusant d'acquiescer à cette revendication.

Trois arguments ont été opposés à ce raisonnement

Le premier, émanant des mouvements fédéralistes wallons, part de la constatation qu'il y a tout un contentieux flamando-wallon; que dans ce contentieux on ne peut isoler un facteur et que si l'on donne satisfaction aux Flamands sur la question de Louvain on affaiblit d'autant la position des négociateurs wallons lors de la discussion de ce contentieux d'ensemble. C'est un point de vue de marchandage politique, qui tourne délibérément le dos aux principes. Comment les mouvements wallons pourraient-ils réclamer l'application du, principe des nationalités et de l'autodétermination aux Fourons[5]; comment les Bruxellois pourraient-ils réclamer le droit d'autodétermination pour l'agglomération bruxelloise, en refusant en même temps l'application du même principe au peuple flamand et aux étudiants de Louvain? C'est d'ailleurs un point de vue de marchandage politique inefficace, car il place les mouvements wallons, d'essence populaire et progressiste, en porte-à-faux, en alliance avec les pires formes réactionnaires et cléricales, bouchant ainsi l'avenir d'une unité d'action des travailleurs wallons et flamands.

Le deuxième, émanant des défenseurs de l'école officielle, exprime la crainte que le transfert de 'Louvain-francophone' en partie en Wallonie et en partie à Bruxelles (plan en voie de réalisation avec la Faculté de médecine à Woluwe), n'aboutisse en définitive à renforcer le réseau d'enseignement catholique, aux dépens de l'enseignement officiel. Certains vont même jusqu'à voir dans toute « l'affaire de Louvain » une machination diabolique de l'épiscopat pour arracher les subsides nécessaires au financement d'une nouvelle université catholique, qui modifierait à la longue les rapports de forces idéologiques et politiques en Wallonie. Un tel raisonnement est fréquent dans les milieux PSB flamands qui, par peur de se prononcer, présentent Louvain comme une «diversion», une nouvelle guerre scolaire.

A ceux-là il faut répondre franchement que comme Paris, le fédéralisme vaut bien une messe[6]: André Renard[7] lui-même avait promis une université catholique aux Wallons croyants, dans le cadre d'une Belgique fédérale ; que l'Eglise de 1968 n'est plus l'Eglise de 1848 ou de 1893, et certainement pas l'ennemi n°1 du mouvement ouvrier de ce pays et que ce sera aux croyants francophones eux-mêmes à débattre de la nature de l'Université de Namur[8], qui pourrait fort bien devenir une université pluraliste en échange de la création d'une nouvelle université pluraliste à Anvers. En tout cas, il est évident que donner la priorité à ce genre de conflit sur la possibilité de faire basculer une partie de l'intelligentsia flamande du côté de la gauche serait commettre une erreur politique impardonnable.

Il est d'ailleurs devenu très clair que c'est pour des raisons profondes que le clergé et la bourgeoisie tentent systématiquement de déformer la portée de la lutte des étudiants flamands. L'implantation de l'université francophone en Wallonie intégrerait celle-ci plus étroitement parmi la population et accélérerait également le processus de démocratisation de cette partie de l'université catholique. D'autre part, cette implantation représenterait un éclatement des structures unitaire et faciliterait grandement l'instauration du fédéralisme.

Tolérance ou égalité?

Le troisième argument, émanant des milieux libéralisants et sociaux-démocrates de Bruxelles, met en avant la défense de la liberté individuelle, et voit dans l'exigence d'une université homogène flamande à Louvain un relent de racisme réactionnaire devant lequel il ne faut abdiquer à aucun prix. Ces mêmes milieux s'étaient d'ailleurs déjà opposés avec le même argument contre la création d'une université flamande à Gand, il y a quarante ans. Il

Le Sens Profond de la Revolte de Louvain

suffirait de demander à ces messieurs la réciproque (c'est-à-dire la création d'une université flamande à Liège ou à Charleroi), pour s'apercevoir où se trouve le véritable nationalisme; car il est manifeste qu'ils réclament pour eux-mêmes des droits qu'ils se refusent avec obstination d'accorder à d'autres, partant de la notion purement raciste de «supériorité» de la culture française sur la culture néerlandaise.

En réalité, ce qui est en jeu, ce n'est pas le principe de tolérance, pas plus qu'il n'est en jeu dans n'importe quel pays au monde où des nationalités jadis opprimées réclament la plénitude de leurs droits, mais le principe d'égalité. La tolérance ne peut être pratiquée qu'entre égaux. A l'époque de la colonisation, réclamer une extension de l'enseignement français en Algérie n'était pas faire preuve de tolérance, mais défendre des structures iniques et inégales. Une fois l'indépendance acquise, la tolérance (et même l'extension) de l'enseignement français a pu être négociée (autre chose est de savoir si cette négociation a été entièrement acquise vu les liens de dépendance néo-coloniale qui lient l'Algérie actuelle à la France).

Le devoir des forces de gauche est donc clair. Elles doivent appuyer l'avant-garde progressiste des étudiants de Louvain, les aider à donner une orientation fédéraliste anticapitaliste à leur lutte, contribuer à l'établissement d'une alliance durable entre eux et l'avant-garde du mouvement ouvrier, en donnant un appui à la revendication « Louvain francophone en Wallonie». Elles doivent également dénoncer les brutalités de la gendarmerie, la nuisance des lois dites «du maintien de l'ordre » et le caractère profondément antidémocratique de l'Etat bourgeois, dès que les masses se mettent à agir. Elles doivent ensuite amplifier la prise de conscience démocratique, anti-autoritaire et anticapitaliste des étudiants de Louvain en élaborant avec eux un programme cohérent de revendications portant sur la nature de l'université, programme qui ne débouche pas seulement sur l'idée de pré-salaire, mais encore sur celle d'une participation directe, avec droit de veto, de représentants élus des étudiants à l'administration des universités.

1   La notion « néo-capitalisme » apparaît chez Mandel pour la première fois dans son article « L'Apogée du néo-capitalisme et ses lendemains" in *Les Temps Modernes*, # 219-220, août-sept. 1964, pp. 193-210. Une version anglaise parut dans *The Socialist Register 1964* sous le titre « The Economics of Neocapitalism ».

2   La mine de charbon de Zwartberg (un quartier dans la ville limbourgeoise de Genk) ferma ses portes en 1966. La résistance des mineurs en grève fut réprimée avec violence. On compta deux morts.

3   Le roman *Le Chagrin des Belges* (1983) de l'écrivain flamand Hugo CLAUS peint une image critique et ironique du mouvement flamand de cette période.

4   La Confédération Socialiste des Travailleurs vit le jour après l'exclusion de La Gauche du PSB en 1964.Elle comportait trois partis: wallon, bruxellois et flamand. Sa vie fut de courte durée.

5   Suite au dénombrement linguistique de 1963 les Fourons furent transférés de la province de Liège à la province flamande du Limbourg, obéissant au principe que les dialectes traditionnels locaux appartenaient à la langue néerlandaise. La légère majorité francophone se révolta contre cette décision.

6   Une référence à Henri IV qui sacrifia sa foi protestante pour s'accaparer de la ville catholique de Paris.

7   Pour André Renard consultez l'article « La Belgique entre néo-capitalisme et socialisme ».

8   L'UCL possédait une « sous-section » à Namur, base possible d'une université à part entière. En fin de compte on choisit d'établir l'université francophone à Louvain-la-Neuve dans le Brabant wallon.

FÉDÉRALISME ET AMENAGEMENT DU TERRITOIRE (1968)

Ce curieux article, mélange d'optimisme et de confiance naïve en la technologie pour améliorer les conditions sociales, donne l'impression d'accepter la mégalopole comme phénomène nécessaire. Il parait dans La Gauche, le 26 octobre 1968. Le sursaut des luttes cette année-là a sans doute joué un rôle dans la vision futuriste d'Ernest Mandel. A partir de quelques études d'architectes et d'urbanistes qui, dans la mouvance de Mai 68, remettaient en question les idées traditionnelles de leur profession, Mandel établit un lien intéressant, bien qu'utopique, entre l'aménagement du territoire, l'habitat, la façon de vivre et les contradictions propres à la Belgique. Et cela avant que les contestataires du régime en place ne s'emparent des idées écologistes. Nous ne prétendons pas que Mandel était alors à la pointe de la conscience écologique, ainsi il accepte encore la technologie nucléaire[1]. Mais quand il remarque que la bourgeoisie belge masque son pouvoir derrière les contradictions culturelles et territoriales, il pointe un point crucial: tant que la Belgique ne connaîtra pas un véritable fédéralisme, c'est-à-dire un fédéralisme anticapitaliste, la bourgeoisie utilisera ces contradictions pour opposer Flamands et Wallons. Ce fédéralisme révolutionnaire exige une lutte assidue contre le capital. Comme nous l'avons noté dans l'introduction, la Belgique est devenue aujourd'hui un État fédéral, mais le capitalisme y règne. L'article s'adresse à « l'avant-garde ouvrière naturelle wallonne » pour employer un concept de Mandel. Mais posons-nous la question suivante: si, comme le dit le Manifeste communiste, la classe dominante produit un monde à son image, il faut se demander de quel régime et de quelle classe le projet urbanistique de Mandel est l'image.

Nationalité et Lutte de Classe en Belgique

L'organisation des transports publics, le logement, les schémas de circulation, la reconstruction des villes et leur adaptation aux besoins nouveaux de la vie des hommes restent soumis dans les pays capitalistes aux intérêts économiques dominants dans la société.

L'urbanisme, l'architecture, l'aménagement du territoire posent des problèmes qui sont moins d'ordre technique que d'ordre politique. La vie quotidienne de millions d'hommes est résolue, dans ces domaines également, en fonction des intérêts immédiats des trusts ou des spéculateurs fonciers. Et les décisions des « pouvoirs publics » (quand ils décident par exemple de supprimer une ligne de chemin de fer, de construire une autoroute, d'aménager à tel endroit un quartier de banques ou un quartier d'habitations, etc.) restent tributaires d'autres pouvoirs que le leur. Là également, l'Etat bourgeois révèle sa vraie nature d'instrument au service des classes dominantes.

Architectes et urbanistes ont également été touchés par ce que l'on a appelé « le mouvement de contestation » et les plus lucides d'entre eux ont choisi de dépasser le cadre de revendications corporatistes (l'organisation de leurs professions) pour s'attaquer à ce qui détermine en fin de compte les choix qu'ils sont amenés à faire: la nature capitaliste du régime (lire à ce propos *La Gauche* du 17 août où nous rendions compte de la réunion d'Etats généraux de l'Architecture et de l'Urbanisme).

La revue *Synthèse* a consacré son numéro de mai-juin aux problèmes de l'urbanisme. Dans les contributions de J. Remy, J.-P. Blonde, P. Laconte et P. Puttemans en particulier, un militant socialiste peut trouver matière à réflexion.

Des choix politiques

« *Il faut repolitiser l'urbanisme* » écrit Blondel. Très bien, encore faut-il que le débat politique sur les choix urbanistiques ne soit pas une mêlée confuse dont quelques intérêts financiers sortiraient

174

Fédéralisme et Amenagement du Territoire

encore vainqueurs. Pour qu'un tel débat soit sur le terrain d'un combat progressiste, il faut que le citoyen ait des idées générales sur l'évolution de la société non seulement en ce qui concerne les rapports de production et les rapports de force entre classes sociales, mais aussi en ce qui concerne l'agencement dans l'espace des activités des hommes.

J. Remy pose le problème : « Se demander si l'avenir est aux grandes concentrations urbaines ou si, au contraire, on doit retourner vers une plus grande dissémination de la population ». Pour qui veut le fédéralisme dans un pays où deux peuples voient leur activité se concentrer de plus en plus dans une grande ville, la question est d'importance. L'auteur n'y répond pas exactement, il fait plutôt un inventaire des avantages et des inconvénients de la ville par rapport au village, pour l'employeur et pour le travailleur. Dans une grande ville, l'employeur peut choisir une main-d'œuvre mieux adaptée parmi un plus grand nombre de travailleurs. Ceux-ci y trouvent une plus grande liberté individuelle dans le choix non seulement de l'emploi, mais aussi des loisirs et des relations personnelles.

Ceci pour les avantages, mais quelles sont les tendances objectives? Dispersion de l'habitat, à la recherche de la nature et de l'isolement, répond J.-P. Blondel, dispersion facilitée par cette ubiquité d'une partie des loisirs culturels qu'apporte la télévision. C'est une mobilité croissante qui a permis cette dispersion: le tram a permis les banlieues, l'auto conduit à la campagne. Mais l'emploi continue à se concentrer dans le centre des villes du fait de la mécanisation de l'agriculture, de l'automatisation de l'industrie, du secteur tertiaire, amalgame de fonctions où les communications jouent un rôle important. Les gens qui continuent à habiter dans le centre des villes sont essentiellement les prolétaires les plus pauvres qui ne peuvent pas acheter d'auto et qu'un emploi fragile maintient à proximité des nœuds de transports en commun où ils pourront trouver un nouvel emploi sans déménager. C'est le développement des « colonies » espagnoles et marocaines près des grandes gares à Bruxelles.

La tendance générale est donc: dispersion de l'habitat, concentration de l'emploi, ceci dans les limites permises par les moyens de transport.

Automobile individuelle ou transports publics?

Le plus souple est l'auto, c'est aussi le plus encombrant: P. Laconte montre qu'un automobiliste occupe en moyenne soixante à cent fois plus de place qu'un usager des transports en commun. La généralisation de l'automobile provoque l'asphyxie du centre de la ville : pertes de temps dans les embouteillages ou à la recherche d'un parking Des travaux coûteux défigurent le centre historique. On sacrifie la ville-pour-vivre à la ville-pour-y-rouler.

Mais les nouvelles voies de circulation sont rapidement saturées aux heures de pointe, dans la mesure même où elles rendent la circulation possible. Car chacun n'a pas encore son auto et le nombre de celles-ci peut encore au moins doubler. Le nombre des voitures particulières en circulation augmente d'autant plus vite que le tram et le bus offrent encore plus d'inconvénients pour l'usager: ils sont ralentis par les autos et, dans un contexte de rentabilité à assurer, la diminution de leur clientèle diminue la fréquence des services et augmente les prix.

Il y a des solutions immédiates: couloirs de circulation réservés aux bus, tram et bus gratuits, parking payant partout où il y a saturation; le contrôle des parcmètres ouvrirait des emplois compensant la suppression des receveurs de tram, le produit des parcmètres couvrirait les frais de transports en commun. Mais ces solutions vont à rencontre d'un individualisme et d'un fétichisme de « l'auto-symbole-de-promotion-sociale » qui s'étayent mutuellement.

Cette asphyxie du centre urbain, qui est aussi celle des citadins par les gaz d'échappement, et l'augmentation du prix des terrains arrivent à contrebalancer les avantages de l'accès à un grand réservoir de main-d'œuvre et de communications faciles a l'origine. L'asphyxie conduit à la désintégration urbaine, c'est-à-

Fédéralisme et Amenagement du Territoire

dire à « une certaine migration des commerces, des bureaux et même des centres culturels et de délassement vers la périphérie, provoquant dans bien des cas le dépérissement de la cité ». Cette décentralisation de l'emploi n'affecte cependant pas uniformément tous les secteurs d'activité.

Les usines semi-automatisées qui emploient surtout des manœuvres spécialisés, peuvent facilement s'implanter à la campagne et puiser l'essentiel de leur main-d'œuvre dans la population locale; les salaires plus bas compensent, pour le patron, les appointements plus élevés qui ont convaincu quelques cadres et techniciens de quitter la grande ville. Par contre, les usines qui emploient essentiellement des ouvriers professionnels et des techniciens, les bureaux d'étude, les organisations commerciales et les administrations ont besoin de pouvoir choisir leur main-d'œuvre qualifiée dans la grande ville où elle est d'ailleurs moins chère.

Cette restriction est-elle provisoire, et allons-nous vers une dispersion uniforme de l'habitat et de l'emploi? On peut croire que le développement des moyens de communication électroniques va permettre aux gens de travailler ensemble tout en étant très éloignés dans l'espace, donc sans devoir s'entasser dans des bureaux; on retournerait au travail à domicile, et celui-ci pourrait être choisi avec la plus grande liberté. Mais rien ne dit que cette liberté conduira à une dispersion toujours plus grande à l'époque où la distinction entre lieu de travail et lieu de repos s'estompera en même temps que la distinction entre travail et loisir, c'est-à-dire à l'époque du socialisme avancé.

Si aujourd'hui beaucoup s'isolent dans leur maison de banlieue ou de campagne – ou rêvent de pouvoir le faire – c'est pour échapper aux agressions de l'usine et de la rue. Quand celles-ci auront disparu, le besoin de vivre en société peut prendre le dessus.

L'urbanisation de la Wallonie

En fait, il est hasardeux de deviner comment voudront vivre nos descendants libérés de contraintes qui déterminent fortement nos propres jugements; il faut donc rester à l'affût des tendances qui se font jour dans les pays industriels les plus avancés. On y constate que dans certaines régions fortement peuplées, les villes en s'étendant finissent par former une agglomération à plus grande échelle, appelée conurbation ou nébuleuse: la « mégapole » du nord-est des Etats-Unis qui s'allonge de Washington à Boston ou la *Randstad Holland* qui englobe Rotterdam, La Haye et Amsterdam.

On constate aussi qu'on y demande de nouveaux moyens de transport en commun et que là où ils existent apparaissent des « super-blocs, véritables villes dans la ville, unités intégrées de commerces, de bureaux et d'appartements où le piéton est roi, mais construites au-dessus des gares de chemins de fer et de métro ». De cette modalité de renouveau du centre urbain, le Centre Rogier offre un premier exemple en Belgique.

La mégapole du nord-est des Etats-Unis ne souffre pas seulement de la congestion de ses autoroutes, mais aussi de celle des aérodromes. A cette super-ville, il faut un super-métro et qui approche de la vitesse de l'avion. Or, de nouvelles techniques de transport terrestre font l'objet d'études, surtout en France et aux Etats-Unis, où les pouvoirs publics ont déjà accordé d'importants contrats d'étude aux plus grosses sociétés industrielles. Moteur électrique linéaire, coussin d'air, train suspendu, tunnel «vide», une combinaison de plusieurs de ces techniques peut donner dans peu d'années un véhicule terrestre qui circule à une vitesse moyenne de l'ordre de 300 km/h.

Son installation sera plus coûteuse que celle du chemin de fer classique, du fait des techniques mêmes et parce que, pour exploiter ses avantages, il doit pénétrer au centre même des villes existantes. Il ne sera rentable que là où le débit peut devenir très important, c'est-à-dire entre les centres de quelques villes qui ont formé une nébuleuse urbaine. Inversement, si les pouvoirs publics font le sacrifice de l'implantation d'un tel moyen de transport dans une région où la population est dense mais dispersée, comme le sillon industriel wallon, cette région peut devenir une vraie ville. Mais l'augmentation de la vitesse des transports en commun n'est pas le seul axe des recherches en cours. Le transport individuel peut aussi évoluer. La voiture électrique diminuera bientôt la pollution atmosphérique dans les villes. Un ordinateur pourrait agglomérer les voitures en « trains » et les téléguider sur les autoroutes pour laisser le conducteur reprendre son autonomie sur les petites routes; on évite ainsi le transbordement de l'usager dans des gares-parkings et la distinction entre transport individuel et transport en commun tend à s'estomper. Il est clair que cet autre axe de développement est lié à la dispersion de l'habitat, qui n'est pas une donnée immuable. P. Laconte écrit dans Synthèses que « le visage futur des villes, lieux d'échanges, sera fonction essentiellement des techniques de transport qui y domineront ». On peut aller plus loin et dire que le projet urbanistique futur associera étroitement l'aménagement de l'espace et le choix des techniques de transport et de communication, donc le choix des voies de développement technologique.

On voit dès à présent qu'il faudra choisir entre une certaine concentration de l'emploi et de l'habitat, associée à un moyen de transport en commun rapide et un habitat dispersé associé à des transports individuels sophistiqués. Des choix comme celui-ci seront l'objet par excellence de la démocratie socialiste.

L'unitarisme et les contradictions qu'il engendre

Une ville, en un sens, n'est qu'un espace où sont concentrés des emplois de transport permettant à n'importe qui d'aller travailler n'importe où. Si on considère que les gens admettent, en moyenne de consacrer une à deux heures par jour au trajet domicile-travail, une ville peut avoir, avec les moyens de transport actuels, un rayon maximum de 300 Km, et les nébuleuses actuelles pourront devenir de vraies villes.

Nationalité et Lutte de Classe en Belgique

Dans les réalisations en cours, on distingue déjà cette tendance. A côté du métro classique, destiné à décongestionner la circulation en surface dans le centre de la vieille ville, comme on en construit encore à Stockholm, Bruxelles, Rotterdam ou Prague, il y a déjà d'autres réalisations. Celles-ci font toujours appel à la technique classique de la roue porteuse et motrice mais poussée à la limite de ses possibilités et réunissent un chapelet de villes importantes. Le Tokaïdo couvre les 500 Km de Tokyo à Osaka en trois heures avec un dizaine d'arrêts. Le Bay Area Rapid Transit décrit une boucle de 100 Km autour de la Baie de San Francisco.

On peut dire que le véritable métro de Bruxelles n'est pas celui que l'on construit, mais le réseau de la SNCB. Gand, Anvers, Mons, Charleroi et Namur sont des villes satellites de Bruxelles avec laquelle elles forment une conurbation de 6 millions d'habitants. La SNCB en est bien le métro, utilisé par 150.000 provinciaux qui viennent travailler chaque jour au centre de Bruxelles. On peut se féliciter de l'existence de ces villes satellites qui manquent cruellement à d'autres capitales, qui équilibrent l'attraction du centre et lui évitent une congestion insurmontable[2]. Cet équilibre existe avec Anvers et Gand, puisque les investissements industriels en Flandre ont permis une certaine migration de Flamands de Bruxelles vers la Flandre.

Mais on ne peut pas parler d'équilibre entre Bruxelles et le Hainaut dont le déclin économique pousse les habitants à Bruxelles comme immigrants ou navetteurs. Par ce double mouvement, la population de Bruxelles est de plus en plus francophone. Mais elle trouve, sur les lieux de travail, un bilinguisme qui entre de plus en plus dans les faits sous la triple poussée des revendications culturelles flamandes du développement industriel de la Flandre et de la concentration commerciale et administrative dans la capitale.

Pour les trois composants de cette conurbation belge, les contradictions économiques, culturelles et territoriales sont étroitement imbriquées : les Flamands ont vu, dans leur région, l'industrie se développer, mais autour d'un pôle qui exerce une attraction grandissante tout en leur restant étranger, bien qu'établi sur leur territoire. Les Wallons, devant l'hémorragie de l'emploi, ont le choix entre la navette et le déménagement à Bruxelles où le handicap de leur unilinguisme s'ajoute à leur rancœur. Le Bruxellois se décide alors à repasser la frontière linguistique et répand la laideur de la banlieue sur le Brabant wallon, retournant à mi-chemin d'où vient le nouvel immigrant wallon. Avantage du contact des cultures ? Les deux moitiés de l'université de Louvain s'ignorent : à l'Université de Bruxelles, on demande le dédoublement complet ainsi que d'autres institutions.

Le fédéralisme permettrait un autre aménagement du territoire

On peut croire la centralisation irréversible et juger le fédéralisme utopique ou inadéquat. Mais il faut se rappeler que cette concentration urbaine de l'emploi est d'abord un aspect de la concentration capitaliste au profit d'une bourgeoisie qui camoufle son pouvoir derrière ces contradictions culturelles et territoriales.

On peut répondre que la concentration du capital n'est qu'un aspect d'une socialisation croissante du processus de production et qui se poursuivrait après l'élimination du capital.
Mais après cette élimination, dès à présent s'ils le veulent, les travailleurs pourront choisir le cadre de cette socialisation. Et plutôt que de continuer à cohabiter en s'ignorant dans le magma urbain de Bruxelles et ses villes satellites, juger préférable de reconstruire progressivement l'emploi et l'habitat selon les possibilités de la technique la plus récente et d'un terrain relativement vierge en plein cœur de la Flandre et de la Wallonie.

Or, les infrastructures urbaines ont la force de leur durée qu'on ne peut supprimer d'un trait de plume ou d'un vote. Pour renverser la vapeur, la Flandre et la Wallonie ont besoin chacune d'un pôle d'attraction à opposer à Bruxelles. En Flandre, Anvers peut jouer ce rôle. En Wallonie, il y a au moins deux centres secondaires: Liège et Charleroi, quatre avec Namur et Mons, dont les particularismes sont exacerbés par l'immobilisme devant la décadence.

Pour que ce sillon industriel wallon cesse de devenir la banlieue grise de Bruxelles, il faut, bien sûr, y créer de nouvelles entreprises que le capitalisme refuse, mais il faut aussi en faire une ville, une seule ville. Le nouveau moyen de transport qui va voir le jour en offre la possibilité. Les vieilles concentrations urbaines et industrielles qui groupent l'essentiel de la population wallonne sont précisément alignées dans ce sillon Sambre et Meuse. Une seule ligne de super-métro suffit donc et est immédiatement « rentable ».

La mise au point et la construction de ce super-métro est d'ailleurs un domaine d'activité tout trouvé pour notre construction électromécanique à la recherche de nouveaux produits. Suivant l'époque où serait prise la décision de le construire, ce super-métro pourrait d'ailleurs appliquer l'état le plus avancé des techniques classiques plutôt que des techniques nouvelles. Cela, c'est l'affaire du technicien.

Celle du citoyen est de savoir que la centralisation – démocratique – de la production et de la gestion autour d'un pôle wallon plutôt que du pôle bruxellois demande un nouveau moyen de transport assez rapide pour faire de la Wallonie une ville unique. C'est peut-être une condition de succès de la voie « Fédéralisme et réformes de structure ».

Il faut rêver disait déjà Lénine

Sacrifions à l'utopie : dans vingt ans, en 1990, l'Etat fédéré wallon a créé quelques industries modernes à Liège et à Charleroi, une partie importante des ministères est installée à Namur. Le super-métro permet d'aller de Lille à Aix-la-Chapelle en une heure une ligne perpendiculaire met la cité administrative ou l'Université de Namur à dix minutes de l'aéroport, toujours à Zaventem, ou du Centre européen de recherches nucléaires de Focant.

Fédéralisme et Amenagement du Territoire

Grâce à cette ligne Nord-Sud, des Bruxellois de plus en plus nombreux viennent travailler à la cité administrative de Namur. Des lignes transversales de métro classique à Liège, Charleroi, La Louvière et Mons rapprochent la population et les entreprises des gares du super-métro. La voiture particulière reste le complément de ce réseau de transports en commun, car la répartition de l'habitat, encore relativement vétuste, a peu évolué; on a donné la priorité à la reconstruction d'une industrie et aux transports.

On a cependant commencé à construire sur le plateau du Condroz, parallèlement à la vallée de la Meuse, un chapelet de « villages verticaux », distants de 5 km, qui groupent chacun, dans un bâtiment unique, au milieu d'un parc de 500 hectares, le logement de vingt mille habitants, et tous les services qui peuvent être décentralisés à cette échelle. Au sous-sol, la gare du métro classique qui dessert le chapelet met votre appartement à moins d'un quart d'heure de la gare de super-métro la plus proche. Le plan prévoit de commencer en l'an 2000 la construction d'un chapelet analogue entre Namur et Mons.

La Gauche n'est pas une feuille de science-fiction, me direz-vous; il faut abattre le capitalisme et ensuite les travailleurs jugeront eux-mêmes de ce qui leur convient. Sans doute, mais le socialisme n'est qu'un cadre. Pour le rendre désirable, il faut meubler ce cadre des projets possibles. Fédéralisme et réformes de structure, pour quoi faire? Et que fabriquera-t-on dans ces entreprises d'initiative publique qui doivent permettre une vraie reconversion?

Des critères doivent être définis, il faut commencer à élaborer le plan économique et le plan d'aménagement du territoire. Ces plans resteront généraux et relativement abstraits car le détail des possibilités technologiques futures reste une inconnue. Mais il faut parfois en éclairer certaines faces par un développement concret et précis, pour mettre en évidence les possibilités que le capitalisme laisse en friche et pour susciter un débat qui ravive l'intérêt des travailleurs pour le Socialisme.

Nationalité et Lutte de Classe en Belgique

Résumons

- Les villes, qui se sont étendues par l'auto, étouffent par elle.

- La mobilité a apporté une certaine liberté, mais pour pouvoir l'exercer, il faut retourner à l'emploi massif du transport en commun.

- De nouvelles techniques de transport terrestre en commun sont à l'étude.

- Les villes doivent être reconstruites en fonction de ces transports et il est plus facile de construire du neuf que d'adapter du vieux.

- En Belgique, la centralisation, dans la capitale, de l'activité de deux peuples qui ont pris coscience, l'un de son déclin, l'autre de sa personnalité culturelle puis de son développement industriel, conduit à des conflits culturels qui aident la bourgeoisie à préserver son pouvoir, mais ajoutent aux contraintes matérielles de la vie urbaine.

- L'habitat d'un de ces peuples est partagé entre cette capitale et un chapelet de bassins industriels qui perdent rapidement leur emploi et plus lentement leur population.

- Le pays noir devient la banlieue grise de Bruxelles, relié à elle par ce médiocre métro de conurbation qu'est le vieux chemin de fer.

- La disposition en long de ces vieilles concentrations urbaines permet d'y utiliser immédiatement une nouvelle infrastructure de transport en commun et d'y reconstruire ensuite, progressivement, la ville nouvelle.

- Pour les Wallons, cette perspective se confond avec celle du renouveau économique. Elle offre aux Bruxellois une alternative à l'étouffement entre les Flamands et les autos.
Pour les Flamands, elle résout le problème de la tache d'huile.

- Sans un tel plan de réaménagement du territoire, le fédéralisme va à contre-courant d'une centralisation croissante de l'activité sociale.

- Réciproquement, cette perspective urbanistique n'est pas

réalisable dans le cadre politico-économique actuel. Préciser cette perspective et en débattre doivent contribuer à donner aux gens la volonté de faire sauter ce cadre. Mais le Bruxellois, en attendant de déménager dans sa cité radieuse, peut rendre sa ville plus vivable en exigeant le tram gratuit, financé par le parking payant généralisé. Quant à cette nouvelle Wallonie, elle sera d'autant plus facile à construire que la vieille Wallonie aura pu se défendre, en exigeant son autoroute et surtout en luttant pour la défense de l'emploi et pour de nouvelles structures économiques.

1 Voir Daniel TANURO, *Ernest Mandel, son optimisme, ses pronostics et l'écologie,*(www.europe-solidare.org) et « Marx, Mandel et les limites naturelles », in *Contretemps*, sept. 2007. Pour une critique marxiste de la mégalopole nous renvoyons le lecteur aux écrits de Mike DAVIS et de David HARVEY.

2 L'utilisation de la voiture individuelle et les transports routier entre les villes satellites et Bruxelles sont devenus aujourd'hui un obstacle quasi insurmontable à la circulation. Ce qui prouve la nécessité d'un réseau transport public de grande envergure.

Nationalité et Lutte de Classe en Belgique

WALLONIE: QUELLE RECONVERSION?

(1969)

L'article ci-dessus paru dans La Gauche *le 24 mai 1969 est dirigé contre François Perin, le dirigeant de l'aile chauvine au sein du MPW instigateur du Rassemblement Wallon en 1968. Ce mouvement défendait une alliance avec le capital pour réaliser une « reconversion » industrielle. Concernant l'emploi du terme 'néo-capitaliste' nous renvoyons le lecteur à notre introduction à l'article sur Louvain et le mouvement étudiant.*

Le mot d'ordre de « reconversion » est très populaire parmi les travailleurs wallons. Les résolutions votées au congrès statutaire de la Régionale F.G.T.B. Liège-Huy-Waremme, du 30 novembre 1968, le mentionnent à plusieurs reprises. Les déclarations du P.S.B. et du P.C.B. en Wallonie en font autant. Le P.W.T., lui aussi, a souvent parlé de 'reconversion'.

Ce mot d'ordre est accepté par les travailleurs pour une raison évidente. Ils se rendent compte que le déclin de l'économie wallonne, qu'ils subissent depuis plus de dix ans, provoque des fermetures d'entreprises et des licenciements, réduit l'emploi, fait réapparaître le chômage, pèse sur la force syndicale et la combativité ouvrière, et détériore généralement leurs conditions de travail et d'existence.

Nationalité et Lutte de Classe en Belgique

Aussi désirent-ils ne plus vivre à l'ombre d une menace de perte d'emploi. Ils désirent encore davantage épargner à leurs enfants cette hantise qu'ils avaient déjà connue entre 1929 et 1939, et qui a réapparu si fortement depuis 1958. C'est cela qu'ils entendent par reconversion.

Quel contenu faut-il donner à ce mot d'ordre pour ne pas décevoir le monde du travail, pour ne pas provoquer des illusions qui déboucheront sur d'amères déconfitures ?

D'où provient le déclin de l'économie wallonne?

La campagne en faveur de la « reconversion » vise à arrêter le déclin de l'économie wallonne. Ce déclin avait été prédit par la gauche du mouvement ouvrier de ce pays dès les années 1954-56. Depuis la crise charbonnière, il s'est poursuivi et approfondi d'année en année.

Rares sont les personnes de bonne foi qui contestent les faits. Il est remarquable qu'en Wallonie, toutes les formations politiques, y compris le PLP, le prennent comme point de départ de leurs analyses et propositions politiques et économiques. Mais pour pouvoir formuler des solutions valables, il faut commencer par définir les causes du mal, et à ce propos, les avis ne sont plus unanimes. Pour les uns, ce sont 'les Flamands' qui sont responsables du déclin économique wallon, parce qu'ils ont, depuis quinze ans, « tiré la couverture » vers le Nord du pays. Les plus fanatiques des représentants de cette thèse inculpent, outre les Flamands, 'la politique du Benelux'. D'autres rendent l'Etat unitaire responsable du malaise wallon. C'est la politique 'flamingante' ou 'pro-flamande' des gouvernements qui se sont succédés en Belgique depuis vingt ans qui aurait systématiquement orienté les investissements vers la partie flamande du pays.

Certains incriminent 'les étrangers' (avant tout les capitalistes étrangers), qui auraient favorisé la Flandre et Bruxelles aux dépens de la Wallonie. Les statistiques démontrent en effet que la majeure

Wallonie: Quelle Reconversion?

partie des investissements étrangers se sont réalisés, en Belgique, depuis quinze ans, ailleurs qu'en Wallonie.

Finalement, les plus réactionnaires accusent « les socialistes » et les syndicalistes wallons. Les socialistes qui ont administré la plupart des régions et communes industrielles de Wallonie depuis un demi-siècle, auraient négligé l'infrastructure Les syndicalistes, en « exagérant » les revendications salariales et en faisant de la 'gréviculture', auraient « découragé l'épargne » et 'chassé les investissements'.

Toutes ces explications, qui contiennent évidemment toutes un grain de vérité, passent à côté du problème essentiel. Elles évitent toutes de définir la nature de l'économie belge et wallonne. Or il suffit de définir cette nature pour préciser les responsables de l'évolution économique. Et à partir du moment où l'on sait qui est responsable de cette évolution, on ne peut plus se tromper quant à la responsabilité principale concernant le déclin économique de la Wallonie.

Le capitalisme, et avant tout les grands groupes financiers, sont les responsables du déclin économique de la Wallonie L'économie belge est une économie capitaliste. L'économie capitaliste est gouvernée par la recherche du maximum de profits. S'il y a déclin économique de la Wallonie, c'est que par un concours de circonstances, les capitalistes pouvaient obtenir plus de profits en Flandre, à Bruxelles (et à l'étranger) qu'en Wallonie. Au lieu de chercher midi à 14 heures, c'est cette vérité fondamentale qu'il faut proclamer avec force, quand on veut déterminer qui est responsable du déclin économique wallon.

Mais l'économie belge n'est pas une économie capitaliste à l'époque de la libre concurrence, du laissez faire, et du libéralisme économique. C'est une économie capitaliste à l'époque des monopoles, une économie capitaliste dominée par une dizaine de holdings et de groupes financiers.

189

Nationalité et Lutte de Classe en Belgique

Revoyez l'étude préparée pour le congrès extraordinaire d'octobre 1956 de la FGTB, depuis lors confirmée par mainte nouvelle analyse (par exemple celle du CRISP). Personne ne peut sérieusement contester que les décisions stratégiques d'orientation de l'économie belge sont prises par les Conseils d'administration de cette dizaine de holdings et de groupes. Si la responsabilité fondamentale du déclin économique de la Wallonie incombe donc aux capitalistes en général, la responsabilité principale est celle des groupes financiers (à commencer par la Société Générale, le groupe de Launoit, les groupes Empain, Evence-Coppée, Solvay, Lambert, Sofina, les plus importants d'entre eux).

Cette responsabilité peut être circonscrite de manière précise. Depuis dix ans, ces groupes ont retiré des milliards de francs des industries en déclin absolu (charbon, textiles) ou relatif (sidérurgie). Ils ont obtenu des subsides et subventions qui s'élèvent à des dizaines de milliards de francs. Ils ont placé à étranger d'autres dizaines de milliards de francs. Ils disposent de capitaux liquides ou semi-liquides en quantités énormes. Ils ont préféré placer ces capitaux sous les formes les plus diverses dans les régions et les pays les plus divers : seule une fraction minime de ces capitaux a été utilisée pour créer des industries nouvelles en Wallonie.

Pourquoi ces gros financiers ont-ils agi de la sorte ? Pas parce qu'ils sont « flamingants » (ils sont tout autres que ça !), ou parce qu'ils « détestent la Wallonie ». Encore moins parce que l'Etat unitaire les y aurait contraints (ce sont eux qui commandent cet Etat, et non cet Etat qui leur commande). S'ils ont agi de la sorte, c'est qu'ils y trouvaient leur profit, ni plus ni moins. Il n'y a pas d'autre explication à chercher, en dehors de cette évidence On attend toujours l'exemple d'un gros capitaliste qui réaliserait des investissements contraires à ses intérêts et à la loi du profit, du seul fait de ses préférences religieuses, ethniques, idéologiques ou linguistiques. On attendra longtemps.

Wallonie: Quelle Reconversion?

Pourquoi était-il plus avantageux pour les groupes financiers belges et étrangers d'investir en Flandre au cours des quinze dernières années, plutôt qu'en Wallonie ? Parce qu'en Flandre, il y avait beaucoup plus de chômeurs qu'en Wallonie. Parce que les salaires y étaient souvent plus bas (par suite du chômage et d'un mouvement syndical moins combatif). Parce qu'on s'y trouvait plus près des ports, facteur important pour des industries qui doivent importer de loin leurs matières premières et exporter par mer une partie importante de leur production. Parce que les avantages industriels que la Wallonie avait tiré de ses richesses minérales disparaissent avec le déclin international du charbon comme source énergétique. Parce que l'infrastructure wallonne était ancienne, et donc plus démodée, que celle de la Flandre, du fait que la Wallonie avait été industrialisée avant la Flandre. Etc. ; etc.

Toutes ces raisons, et quelques autres encore on les retrouve dans tous les pays capitalistes d'Europe (et même aux Etats-Unis). Elles expliquent le déclin relatif des vieux bassins industriels tels le Pays de Galles et l'Ecosse en Grande-Bretagne; la Ruhr en Allemagne; le bassin de la Loire et la région du Nord en France; la région de Gênes en Italie ; le bassin de la Nouvelle-Angleterre, et une partie du bassin industriels de Pennsylvanie et du Kentucky (notamment le bassin charbonnier des Appalaches) aux États-Unis. Il n'y a peu ou pas d'incidences linguistiques ou ethniques dans ces phénomènes parallèles. Il ne faut donc pas en rechercher non plus pour comprendre le déclin économique de la Wallonie.

Les buts véritables de la « reconversion » néocapitaliste

La cause du déclin économique wallon, c'est la chute relative du taux de profit capitaliste en Wallonie. Le but de la politique bourgeoise de « reconversion » de la Wallonie, c'est de faire remonter ce taux de profit capitaliste. C'est brutal. C'est peut-être cruel. Mais il faut appeler les choses par leur nom.

Nationalité et Lutte de Classe en Belgique

Le raisonnement des économistes bourgeois, et de toute la suite de doctrinaires nationalistes à la Perin[1] qui leur emboîtent le pas, est simple. « Les capitaux ne s'investissent-ils plus, en quantité suffisante, en Wallonie, parce que ces investissements ne sont plus tellement profitables ? Faisons donc en sorte qu'ils deviennent plus profitables. Les investissements reviendront ! »

Tout ce qu'on agite, publiquement et en coulisse à pour but d'augmenter les profits des capitaux investis en Wallonie. On réclame plus de subsides pour l'industrie privée. On réclame des travaux d'infrastructure multiples qui représentent autant d'économies externes pour les capitalistes. On réclame une formation accélérée de travailleurs qualifiés par les pouvoirs publics, ce qui réduira d'autant les frais de formation de la main d'œuvre pour l'entreprise privée.

Et lorsqu'on réclame un Exécutif wallon, c'est dans l'espoir explicite que cet Exécutif fera retomber sur les têtes des « pauvres » capitalistes wallons la manne d'or des subventions et subsides que l'Etat unitaire leur aurait distribués trop chichement. Les Perin et consorts ajoutent : surtout pas de nouvelles grèves ; cela découragerait les investissements et accentuerait le déclin de la Wallonie.

Devant la manifestation des jeunes, à Ciney, les démagogues du Rassemblement Wallon, ont récemment accusé le malheureux Collard[2] de vouloir « diviser les Wallons » parce qu'il a lancé un appel timide (et équivoque) à l'unité entre travailleurs chrétiens et travailleurs socialistes. Car pour ces messieurs, travailleurs et capitalistes wallons devraient s'unir, comme lors de la manifestation de Charleroi, saluée avec ferveur par la *Libre Belgique*.

Perin n'est-il pas étonné de se trouver brusquement dans la même barque avec les ultra-unitaires et ultra-conservateurs de la « Libre Belgique » ? Le secret de ces retrouvailles est simple. La « Libre Belgique » peut faire cent serments par jour de fidélité au Roi, à la Foi et à la Patrie. Mais elle n'a qu'une seule religion véritable

Wallonie: Quelle Reconversion?

: l'adoration du profit capitaliste. La manifestation de Charleroi, où les syndicalistes et les travailleurs ont « sagement » rentré leurs drapeaux rouges et leurs revendications de classe pour ne plus défendre qu'un programme commun avec leurs patrons et exploiteurs, représentait pour elle un triomphe historique. Cela nous a ramené trois quarts de siècle en arrière. Ce qui a brusquement uni la « Libre Belgique » et François Perin, c'est que ce dernier – sous prétexte d'assurer la « reconversion » de la Wallonie – est également devenu un champion de la noble cause du profit capitaliste.

Les capitalistes et leurs idéologues ont toujours affirmé que les travailleurs, en menant leur lutte de classe, « découragent l'épargne », « font fuire les capitaux », et agissent donc « en faveur de l'étranger ». Les socialistes et syndicalistes ont toujours répété que pour défendre les intérêts de classe des travailleurs, il faut que ceux-ci s'unissent sans distinction de métier, de profession, de religion, de nationalité ou d'ethnie. « Les sales marxistes divisent les Allemands » (pardon : les Belges; re-pardon : les Wallons), répètent les ultra-nationalistes de tout poil, depuis près d'un siècle. Nous voulons unir les travailleurs contre les capitalistes, de notre propre pays et de tous les pays, ont rétorqué les socialistes et les communistes depuis belle lurette. Il n'y a pas d'autre voie pour défendre la cause des travailleurs, et éviter que ceux-ci soient sacrifiés sur l'autel du profit capitaliste (fût-ce sous prétexte de « reconversion »).

La 'reconversion' néo-capitaliste n'est qu'un leurre

La « reconversion » néo-capitaliste a déjà une solide tradition en Belgique. C'est une tradition « flamande » que les Perin et Cie (et tous ceux, au PSB et à la FGTB, qui leur emboîtent le pas) voudraient promptement transplanter en Wallonie. Les dirigeants FGTB-istes du Limbourg ont agi pour la « reconversion » néo-capitaliste de « leur » région, quand ils ont accepté le marché scandaleux que leur proposaient les chefs de Ford-Cologne: « Nous

193

nous établirons dans votre région, à condition que vous acceptiez des salaires plus bas et une durée du travail plus longue que dans l'industrie automobile d'Anvers »... On connaît la suite.

Feu Spinoy a prôné la « reconversion » néo-capitaliste, quand il a jeté à la face d'André Genot[3] et de toute la gauche de l'époque, au congrès du P. S. B. de décembre 1958, cette parole prophétique: « Ce n'est pas en faisant des grèves que vous attirerez des capitaux ». Les gens de la Volksunie ont badigeonné sur un mur de Louvain ce slogan éloquent : « Des patrons flamands pour les travailleurs flamands ». Mais ce que les travailleurs désirent (voir l'explosion de mai 1968 en France, qui peut se répéter ici), ce n'est pas des patrons qui parlent telle langue à la place de patrons qui en parlent une autre : c'est plus de patrons du tout !

La « reconversion » néo-capitaliste est donc une énorme tricherie. Elle veut amener les travailleurs à sacrifier leurs intérêts immédiats et historiques, à accepter une part plus réduite du gâteau, à s'incliner devant un accroissement de la part des capitalistes, en échange de l'illusion d'une 'relance économique de la Wallonie'.

Nous disons en échange d'une « reconversion » illusoire. Car il faut bien comprendre les limites des « solutions » possibles dans le cadre du régime capitaliste. Si le chômage continue à diminuer en Flandre et à augmenter en Wallonie – aux dernières nouvelles, il y a 46.000 chômeurs en Wallonie et 50.000 chômeurs en Flandre, c'est-à-dire qu'avec moins d'un tiers de la population active du pays, la Wallonie a le triste privilège de compter 43% des chômeurs de Belgique ! – il y aura certes quelques industries qui se créeront en Wallonie. Si les subsides gouvernementaux augmentent, il en ira de même.

Si les dirigeants syndicaux acceptent une politique capitaliste de rationalisation, il y aura quelques fermetures d'entreprises en moins. Mais d'abord, l'effet de ces 'succès' de la 'reconversion' sur l'emploi seront minimes. Le Front commun FGTB-CSC, dans sa note du 2 mai 1969, reconnaît que les 25 milliards de francs

Wallonie: Quelle Reconversion?

investis en Wallonie au cours des deux dernières années avec l'aide gouvernementale, ont créé en tout et pour tout 18.000 emplois nouveaux, c'est-à-dire moins qu'il n'en faut pour donner de l'emploi aux jeunes qui apparaissent pour la première fois sur le marché du travail, sans parler même de compenser les pertes courantes occasionnées par les fermetures d'usines et rationalisations diverses.

Mieux, certaines des mesures de « reconversion » (telle la « rationalisation » de l'industrie sidérurgique) poursuivent le but de réduire l'emploi et non de l'augmenter. Ensuite, toutes ces mesures ne peuvent pas renverser fondamentalement la vapeur. Car en économie capitaliste, orientée vers le profit, seule une modification fondamentale du milieu wallon (accroissement massif de la population ; fondation massive de plusieurs 'pôles de développement' réduction radicale des frais de transport; création massive de nouvelles 'industries de base') rendrait des investissements capitalistes privés sur large échelle plus rentable en Wallonie qu'ailleurs dans le Marché Commun.

A ce propos, il faut bien rappeler à l'ordre les dirigeants syndicalistes liégeois et la « gauche respectueuse » du PSB qui continuent à présenter le cas du Midi italien comme un « exemple-pilote » de ce qu'une politique d'initiative industrielle publique dans le cadre du régime capitaliste, serait capable de réaliser. « Voyez le Midi italien, où la reconversion (sous-entendue : néo-capitaliste) est un succès, grâce aux holdings d'Etat », affirment-ils.

La réalité est bien différente. Les holdings d'État Italiens, tels IRI, l'ENI et autres, ont certes fondé plusieurs complexes industriels importants dans le sud de l'Italie. La création d'une usine d'automobiles par Alfa Roméo y succède à l'aciérie de Tarente et aux divers complexes pétrochimiques. Mais le bilan de vingt années de « reconversion industrielle » du Mezzogiorno italien, du plan Vanoni[4] aux initiatives de Holdings d'Etat est lamentable: en 1968, l'emploi total a diminué de 177.000 unités dans le Midi italien, comparé à l'année précédente. Pour la période 1961-1967, l'emploi a diminué par exemple dans la région de la Campania de 40.000 unités – des chiffres comparables pourraient être cités pour d'autres provinces. L'explosion de Battipaglia exprime le résultat social de cette faillite économique.

L'émigration est plus que jamais la « solution » proposée par le néo-capitalisme au problème du sous-développement économique. On s'attend rien qu'à Turin à l'arrivée de 60 à 70.000 gens du Midi dans les deux années à venir. Il en ira de même en Wallonie si les travailleurs se fient à la chimère de la « reconversion » néo-capitaliste.

Le moins qu'on puisse dire, c'est qu'il n'est pas très malin de sacrifier la défense immédiate de l'emploi, la lutte pour les salaires, la cohésion syndicale et la combativité des travailleurs, sur l'autel de cette chimère...

La reconversion socialiste

Si la « reconversion » néo-capitaliste n'est qu'un leurre, cela signifie-t-il que les travailleurs doivent se croiser les bras et attendre passivement l'effondrement final de l'économie wallonne (dans l'espoir que cela provoquera la « révolution » ajouteront quelques « gauchistes » confus) ? Il ne peut en être question. Une classe laborieuse qui serait incapable de défendre ses intérêts immédiats serait évidemment encore moins capable de « faire la révolution » et de renverser le règne du Capital.

Ce qui importe, c'est de mettre au point un programme de revendications qui correspondent aux aspirations réelles des travailleurs, lorsque ceux-ci parlent de « reconversion ». Ces revendications, souvent précisées, seraient notamment les suivantes :

1. Introduction immédiate des 40 heures et de la pension à 60 ans ;

2. Contrôle ouvrier, c'est-à-dire pouvoir de veto ouvrier, sur les fermetures d'usines et les licenciements ;

3. Paiement par le patronat en bloc (et non par la collectivité) des salaires des travailleurs qui ne seraient plus rémunérés par suite de fermetures d'usines ;

4. Nationalisation de la grande industrie (sidérurgie, chimie, raffinerie de pétrole et de tous les secteurs de l'énergie, fabrications métalliques) et sa gestion sous contrôle ouvrier, dans un cadre fédéral;

5. Nationalisation des banques, des compagnies d'assurances, des holdings et de toutes les institutions de crédit, afin de dégager les capitaux nécessaires à une véritable reconversion, sur grande échelle, de l'industrie wallonne, sous la forme de création d'entreprises propriété collective gérées sous contrôle ouvrier, dans un cadre fédéral;

6. Élaboration d'un plan populaire de développement économique de la Wallonie, axé sur la satisfaction des besoins prioritaires de la population et sur la base duquel seraient créées les nouvelles entreprises.

L'agitation sur les idées essentielles de ce programme de revendications transitoires, de réformes de structure anti-capitalistes, devrait dégager progressivement une combativité ouvrière croissante, comme pendant la période 1956-1960. Cette combativité pourra déboucher, à travers des mobilisations et des grèves partielles, sur une grève générale du type de celle de décembre 1960 – janvier 1961. Mais grâce à la création de comités de grève et a la formation d'une avant-garde ouvrière plus critique et plus expérimentée, qui a tiré les leçons de l'échec de 1960-61, cette grève générale se terminerait bien différemment de celle de décembre 1960.

Il n y a pas d'autre voie de salut pour les travailleurs wallons que cette voie-là. Et sur le chemin qui conduit vers ces objectifs, ils devront chercher et trouver des alliés de plus en plus nombreux non chez les capitalistes wallons, mais chez leurs frères de classe flamands et bruxellois.

Nationalité et Lutte de Classe en Belgique

1   Concernant François PERIN, voire Introduction à l'histoire du Trotskisme en Belgique (1979) par Rik De Coninck en annexe 3 de ce livre. (HP).

2   Le wallon Léo COLLARD devint président du PSB en 1959. (H.P.)

3   Mandel y a réagi dans son discours lors de ce congrès. Voir *Redevoering voor het BSP Congres van 17 en 18 december 1958. Antwoord aan Antoon Spinoy* (Marxist Internet Archive). Le socialiste Antoon SPINOY (1906-1967) fut parlementaire et ministre. Le dirigeant syndical wallon André GENOT (1913-1978)devint président du MPW après la mort de RENARD et secrétaire-général de la FGTB. (H.P.).

4   Ezio VANONI (1903-1956) ministre des finances chrétien-démocrate de 1948 à 1954. (H.P.)

LUTTE DE CLASSE ET NATIONALISME
(1971)

Le texte suivant est tiré d'un débat entre Maxime Rodinson[1] et Ernest Mandel en mars 1971 lors d'un colloque organisé par les Comités Israël-Palestine. Publié dans le numéro 59-60 de la revue Partisans, il s'agit d'une intervention à caractère théorique. Les intertitres, les raccourcis et les notes sont de H.P.

Première constatation : le phénomène national est né de la lutte de classe. Il est tout à fait abusif d'identifier l'existence de l'État, la formation ethnique, les groupements de tribus, l'association de communes ou de villes, avec le phénomène national. L'Empire romain n'était pas un phénomène national, pas plus que l'Empire du Moyen Âge. L'Angleterre n'était pas une nation au XIIe ou au XIII siècle pour la bonne raison que la classe dominante y parlait encore en bonne partie une langue différente de la langue du peuple, et qu'elle était d'autre origine : les Normands qui avaient conquis l'Angleterre.

199

Nationalité et Lutte de Classe en Belgique

La nation est un produit de la lutte de classe

La thèse marxiste en l'occurrence, c'est que la nation est le produit de la lutte d'une classe précise, à savoir la bourgeoisie moderne[2]. Celle-ci est la première classe dans l'histoire à créer la nation. Elle la crée *économiquement*, parce qu'elle a besoin d'un marché national unifié, et elle élimine tous les obstacles précapitalistes, semi-féodaux, corporatistes, régionalistes, à la libre circulation des marchandises afin d'assurer l'unité de ce marché national. Elle crée cette unité national aussi du point de vue *politico-culturel*, parce qu'elle s'appuie sur le principe de la souveraineté populaire, opposé à la légitimité de la monarchie, de la noblesse ou de l'Église, pour mobiliser les masses populaires contre les anciennes classes dominantes.

L'idée nationale est née avec les grandes révolutions démocratiques bourgeoises. Elle est d'ailleurs née dans nos régions (on peut en être fier ou non selon les opinions), puisque la première grande révolution bourgeoise dans l'histoire c'est la révolution des Pays-Bas, c'est le soulèvement national contre le roi d'Espagne qui a commencé en Flandre, qui y a été battu, et qui a triomphé en Hollande, donnant naissance à la première nation moderne qui avait une conscience nationale sur la base d'une infrastructure capitaliste.

Puis on a connu cette même éclosion de la nation moderne en Grande-Bretagne, aux États-Unis, en France avec la Révolution française, en Espagne, en Allemagne, en Italie, en Pologne, en Irlande, etc. Dans tous ces processus, les intérêts matériels qui sont sous-jacents à l'idée nationale sont transparents, peu sujets à mystère et peu sujet à spéculation. À cette époque de son histoire, c'est-à-dire à l'époque où elle est encore révolutionnaire et progressiste, la bourgeoisie elle-même ne tourne d'ailleurs pas autour du pot et proclame les choses assez crûment. Les guerres de coalitions qui suivent la Révolution française n'étaient pas une simple lutte entre la bourgeoisie française d'une part et les autres puissances d'Europe, plus ou moins contrerévolutionnaires, qui sont intervenues pour

Lutte de Classe et Nationalisme

défendre les privilèges de la noblesse et de la royauté en France, mais étaient liées à une concurrence commerciale qui opposait la bourgeoisie industrielle-manufacturière française à la bourgeoisie anglaise.

La monarchie absolutiste a joué, comme c'est très clair dans le cas français) un rôle pré-nationaliste. Ce n'est pas encore le nationalisme au sens moderne du terme qui est incarné par un personnage somme Louis XIV, mais c'est un pré-nationalisme dynastique, dans la même mesure où la monarchie absolutiste préfigure un changement des rapports de forces entre noblesse et bourgeoisie. Qu'est-ce qui arrive lorsque l'État bourgeois, lorsque la révolution bourgeoise triomphent ? La bourgeoisie voudrait bien que la lutte de classe s'arrête à ce moment. Mais elle ne s'arrête pas. À partir du moment où elle se poursuit elle se déplace. La lutte des classes battues se déplace vers le domaine de la superstructure. Tout au long le XIXe siècle l'idéologie catholique précapitaliste et semi-féodale connaît une vie active en France. Elle condamnait jusque dans les années 1880 la Révolution et restait l'idéologie majoritaire de toutes les classes, la classe ouvrière excepté. Je crois par analogie que la survivance de l'idéologie bourgeoisie ou petite-bourgeoise ne peut pas à elle seule expliquer un danger de restauration du capitalisme.

La question de la superstructure

Il y a donc déplacement de lutte avec les forces précapitalistes vers le plan de la superstructure. Il y a en même temps déplacement du centre de gravité de la lutte de classe vers la lutte entre bourgeois et prolétaires. C'est à ce moment-là que Marx écrit dès 1847, fort tôt et on pourrait même dire prématurément, d'après son propre schéma historique auquel je reviendrai dans un instant, que *les prolétaires n'ont pas de patrie, ce qui veut dire que le nationalisme ou l'idée nationale ne doit pas*, dans le chef d'une organisation ouvrière, *prendre le pas sur la solidarité internationale des travailleurs.*

201

Nationalité et Lutte de Classe en Belgique

J'ai dit « un peu prématurément » parce que *Le Manifeste* proclame un principe historique qui représente en fait une anticipation qui ne correspondait pas encore à la réalité immédiate. C'est tellement vrai, qu'un an après avoir rédigé *Le manifeste communiste*, Marx et Engels s'engagent eux-mêmes dans une lutte de classes en Allemagne qui est aussi une lutte nationale. La lutte pour l'unité de l'Allemagne, pour créer une République allemande unique et indivisible, est proclamée par eux un des objectifs centraux de la Révolution de 1848. Cette unification de l'Allemagne représenterait du point de vue économique, du point de vue social, du point de vue culturel et surtout du point de vue de la possibilité d'essor du mouvement ouvrier et de la lutte de classes un énorme pas en avant. Vous savez pour quelles raisons cette révolution de 1848, qui avait pour fonction historique de parachever les tâches historiques de la révolution démocratique bourgeoise dans cinq pays d'Europe : l'Allemagne, l'Italie, l'Autriche, la Hongrie et la Pologne (des nationalités qui étaient intégrées dans l'Empire austro-hongrois et qui recouvraient en partie aussi l'Empire tsariste), n'a pas pu triompher. Ce sont les vainqueurs contre-révolutionnaires des combats de 1848-1849 qui ont été obligé de réaliser le testament de cette révolution. C'est Bismarck, incarnation de la noblesse prussienne qui a réalisé l'unité de l'Allemagne et non pas la bourgeoisie, la petite bourgeoisie ou la classe ouvrière. Même phénomène, a peu de choses près, en Italie où l'unité du pays est réalisée par la dynastie des Savoie.

Marx anticipe

Marx a dû, à ce moment là, prendre une position dans la pratique qui différait un peu du principe général proclamé dans Le Manifeste. En réalité, le principe selon lequel « les prolétaires n'ont pas de patrie » ne s'applique qu'à l'époque où la révolution bourgeoise est déjà achevée. Et le monde de 1848 a confronté Marx et Engels avec une situation de *développement combiné* : dans tous les pays d'Europe où l'unité nationale n'avait pas été réalisée

Lutte de Classe et Nationalisme

par la bourgeoisie parce que, dans une certaine mesure, elle était venue trop tard sur la scène historique, à un moment où la classe ouvrière était déjà suffisamment forte pour jouer un rôle politique indépendant et où la peur qu'avait la bourgeoisie de favoriser le processus révolutionnaire était plus grande que son désir de réaliser cette tâche d'unité nationale, dans tous ces pays-là, un processus de révolution permanente[3] était inscrit à l'ordre du jour.

Troisième constatation : *si la nationalité est le produit de la lutte de classe bourgeoise contre les forces féodales et semi-féodales, l'internationalisme prolétarien est le produit de la lutte de classe ouvrière contre le capitalisme.* La bourgeoisie développe les forces productives sur la base de marchés nationaux unifiés. Ses marchandises conquièrent et constituent le marché mondial. Mais celui-ci est loin d'être unifié : il n'y a pas de développement universel de l'industrie capitaliste. Les capitalistes se font la concurrence sur la base des marchés et des États nationaux. Ils essayent de transposer cette concurrence au sein de la classe ouvrière. Les ouvriers les plus conscients répondent en opposant la solidarité internationale des travailleurs. Sans cette solidarité, les travailleurs sont sans défense, seront systématiquement grugés par le capital.

Le nationalisme à l'époque impérialiste

Et on en revient ainsi au Manifeste et son application universelle. Nous sommes au début de l'époque impérialiste, lorsque la bourgeoisie des pays d'Europe occidentale et centrale, et accessoirement de pays comme le Japon, la Russie et les États-Unis, a terminé toute possibilité de jouer un rôle progressiste dans l'histoire, où elle est devenue une classe conservatrice, contre-révolutionnaire, où son nationalisme est considéré par les marxistes, en premier lieu par Lénine, comme strictement réactionnaire. Kautsky lui-même et d'autres sociaux-démocrates avant 1914 ont répété que lorsque la bourgeoisie impérialiste utilise le mot : « défense de la patrie », ou défense de la nation, ce qu'elle veut dire, ce n'est pas : « défense d'une entité culturelle ou de droits démocratiques » quelconques,

203

Nationalité et Lutte de Classe en Belgique

mais bien défense de sa position sur le marché mondial, de ses surprofits coloniaux.

Est-ce à dire que les marxistes, et notamment l'école léniniste, identifient toute idée nationale et tout nationalisme au XXᵉ siècle au nationalisme impérialiste ? Ils ne le font pas. Une idée qui était déjà présente dans les écrits du vieux Marx, va s'étendre dans la pensée marxiste à l'époque impérialiste pour prendre une place tout à fait décisive en ce qui concerne l'appréciation des courants nationaux au cours de notre siècle. Il s'agit de cette idée simple *qu'il faut faire une distinction entre le nationalisme des oppresseurs et des exploiteurs et le nationalisme des opprimés et des exploités.* C'est Marx qui a développé cette distinction quand il fut confronté avec la situation polonaise et irlandaise

On a interprétée quelquefois injustement la question polonaise comme une machine de guerre particulière contre le régime tsariste sans rapport avec un principe plus fondamental. Mais la question irlandaise est beaucoup plus claire. À partir de 1869-1870, Marx a écrit qu'aussi longtemps que les ouvriers anglais n'auront pas compris que c'est leur devoir d'aider les Irlandais à obtenir leur indépendance nationale, ils ne feront jamais la révolution socialiste en Angleterre. Les ouvriers irlandais représentent une minorité grandissante du prolétariat anglais et seront longtemps perdus pour la lutte de classe si les ouvriers anglais continueront à faire front commun avec leur propre bourgeoisie, contre la nation irlandaise.

Ce que l'époque impérialiste a de particulier, c'est que cette distinction entre le nationalisme des exploiteurs et le nationalisme des exploités n'éloigne pas le prolétariat de la lutte pour le pouvoir et pour le socialisme, mais l'en approche au contraire.

Lutte de Classe et Nationalisme

1 Maxime RODINSON (1915-2004) était un spécialiste de la langue, de la culture et de l'histoire arabe. Ses œuvres la plus connues sont *Mahomet* (1961), *Islam et capitalisme (1966) et Marxisme et monde musulman* (1972).

2 Pour une vision critique de l'attitude politique et les conceptions théorique de Marx et d'Engels par rapport à la question nationale voire Horace B. DAVIS : « Marx et Engels sur la question nationale : les divergences avec Bakounine », in *Partisans* n° 59-60, 1971, pp. 5-25, et Roman ROSDOLSKY : *Zur nationalen Frage. Friedrich Engels und das Problem der 'geschichtslosen' Völker*, Berlin 1979.

3 Le concept « révolution permanente » signifie ici un processus dans lequel une révolution bourgeoise se transforme nécessairement en révolution prolétarienne, vu l'incapacité de la bourgeoisie de réaliser les taches démocratiques, comme l'explique Marx dans son *Adresse à la Ligue Communiste* (1850). Voire à ce propos Alain BROSSAT : *Aux origines de la révolution permanente*, Paris 1974, et Michael LÖWY : *The Politics of Combined and Uneven Development : The Theory of Permanent Revolution*, Chicago 2010.

205

Nationalité et Lutte de Classe en Belgique

QUESTION NATIONALE ET
LUTTES DE CLASSES DANS LES PAYS
IMPÉRIALISTES

Cet essai a été publié en 1973 dans la revue Contradictions. *La gauche radicale en Europe occidentale devait prendre position par rapport à plusieurs mouvements nationaux. La Belgique était en train de devenir un État fédéral, l'Irlande du Nord était en effervescence et le Pays Basque et la Catalogne, après la disparition de Franco, exigeaient l'autonomie. Vingt ans plus tard, le nationalisme enflammera les républiques de Yougoslavie, etc. Nous ne pouvons donc rejeter la question nationale dans les pays industriels développés comme secondaire, comme dépassée ou comme artificiellement gonflée par des nationalistes purs et durs.*

Pour comprendre les survivances des questions nationales dans les États impérialistes, Ernest Mandel s'inspire d'une catégorie historique développée par Parvus[1] et Trotski suite à la révolution de 1905 en Russie, notamment la théorie du « développement inégal et combiné ». En 1935 l'historien marxiste néerlandais Jan Romein développe dans un essai, La dialectique du progrès, *une théorie de « l'avance comme handicap »[2]. On appelle parfois l'image miroir de cette théorie « loi de l'arriération stimulante », ce qui fait référence à Trotski, cité par ailleurs par Romein.*

Nationalité et Lutte de Classe en Belgique

Dans sa défense de la question nationale comme un élément constitutif de la lutte pour le socialisme Mandel renvoie à Lénine. Les articles les plus importants de celui-ci sur la question sont disponibles dans les tomes 20 et 21 de ses Œuvres : Notes critiques sur la question nationale *(1913);* Du droit des nations à disposer d'elles-mêmes *(1914);* La révolution socialiste et le droit des nations à disposer d'elles-mêmes –Thèses *(1916);* Bilan d'une discussion sur le droit des nations à disposer d'elles-mêmes *(1916). On remarquera que Lénine, à l'approche de la révolution de 1917, s'occupe intensément de la question nationale.*

Le mot « nationalité » (Nationalität en allemand) pour indiquer des minorités nationales était d'usage aussi bien dans l'Internationale sociale-démocrate que dans le Komintern. À ce sujet nous renvoyons le lecteur à l'ouvrage Les marxistes et la question nationale 1848-1914 *édité par* HAUPT (G.), LÖWY (M.) et WEILL (C.) *(Paris 1974), et à l'ouvrage d'Horace B. DAVIES,* Towards a Marxist Theory of Nationalism *(New York & Londres 1978).*

Origine et fonction des nations modernes

La constitution des nations modernes est dans une large mesure le corollaire de la montée du capitalisme moderne. Elle en constitue le reflet superstructurel principal. S'emparant de l'idée de la nation et de la souveraineté nationale, la jeune bourgeoisie révolutionnaire en fait son arme idéologique fondamentale à la fois contre l'absolutisme monarchique et contre les particularismes d'origine semi-féodale : régionalistes, corporatistes, autonomistes (y compris d'autonomie communale). *Objectivement*, il s'agit d'assurer la création d'un marché national homogène, cadre idéal pour l'essor de la production capitaliste. *Subjectivement*, il s'agit de rassembler les forces vives de la nation, bourgeoisie urbaine et rurale, paysannerie laborieuse, artisanat et semi-prolétariat, en un

Question Nationale et Luttes de Classe dans les Pays Impérialistes

bloc politique antiféodal et anti-absolutiste, dont l'idée nationale sera le principal ciment.

On pourrait s'imaginer dans l'abstrait que l'échange de marchandises s'épanouirait d'autant plus librement qu'il ait moins d'entraves. Si donc la suppression des frontières intérieures et d'autres entraves semi-féodales à la liberté des échanges correspond sans aucun doute aux intérêts d'un essor du capitalisme, pourquoi donc créer de nouvelles entraves artificielles par la multiplication des frontières nationales ?

Pareille vue « harmoniciste » des intérêts du Capital aux 18ᵉ et 19ᵉ siècle implique trois simplifications abusives. Tout d'abord, il y a une corrélation certaine entre les dimensions du marché national et le niveau de développement des forces productives. Affirmer que dès 1848, pour ne pas dire 1789, ce niveau de développement réclamerait déjà le marché mondial sans entraves comme cadre naturel, c'est exagérer excessivement la rapidité avec laquelle l'industrie capitaliste s'est imposée. C'est confondre le marché national créé par le capitalisme mondial et financier du 16ᵉ et 18ᵉ siècles, avec le marché mondial industriel — c'est-à-dire la division mondiale du travail — tel qu'il résulte d'un siècle et demi d'essor du capitalisme industriel, c'est-à-dire tel qu'il émerge vers la fin du 19ᵉ, le début du 20ᵉ siècle. Dans ce sens, le marché national correspond sans aucun doute à une réalité matérielle jusqu'à l'essor de l'ère impérialiste. *L'organisation de la production*, distincte de celle des échanges, *s'effectue, pour l'essentiel, au niveau national*, et non au niveau international, à cette époque.

Ensuite, la vue selon laquelle la corrélation entre la naissance des nations modernes et celle du capitalisme serait fortuite, sous-estime le rôle que *l'État* a joué dans l'avènement du règne de la bourgeoisie, c'est-à-dire exagère « l'automatisme économique » en tant que force aboutissant au règne de la bourgeoisie. Et pour l'accumulation primitive du capital, et pour la destruction des dernières entraves semi-féodales et absolutistes le rôle de l'État en tant que garant des monnaies, du crédit, de la dette publique, des fournitures à l'État, des guerres, a été important sinon décisif. Qui dit avènement d'un État bourgeois dit avènement d'un État fondé sur des dépenses et revenus effectué par des citoyens et non par des sujets. Il fallait une auto-identification avec l'État de la part des citoyens bourgeois et petit-bourgeois pour permettre la naissance de ces forces nouvelles d'organisation politico-financière. L'idée de souveraineté et d'unité nationale créent la base idéologique la plus puissante pour cette auto-identification.

Finalement, les révolutions bourgeoises sont des luttes de classes politique, qui réclament des mobilisations de masse s'étendant à plusieurs classes de la société. Si la bourgeoisie a en définitive profité de ces révolutions, elle n'y a en général pas apporté la majorité des combattants, loin s'en faut. De nouveau, c'est l'idée de la souveraineté et de l'unité nationale qui a fourni la principale motivation politique, le ciment idéologique en quelque sorte, qui a permis de souder ce bloc politique révolutionnaire antiféodal et anti-absolutiste. On voit mal ces classes s'unifier sous la bannière de la défense de l'exploitation capitaliste ou de l'égoïsme privé. Le drapeau de l'indépendance et de l'unité nationale était autrement alléchant.

Il ne s'agit évidemment pas d'un complot, mais d'une confluence, d'une correspondance structurelle objective, indépendamment des dessins ou des calculs d'individus déterminés. Les mêmes *forces sociales* qui bouleversent le monde de la production, des échanges, de l'organisation économique, bouleversent le monde des idées, des sentiments et des valeurs dites morales. L'existence d'une communauté de langue, de culture, de tradition historique, facilite grandement l'essor parallèle du marché national Mais elle n'en constitue pas une pré-condition absolue. L'exemple probant à ce sujet est celui des États-Unis, pays capitaliste par excellence, le plus libre de survivances et de résidus semi-féodaux, où la tradition et l'histoire commune des individus qui vont constituer la nation est pratiquement nulle, et où même le choix de la langue semble le

Question Nationale et Luttes de Classe dans les Pays Impérialistes

produit du hasard : l'anglais ne l'a emporté que par une voix de majorité sur l'allemand, dans le vote décisif à ce propos par le jeune Congrès continental.

Dans ces conditions, on peut conclure à une certaine indétermination *a priori* du nombre des nations modernes qui ont progressivement émergé des révolutions bourgeoises (appelées à propos révolutions *nationales*-bourgeoises autant que révolutions *démocratiques*-bourgeoises). Si, pour les grandes nations, leur avènement ne pouvait faire aucun doute et était inscrit dans les réalités économiques objectives, un certain nombre de petites nationalités – telle les Irlandais, le Catalans, les Flamands, les Tchèques, les Norvégiens – ont connu au 18ᵉ et 19ᵉ siècle un sort incertain. Leur disparition ou leur survivance était en balance. Si des facteurs subjectifs, c'est-à-dire des mouvements politiques, ont en définitive assuré la survie de ces nationalités, on ne peut simplement enregistrer ce fait comme s'expliquant par lui-même (ces nationalités auraient survécu parce qu'elles ont voulu survivre). L'explication marxiste la plus probante jusqu'ici offerte – notamment celle de Pierre Vilar pour le cas de la Catalogne[3] – s'appuie sur le facteur *de l'insuffisante homogénéité socio-économique* pour rendre compte du fait qu'Écossais et habitants du Pays de Galle ont été intégrés dans la Grande-Bretagne du 18ᵉ au 19ᵉ siècle, tandis que les Irlandais ne l'ont pas été.

L'essor du capitalisme industriel pendant ces deux siècles est toujours un essor s'appuyant sur un développement régional inégal. Mais au fur et à mesure que l'industrie capitaliste arrive à maturité, deux résultats peuvent être obtenus : soit une *intégration* industrielle croissante (une homogénéisation socio-économique croissante entre régions différentes d'un même pays), soit un *dénivellement* industriel croissant. Lorsque le premier résultat coïncide avec une différence de langue et de culture, langues et cultures minoritaires risquent d'être absorbées. Lorsqu'au contraire la différence de langue et de culture coïncide avec un dénivellement socio-économique croissant, la nationalité minoritaire se réaffirme.

Nationalité et Lutte de Classe en Belgique

La différenciation socio-économique fournit le support matériel à la résurrection nationale.

Ce dénivellement industriel ne doit pas nécessairement aller dans le sens d'un sous-développement, de l'avènement d'une « colonie intérieure » (ou d'un *Nebenland* comme le dit Marx). Ce fut sans aucun doute le cas pour l'Irlande et la Flandre. Ce ne fut guère le cas de la Catalogne ou de la Croatie, ni même du pays de Bohème. L'accent se met d'avantage sur le manque d'homogénéité socio-économique, qui crée des justifications d'intérêts matériels puissants pour une prise de conscience nationale séparée.

Luttes nationales et luttes sociales: la première approche

L'apogée du nationalisme en tant qu'idéologie jouant un rôle progressiste se situe paradoxalement dans la phase préindustrielle du capitalisme. C'est l'époque où le caractère révolutionnaire de la bourgeoisie est le plus affirmé, où les entraves semi-féodales et absolutistes à l'essor à la fois du capitalisme moderne et des libertés démocratiques sont les plus prononcées.

Dès que se développe l'industrie capitaliste, se développe simultanément l'antagonisme de classe entre la bourgeoisie et le prolétariat. Le nationalisme – c'est-à-dire l'idéologie d'unité et de solidarité nationale – acquiert dès lors un aspect de plus en plus équivoque, ambigu. Il peut continuer à jouer un rôle partiellement progressiste, surtout auprès de nationalités opprimées, soumises, artificiellement écartelées entre plusieurs États. Un double aspect réactionnaire croît cependant côte à côte avec cet aspect progressiste. Il devient une doctrine de solidarité nationale qui veut obliger le prolétariat à soumettre sa lutte de classe contre la bourgeoisie, sous prétexte d'intérêts communs à défendre contre l'absolutisme ou (et) l'oppresseur étranger. Il devient une doctrine d'égoïsme national, qui veut inclure dans le « marché national », chasse gardée d'un bourgeoisie particulière, des territoires dont les habitants ne se considèrent pas en majorité comme appartenant à cette nation (annexionnisme).

Le marxisme, doctrine scientifique de combat du prolétariat, donne la priorité à l'organisation et à la défense des intérêts de classe autonomes de la classe ouvrière. Dans l'intérêt du progrès historique, il peut admettre le rôle important que la lutte nationale peut encore jouer au 19ᵉ siècle (l'appui accordé par Marx et Engels à l'unification de l'Allemagne, de l'Italie, et des États-Unis dans la guerre de Sécession, la lutte pour l'indépendance de la Pologne et de l'Irlande). Mais il arrive à ces conclusions toujours en ajoutant un point de vue de classe global, – qui peut évidemment s'exprimer dans certains principes, – non en mettant « la nation » sur un piédestal absolu de l'histoire.

Au fond, pour le marxisme, la nation, de même que la société bourgeoise, ne sont que des formes transitoires et non éternelles de l'organisation humaine. La fonction historique du capitalisme, c'est d'assurer un essor des forces productives tel que l'épanouissement humain de tous les individus, « la richesse de l'individu social », à la place du combat contre la pénurie ou de la « lutte pour l'existence », puisse devenir la base de la société. IL s'agit de créer l'infrastructure matérielle à partir de laquelle une société sans classe devient objectivement possible. La division mondiale du travail en est une des pré-conditions essentielles. Dans le même sens, le capitalisme crée les pré-conditions matérielles d'une organisation mondiale de l'économie, par rapport à laquelle l'*État* national perd toute signification. La nation en tant qu'entité culturelle survit jusqu'à une fusion ultérieure de toutes les nations, en une humanité ayant unifié son héritage culturel diversifié.

Dans ce sens, la doctrine prolétarienne est par essence internationaliste. Elle ne l'est d'ailleurs pas seulement pour des raisons de buts historiques lointains à poursuivre. Elle l'est aussi pour des raisons d'intérêts immédiats.

Nationalité et Lutte de Classe en Belgique

La force du Capital réside dans la richesse des capitalistes et la capacité de créer la liberté d'action individuelle ou par groupe qui en découle. Puisque la société bourgeoise est une société fondée sur l'inégalité institutionnalisée de puissance économique, dans toute lutte de concurrence, individu contre individu ou groupe contre groupe, le prolétariat est perdant d'office. Sa seule chance de salut réside dans l'organisation collective. Ce n'est qu'en groupant collectivement *tous* les travailleurs contre la bourgeoisie, ce n'est qu'en supprimant toute forme de concurrence entre prolétaires, que le prolétariat a une chance sérieuse de se défendre contre l'exploitation capitaliste. Plus la coalition ouvrière est restreinte et exclusive (corporatiste, religieuse, raciste, nationaliste), moins elle est à la longue efficace. Plus elle est universelle, moins elle permet des manœuvres de division et de diversion de la part du Capital, et plus elle a des chances de l'emporter. Le mot d'ordre du *Manifeste Communiste* de Marx et d'Engels « Prolétaires de tous les pays, unissez-vous », exprime donc autant une doctrine, un idéal, un but à atteindre, qu'un intérêt économique, social et politique immédiat à défendre.

L'impérialisme et le développement inégal et combiné

La loi du développement inégal et combiné est une loi universelle de l'histoire humaine, outil indispensable pour son analyse du point de vue marxiste. Le capitalisme, en créant un marché mondial dans lequel sont intégrés bon gré mal gré des nations constituées, des nations en devenir, et des pays multinationaux arrivés à des stades forts différents de développement socio-économiques, accentue le jeu de cette loi. L'impérialisme, stade suprême du capitalisme, le porte à son paroxysme.

Par l'exportation des capitaux, par la domination des marchés des capitaux des pays dépendants, par la division du monde entre groupes et ententes du capital monopolistique, par la division

Question Nationale et Luttes de Classe dans les Pays Impérialistes

du monde entre empires coloniaux et « zones d'influences », l'impérialisme unifie l'économie et la société mondiales à un degré qualitativement supérieur à tout ce qui avait été réalisé dans le passé. Mais cette unification ne s'accompagne pas d'une homogénéisation. Au contraire : elle accentue à l'extrême l'inégalité du développement. Entre métropoles impérialistes d'une part, et pays coloniaux et semi-coloniaux d'autre part, l'écart se creuse tant du point de vue du développement industriel et du niveau de vie, que du point de vue culturel, scientifique, politique et militaire.

Un système mondialement unifié de circulation de marchandises se fonde sur une combinaison de rapports de production capitalistes, semi-capitalistes et précapitalistes dans de zones géographiques déterminées. L'essor des uns est déterminé par la stagnation des autres (la surexploitation, le transfert de valeur, la perte de substance) ; il les enferme dans des structures héritées du passé. L' « ancienne oligarchie » qui a gouverné pendant plus d'un siècle l'Amérique latine, en est l'expression la plus nette. L'alliance du capital impérialiste avec des classes de propriétaires foncier semi-féodaux, voire quelquefois esclavagistes, dans nombre de pays dépendants, est trop connue pour qu'il faille insister. La domination du marché mondial par l'impérialisme (tant du point de vue du marché des capitaux que du point de vue du marché des marchandises) transforme celui-là en un obstacle insurmontable pour l'essor industriel des pays dépendants.*Dès que l'ère impérialiste atteint son apogée – vers 1905 et au plus tard avec l'éclatement de la première guerre mondiale – le capitalisme a terminé son rôle historiquement progressiste et commence à entrer dans sa phase de putréfaction. L'humanité est mûre pour la révolution socialiste mondiale.

Cela ne signifie évidemment pas que la croissance économique s'arrête définitivement, que la productivité du travail cesse de croître, que les forces productives ne se développent plus à l'échelle globale. Mais cela signifie que le prix à payer pour chaque nouveau bond en avant du progrès économique sous le capitalisme, exprimant en réalité le retard historique de la révolution socialiste (qui permettrait un progrès économique beaucoup plus harmonieux, beaucoup moins saccadé, avec des faux frais beaucoup plus réduits) devient de plus en plus exorbitant : misère du tiers-monde, deux guerres mondiales, d'innombrables guerres « locales », fascisme, menace d'extermination nucléaire du genre humain, gaspillages éhontés, menaces pesant sur l'environnement humain, aliénation humaine de plus en plus prononcée, etc., etc. La putréfaction du capitalisme, à l'échelle mondiale, s'exprime avant tout par une crise de plus en plus profonde des rapports de production capitalistes.

Nous n'examinerons pas les conséquences de l'avènement de l'ère impérialiste pour les pays sous-développés, et notamment la doctrine marxiste-léniniste en ce qui concerne la place que la lutte de libération nationale dans les pays coloniaux et semi-coloniaux occupe dans le cadre du processus de révolution mondiale déclenché depuis octobre 1917. Le sujet se circonscrit à la place de la question nationale au sein des pays impérialistes, métropolitains, eux-mêmes. Mais cette problématique est incompréhensible sans un examen des effets de la loi du développement inégal et combiné au sein même des pays impérialistes.

Aucune révolution démocratique-bourgeoise n'a résolu à 100% les tâches historiques qu'elle était appelée à résoudre. Nulle part dans le monde sont issues de ces révolutions des nations bourgeoises nationalement et économiquement homogènes, avec une démocratie politique poussée aux limites finales auxquelles pourrait aboutir la démocratie bourgeoise. La nature même du capitalisme, son anarchie, le règne de l'économie de marché, rendent pareille homogénéité irréalisable. L'apparition de l'antagonisme prolétariat/bourgeoisie, aux côtés de l'antagonisme société bourgeoise/survivances semi-féodales et absolutistes, imposa une barrière au développement de la démocratie politique, que la bourgeoisie n'avait plus aucun intérêt à franchir. Ainsi le suffrage universel, pourtant idéal bourgeois par excellence, est

Question Nationale et Luttes de Classe dans les Pays Impérialistes

réalisé presque partout dans le monde par la lutte politique du prolétariat contre la bourgeoisie ou comme sous-produit de cette lutte, et non sous l'impulsion de la bourgeoisie elle-même.

De même, presque tous les pays capitalistes développés au 19ᵉ siècle charrient des questions nationales non résolues. La question irlandaise en Grande-Bretagne, la question flamande en Belgique, la question noire aux États-Unis, en sont quelques-uns des exemples les plus éclatants.

Avec l'avènement de l'ère impérialiste, la bourgeoisie impérialiste non seulement s'avère incapable d'achever la réalisation des tâches historiques de la révolution nationale-démocratique non encore accomplies, mais pose une séries d'actes rétrogrades en ce qui concerne les tâches jadis accomplies. La réduction des libertés démocratiques, la montée des régimes dictatoriaux (bonapartistes, militaires, fascistes), la restriction du droit de grève et des libertés syndicales, le monopole croissant de la presse, la militarisation croissante de l'économie et de la vie sociale, ne sont que quelques exemples à ce propos.

Avec l'exacerbation des contradictions inter-impérialistes, même des nations impérialistes ayant jadis conquis leur indépendance peuvent la perdre de nouveau ; c'est ce qui est arrivé en 1939 avec la Tchécoslovaquie ; c'est ce qui serait certainement arrivé avec de nombreux autres pays industrialisés d'Europe, en cas de victoire de l'impérialisme allemand au bout de la deuxième guerre mondiale.

Ce mouvement rétrograde déclenché par le début de déclin du mode de production capitaliste – c'est-à-dire en dernière analyse par le retard de la révolution socialiste mondiale – ne modifie cependant pas la structure socio-économique des pays impérialistes. Il s'agit de pays capitalistes, mûrs pour la prise de pouvoir par le prolétariat, non de pays semi-féodaux confrontés avec une révolution démocratique bourgeoise. Le fait que des revendications démocratiques anciennes ou nouvelles peuvent s'y poser avec une acuité particulière, à certains moments de la conjoncture politique, ne modifie en rien les tâches centrales de l'époque : l'organisation de la classe des travailleurs salariés, et l'élévation de son niveau de conscience, pour que leurs luttes qui éclatent et s'amplifient de toute manière, par suite de l'aggravation des contradictions inhérentes au système, et qui atteignent périodiquement un niveau potentiellement révolutionnaire (c'est-à-dire menaçant objectivement les fondements mêmes des rapports de production capitalistes) aboutissent effectivement au renversement du règne du Capital.

L'apparition de revendications démocratiques aiguës (parmi lesquelles les revendications d'émancipation nationale peuvent jouer un rôle-clé, à certains moments et dans certains pays) doit donc s'intégrer dans cette stratégie d'ensemble, et non l'estomper. En se faisant un défenseur résolu de toutes les revendications démocratiques, le prolétariat des pays impérialistes ne cherche pas à intercaler une étape démocratique « préalable » avant la lutte pour la révolution socialiste, ni à subordonner celle-ci à une éphémère et illusoire alliance avec une bourgeoisie dite « nationale ». Il cherche à conquérir l'hégémonie politique sur d'autres couches opprimées de la population, et à renforcer l'unité et la cohésion de son propre front de classe. Il ne peut y parvenir en sacrifiant la défense de ses propres intérêts de classe sur l'autel de prétendus « intérêts nationaux » qui font abstraction de la réalité sociale concernée.

Droits des peuples à disposer d'eux-mêmes et nationalisme dans les pays impérialistes

La position que Lénine avait élaborée à l'égard de la question nationale dans les pays impérialistes, s'inspire de ces considérations fondamentales, implicitement avant 1914, explicitement après l'éclatement de la première guerre mondiale, surtout dans les textes rédigés au cours de cette guerre et dans le document programmatique élaboré pour le Deuxième Congrès de

Question Nationale et Luttes de Classe dans les Pays Impérialistes

l'Internationale communiste.

Puisque la tâche historique centrale, avec laquelle le prolétariat est confronté dans les pays impérialistes, est la révolution socialiste, et non la révolution démocratique-bourgeoise, la lutte résolue contre l'idéologie nationaliste est d'une importance vitale en vue de préparer les travailleurs à l'accomplissement de cette mission. Le nationalisme qui implique une solidarité occasionnelle ou durable avec la bourgeoisie ne peut que semer la pire des confusions politiques dans la conscience ouvrière. On ne peut éduquer les travailleurs dans un esprit d'hostilité sans réserve à l'égard de l'État bourgeois, du pouvoir politique et militaire de la bourgeoisie, à l'égard de l'exploitation capitaliste, prémisses indispensables à l'accomplissement d'une révolution socialiste, et en même temps entraîner ces mêmes travailleurs à défendre « occasionnellement » ce même État bourgeois, cette même armée bourgeoise, cette même économie capitaliste.

L'expérience a entièrement confirmé ce diagnostic théorique : tout abandon d'une position de classe devant le nationalisme d'un pays impérialiste, toute acceptation de la « solidarité nationale » dans un tel contexte historique précis, toute acceptation de l'idée de « défense nationale » et de « défense de la patrie » bourgeoise, débouche, à l'ère impérialiste, inévitablement sur la pratique et la justification idéologique de la collaboration de classe dans un grand nombres de domaines, c'est-à-dire à la liquidation de toute perspective et de toute lutte d'ensemble anticapitaliste.

Par ailleurs cependant, la réalité de l'oppression nationale au sein même des pays impérialistes – de même que la réalité de la suppression de libertés démocratiques jadis conquises – provoque inévitablement des réactions de masse. Celles-ci se manifestent non seulement au sein de la petite bourgeoisie (la petite bourgeoisie urbaine, et surtout *l'intelligentsia*, étant particulièrement sensible aux problèmes linguistiques, souvent pour des raisons d'intérêts matériels évidents) mais encore au sein de la classe ouvrière elle-

Nationalité et Lutte de Classe en Belgique

même. Si les organisations politiques de la classe ouvrière, et notamment son avant-garde révolutionnaire, refusent d'assumer la défense de ces intérêts, les conséquences ne peuvent être que négatives pour le déroulement et l'aboutissement socialiste de la lutte des masses.

Tout d'abord, en combattant pour leurs droits démocratiques, les masses combattent contre l'oppression, c'est-à-dire défendent une juste cause. Le socialisme ne peut justifier ou fermer les yeux devant aucune forme d'oppression et d'exploitation, quelque « secondaire » qu'elle soit. Toute l'argumentation concernant les « contradictions principales » et les « contradictions secondaires » cache d'ailleurs une incompréhension de la nature généralement *combinée* de ces contradictions, une incompréhension de *l'aspect structurel de leur imbrication*. Le droit des peuples à disposer d'eux-mêmes est manifestement un droit démocratique de base. Le refus de laisser un groupe ethnique se gouverner ou s'éduquer dans sa propre langue constitue un phénomène d'oppression manifeste. En refusant de défendre ce droit des peuples à l'auto-disposition, sous quelque prétexte que ce soit, les organisations ouvrières au sein des nations oppresseurs se feraient les apologistes de fait de l'oppression et de l'annexion.

Ensuite, en refusant d'assumer la lutte pour la défense des libertés démocratiques, en refusant de se joindre aux mouvements de masse qui poursuivent ces objectifs, le mouvement ouvrier abandonne ces mouvements à des directions petite-bourgeoises et bourgeoises, et facilite donc en réalité leur récupération par des courants de la bourgeoisie, facilite donc la manœuvre de diversion qui tend à les rendre inoffensifs pour la survie du régime capitaliste. Cette manœuvre ne découle pas, comme le pensent des dogmatiques ultragauchistes, de la nature même des revendications démocratiques ou nationales, qui correspondent à des situations de fait devant aboutir fatalement à des réactions de protestations. Elle découle de l'incapacité ou du refus du mouvement ouvrier à se

220

Question Nationale et Luttes de Classe dans les Pays Impérialistes

battre pour sa propre hégémonie au sein du mouvement national.

L'exemple belge

Un siècle d'histoire politique de la Belgique apporte une confirmation particulièrement douloureuse de cette règle. L'incapacité du mouvement ouvrier social-démocrate à prendre en charge le mouvement d'émancipation du peuple flamand d'abord, celui du peuple wallon ensuite, a été l'élément décisif pour maintenir le contrôle d'appareils politiques bourgeois sur une fraction non négligeable des masses laborieuses, ou même pour rétablir ce contrôle là où il avait été perdu (surtout en Wallonie). Affirmer que cela démontre que la question nationale n'a été qu'une « diversion historique » utilisée à cette fin par la bourgeoisie, c'est fermer les yeux devant la réalité de l'oppression nationale, ses répercussions multiples sur les conditions de vie des petites gens, et l'inévitabilité de leurs réactions.

Le mal ne réside pas dans la problématique elle-même, mais dans l'incapacité ou la faiblesse des organisations ouvrières à se battre, au sein du mouvement de protestation contre le phénomène d'oppression nationale, sous leur propre drapeau, avec leurs propres revendications, dans une indépendance farouche de toute alliance avec la bourgeoisie, c'est-à-dire de manière telle à élever et non à abaisser la conscience de classe du prolétariat, à accroître et non à réduire sa capacité d'engager un combat anticapitaliste d'ensemble.

S'il est clair que l'abstention volontaire des organisations ouvrières et révolutionnaires des mouvements de masses dirigés contre l'oppression nationale, et le refus de combattre pour l'hégémonie du prolétariat en leur sein, ne peut que renforcer l'emprise de la bourgeoisie sur ces mouvements, il est non moins vrai qu'une participation des organisations ouvrières qui comporte une adaptation aux objectifs de la bourgeoisie et de la petite bourgeoisie, c'est-à-dire la liquidation des objectifs de classes autonomes du prolétariat, entraîne objectivement le même résultat. Au déroulement combiné de la lutte de classe objective doit correspondre, au niveau de l'éducation, de la propagande, et de l'agitation des organisations ouvrières, une combinaison constante, à toute « étape », d'objectifs démocratiques et d'objectifs socialistes. Tout refus d'effectuer cette combinaison aboutit à étouffer les germes de révolutions socialistes présents dans tout mouvement de révolte généralisé des masses laborieuses à l'époque impérialiste.

Pour toutes ces raisons, la défense du mot d'ordre du droit des peuples à disposer d'eux-mêmes, y compris au sein des pays impérialistes développés, et de la lutte sans compromission contre toute forme de nationalisme, ne constituent pas du tout des éléments contradictoires dans l'attitude de Lénine à l'égard de la question nationale, mais au contraire des parties cohérentes d'une stratégie d'ensemble. Il s'agit d'accroître la préparation et la capacité de déclenchement de luttes de masse à potentialité révolutionnaire anticapitaliste. *Faire confluer dans le mouvement d'émancipation révolutionnaire anticapitaliste du prolétariat tous les mouvements de rébellion* contre l'oppression et l'injustice sociale au sein de la société bourgeoisie, voilà le but fondamental de cette stratégie, qui articule parfaitement les différentes composantes de la politique léniniste par rapport à la question nationale dans les pays impérialistes.

À ce propos on oublie souvent que si Lénine a critiqué Rosa Luxemburg parce qu'elle refusait d'accepter que les marxistes *russes* combattent pour le droit du peuple polonais à l'autodétermination, il a simultanément approuvé la lutte sans merci que Rosa Luxemburg a menée, en tant que marxiste *polonaise*, contre le nationalisme polonais. L'histoire d'après 1918 a d'ailleurs pleinement confirmé le bien-fondé de ces deux volets de la position léniniste. On oublie de même que si Lénine a combattu de toutes ses forces le chauvinisme et le social-patriotisme des organisations ouvrières au cours de la première guerre mondiale, il a en même temps souligné que le soulèvement de nationalités opprimées comme les Irlandais,

Question Nationale et Luttes de Classe dans les Pays Impérialistes

les Polonais, serait une partie inévitablement intégrante de tout large mouvement révolutionnaire, anticapitaliste, déclenché par l'exacerbation des contradictions impérialistes en Europe. Les deux exemples reflètent bien la compréhension profondément dialectique qu'avait Lénine du caractère combiné des tâches avec lesquelles le prolétariat était confronté à l'époque impérialiste, compréhension que seul Trotski a pu égaler jusqu'ici.

Cette même compréhension a amené Lénine à introduire une distinction importante dans la manière de combattre le nationalisme, distinction qu'il souligne dans le célèbre codicille de son « Testament », publié pour la première fois dans le tome 36 de la cinquième édition des « Œuvres Complètes »[4]. Si la lutte contre le nationalisme est incontestablement une tâche universelle pour les communistes, il faut cependant distinguer soigneusement le nationalisme de nations historiquement oppresseurs du nationalisme des nations historiquement opprimées. Lorsque des socialistes ou des communistes, membres des nations oppresseurs, se lancent dans la critique du nationalisme des opprimés (p. ex. la polémique des socialistes français contre le nationalisme algérien, des socialistes sionistes contre le nationalisme palestinien, etc.) ils couvrent objectivement l'oppression et l'exploitation exercées par leur propre nation, et font preuve de ce que Lénine appelle à juste titre « un comportement de gredin ». Ce faisant, ils renforcent de fait le nationalisme chez les opprimés, car ceux-ci ont appris par une douloureuse expérience séculaire d'oppression de se méfier de tous les mouvements idéologiques venant de la part de leurs oppresseurs, qui servent en définitive invariablement à justifier et à éterniser l'oppression.

La tâche de socialistes et de communistes, membres des nationalités historiquement oppresseurs, c'est de concentrer leurs coups contre le nationalisme de leur propre nationalité, de toute manière beaucoup plus réactionnaire et beaucoup moins justifiable que le nationalisme des esclaves qui veulent rejeter leur chaînes. Ils doivent accorder un appui actif et résolu au mouvement d'émancipation des nationalités opprimées, aidant de ce fait la lutte des marxistes au sein de ces nationalités contre le nationalisme, qui désoriente et affaiblit à la longue la lutte de libération.

Luttes nationales et luttes sociales : une deuxième approche

Il ne s'agit pas d'une prise de position dogmatique, qui découlerait en quelque sorte d'un axiome programmatique. il s'agit au contraire de la conclusion programmatique qui découle d'une compréhension de la dynamique sociale à l'époque impérialiste, c'est-à-dire d'une analyse de la structure de classe des pays impérialistes, de la corrélation de force objective entre ces classes, de leurs conflits inévitables, et du déroulement de la lutte de classe qui en résulte.

Les pays impérialistes se caractérisent notamment par le fait que la classe ouvrière y représente la force numériquement principale dans la société, disposant d'un potentiel économique et politique bien supérieur à celui de toute autre couche sociale laborieuse. En outre il s'agit d'une classe ouvrière dotée d'une longue tradition d'organisation et de défense de ses intérêts de classe propres. L'antagonisme bourgeois/prolétariat y est, de ce fait, irréductible, et rebondit à travers tout conflit politique ou social. Lorsque, dans de telles conditions, des luttes de classe éclatent même en partant de revendications « purement » démocratiques (lutte contre une dictature fasciste ou militaire ; lutte contre l'oppression nationale, pour le droit d'une nationalité à disposer d'elle-même, etc.), il est inévitable qu'en cours de mobilisation, les travailleurs avancent leurs propres revendications de classe, expriment leurs propres intérêts immédiats et (ou) historiques, en opposition avec ceux de la bourgeoisie.

Dès lors, deux comportements politiques diamétralement opposés sont possible au sein du mouvement ouvrier, reflétant deux stratégies fondamentalement différentes. Les uns affirmeront que la « tâche de l'heure » n'étant ni socialiste ni syndicaliste, mais seulement « démocratique », chercheront à créer un « front »

Question Nationale et Luttes de Classe dans les Pays Impérialistes

entre la classe ouvrière et la bourgeoisie dite « progressiste » ou « nationale », ou « démocratique », et chercheront donc à éviter tout ce qui aiguise l'antagonisme entre les composants ouvrières et bourgeoises de ce front. En pratique, cela aboutit fatalement à vouloir freiner ou empêcher les travailleurs à défendre leurs propres intérêts de classe en partant d'un mouvement de masse à détonateur « démocratique » (ou national). Cela aboutit donc à manœuvrer avec les mouvements de masse des travailleurs, en vue de maintenir (ou de reconstruire) des États *bourgeois* et une économie *capitaliste*.

Les autres rejetteront tout conception d'une « révolution par étapes », toute idée qu'un « mouvement de libération nationale » précède « l'étape de la révolution socialiste ». Ils considèreront au contraire que la lutte des masses prolétariennes pour des revendications démocratiques et nationales, dans les pays impérialistes, à l'âge du déclin du capitalisme, fait organiquement partie de la montée de la révolution socialiste. Ils favoriseront donc par tous les moyens la transcroissance de la lutte déclenchée pour des objectifs démocratiques ou nationaux, vers une lutte révolutionnaire pour le renversement du règne du Capital. À cette fin, ils combineront dès le début de cette lutte, la propagande pour des objectifs socialistes, anticapitalistes, à la propagande pour des objectifs démocratiques et (ou) nationaux, refuseront tout « front » avec la bourgeoisie, maintiendront l'indépendance organisationnelle du prolétariat et l'autonomie de ses intérêts de classe, qu'ils ne subordonneront à aucun moment à une prétendue « primauté » des objectifs démocratiques ou nationaux. Le but de cette stratégie, c'est d'assurer l'hégémonie du prolétariat et de son parti de classe au sein des masses luttant pour l'émancipation nationale, et d'assurer la transcroissance de leur mouvement, sans solution de continuité aucune, vers une révolution socialiste victorieuse.

Sous-jacente à ces deux stratégies sont deux conceptions différentes de l'actualité de la révolution socialiste à l'époque contemporaine,

Nationalité et Lutte de Classe en Belgique

dans les pays impérialistes, deux conceptions différentes sur les objectifs prioritaires à atteindre par le mouvement ouvrier. Les uns ne voient la possibilité d'un renversement du capitalisme que si préalablement toute une série de pré-conditions politiques, sociales ou même nationales sont accomplies. Les autres considèrent que les contradictions impérialistes débouchent périodiquement sur des explosions de luttes de masse telles à rendre une révolution socialiste objectivement possible, même sans modification préalable du cadre politique et social donné. Ils considèrent par contre que l'obstacle principal sur la voie de la victoire d'une révolution socialiste réside dans les insuffisances du facteur subjectif, de la conscience de classe du prolétariat et de sa direction. Il en découle inévitablement que les premiers sont prêts à sacrifier des possibilités (qu'ils considèrent de toute manière comme irréelles) de révolution socialiste à l'accomplissement d'autres tâches prioritaires, tandis que les seconds refusent toute manœuvre politique qui, à leurs yeux, risque d'affaiblir encore la capacité subjective du prolétariat de saisir certaines occasions objectivement favorables pour abattre l'État bourgeois et les rapports de production capitaliste.

Il va sans dire que nous nous rangeons entièrement dans le deuxième camp, contre le premier. Ni la classe ouvrière polonaise, ni la classe ouvrière catalane, pour ne pas dire la classe ouvrière wallonne, se sont trouvées placées dans des conditions objectives (économiques, sociales, politiques) où la lutte pour la prise de pouvoir était « objectivement impossible ». Au contraire, à plusieurs reprises, au cours de l'histoire du 20e siècle, elles avaient cette conquête du pouvoir à la portée de la main, vu la puissance de leur assaut contre le Capital, vu la faiblesse relative de l'État et de l'économie de celui-ci. Si ces assauts n'ont pas été couronnés de succès, cela n'est pas dû à une immaturité de conditions objectives, prétendument corrigibles par une transformation des structures étatiques à laquelle il faudrait accorder la priorité par rapport à la révolution sociale. Cela est dû au manque de clarté de vues sur les objectifs à atteindre, aux compromissions et capitulations des couches

Question Nationale et Luttes de Classe dans les Pays Impérialistes

dirigeantes du mouvement ouvrier, c'est-à-dire à l'insuffisance de la conscience de classe et de la direction prolétariennes.

Pour surmonter ces insuffisances, plus que jamais l'éducation du prolétariat dans un esprit de classe, et vers la lutte pour des objectifs anticapitalistes, socialistes, révolutionnaires, s'impose comme priorité absolue. La lutte contre les phénomènes d'oppression nationale, qui permet objectivement d'affaiblir davantage les structures de la bourgeoisie et d'amener de précieux alliés aux travailleurs, doit être intégrée dans cette vision stratégique d'ensemble. Sinon, elle sert en définitive de support nouveau à un régime capitaliste aux abois.

1 Israël Lazarevitch GELFAND ou HELPHAND (1869-1924), était actif dans le mouvement social-démocrate et russe sous le nom Parvus. Ce personnage ambigu collaborera plus tard avec les Jeunes Turcs et les services allemands. (H.P.)

2 L'article de l'historien Jan ROMEIN (1893-1962) est disponible sur la toile dans sa version originale néerlandaise sous le titre *De dialectiek van de vooruitgang*. Il existe également une version allemande de ce texte : „Dialektik des Fortschritts" in *Mass und Wert. Zweimonatsschrift für freie deutsche Kultur* , vol. 2, 1939. (H.P.°

3 VILAR (Pierre) : *La Catalogne dans l'Espagne moderne. Recherche sur les fondements économiques des structures nationales*, Paris 1963. Voire également VILAR (Pierre) et INTXAUSTI (Joseba) : *Historia, nación y nacionalismo : cuestion nacional y movimiento obrero*, 1998. (H.P.)

4 Cf. Moshe LEWIN, *Le Dernier Combat de Lénine*, Paris 1967.

Nationalité et Lutte de Classe en Belgique

ANNEXE 1
HUIT THESES SUR LE FEDERALISME
ET LE STATUT DE BRUXELLES

Ces thèses, écrites en novembre 1966 proviennent des archives d'Émile Van Ceulen (1916-1987), déposées à l'AMSAB. Il s'agit d'une prise de position de la section belge de la IVe Internationale. Celle-ci s'interrogeait sur la route à suivre pour les révolutionnaires souhaitant instaurer un fédéralisme authentique ; en effet la réforme fédéraliste naissante n'était plus liée à la lutte anticapitaliste, lutte que les trotskistes avaient proposée au mouvement populaire wallon peu après la grève de 1960-61. Il ressort de ce document et d'autres articles des membres de la section[1], dont ceux de Mandel, que les opinions sur la question étaient pour le moins divergentes, et plus spécialement celles concernant la place de Bruxelles dans une Belgique fédérale.

I. Le droit d'autodétermination des peuples.

L'État-Belgique est un État bourgeois multinational et unitaire depuis son indépendance en 1830. Deux peuples y coexistent. La base radicale du mouvement ouvrier wallon est partisane du fédéralisme. Les marxistes-révolutionnaires se sont prononcés en faveur d'un État fédératif, sur la base de l'application du principe de l'autodétermination des peuples. Ce fédéralisme ne peut être qu'un fédéralisme à deux (États).

229

II. La 'solidarité' des francophones et sa signification.

Une des raisons majeures de notre lutte constante pour le fédéralisme a été l'opposition de la grande bourgeoisie. C'est parce que le fédéralisme affaiblirait l'État bourgeois dans une mesure considérable que la bourgeoisie et ses organes combattent ce mot d'ordre.

Pour cette raison, nous avons dit que le fédéralisme ne pourrait être arraché qu'après une lutte de masse qui débouche sur une perspective socialiste, et que la seule possibilité d'instauration d'un fédéralisme dans le cadre de l'État bourgeois serait une forme de fédéralisme octroyée comme concession, toute autre possibilité étant exclue, à la fin d'une période de lutte agitée. C'est pourquoi nous avons inséré le fédéralisme dans le cadre du programme de transition.

Aujourd'hui, le reflux du mouvement ouvrier aidant, la bourgeoisie a réussie à 'dévier' cette perspective : telle est la signification de l'alliance qui s'est opérée entre la presse conservatrice de Bruxelles, qui tend la main aux fédéralistes wallons, à la faveur d'un front uni qui s'est formé entre les sociaux-démocrates de droite et le M.P.W. qui applaudit ces derniers (« Bruxelles, lâchée par la Wallonie ? », par André Genot, *Combat* 3-11-66).

III. Bruxelles comme communauté non-ethnique.

Bruxelles, à l'origine capitale flamande de l'État unitaire a connu un processus de francisation dont les causes sociales sont bien connues : la pression du milieu bourgeois et petit bourgeois et de ses valeurs. Le phénomène de francisation très poussé sauf dans les couches inférieures de la classe ouvrière est devenu un phénomène largement irréversible, en ce qui concerne le degré de francisation atteint aujourd'hui. Il existe de ce fait à Bruxelles une 'quasi-communauté' ou une communauté territoriale non-ethnique.

Huit Theses sur le Fédéralisme et le statut de Bruxelles

IV. La polémique actuelle sur Bruxelles.

Deux faits récents ont rouvert la polémique autour du 'statut' de Bruxelles, tant dans les milieux fédéralistes que dans les milieux opposés à cette forme d'organisation de l'État. Le premier est la prise de position de M. Cappuyns, vice-gouverneur du Brabant (PSB), nommé en application des lois Gilson[2]. Dans le cadre de l'État unitaire, il a proposé la division du Brabant en trois : une province flamande (Louvain), une province wallonne (Nivelles) et Bruxelles, dix-neuf communes unifiées.

Le second est le torpillage PLP des futurs arrêtés d'exécution des lois linguistiques qui a entraîné une série de réalignements de la part des bourgmestres socialistes Cudell, Frank, Simonet et d'Albert Housiaux (directeur du 'Peuple'). Cudell se déclare partisans de la 'liberté du père de famille'[3], Frank 'accuse' les wallons d'avoir 'abandonné' les francophones de Bruxelles, Simonet admet qu'il faut 'accueillir' les Flamands à Bruxelles (ce qui implique qu'ils y sont dans une certaine mesure des 'étrangers'), tandis que Housiaux prône également la 'liberté du père de famille' habitant Bruxelles depuis plus de deux ans.

La petite bourgeoisie francophone et une partie des masses populaires, suivant en cela une propagande unitaire et bourgeoisie (PLP-FDF[4]) estime que les mesures linguistiques et administratives prises pour bloquer à l'avenir l'évolution vers la francisation (inspection linguistique) sont des mesures de 'contrainte' inacceptables. La social-démocratie, aujourd'hui dans l'opposition, croit le moment propice pour reprendre le flambeau PLP de la liberté du père de famille, ceci en fonction de positions électoralistes. Cette propagande doit être combattue par les marxistes-révolutionnaires, les lois de 1963 n'instituant pas une contrainte réelle, mais ne faisant que supprimer une 'liberté' illusoire.

V. Vers une structure institutionnelle propre

Ce qui précède n'empêche pas qu'il faut répondre à la question :
« un fédéralisme à deux (États) est-il incompatible avec une
structure institutionnelle propre à Bruxelles » ? De la réponse
à cette question dépend la possibilité de mener un propagande
fédéraliste à Bruxelles. Il faut en effet éviter de céder tant à la
démagogie linguistique (les propositions de fédéralisme à trois
recouvrent en fait la 'liberté linguistique' à Bruxelles) qu'à la
position nationaliste flamande qui s'aliène les masses bruxelloises
par les positions qui leur donnent l'impression qu'il s'agit d'établir
une dictature fédérale sur Bruxelles.

VI. Bruxelles n'est pas un 'peuple-classe'[5]

L'idée qui est implicite dans la reprise par les milieux progressistes
flamands de la revendication nationaliste visant à 'endiguer'
Bruxelles dans ses 19 communes, et à enlever à Bruxelles toute
possibilité d'autonomie, est que la communauté bruxelloises serait
un 'peuple-classe' petit-bourgeois réactionnaire, sur lequel il serait
nécessaire d'établir et d'imposer une dictature fédérale. Cette idée
doit être rejetée car elle empêche toute propagande fédéraliste à
Bruxelles ; elle ne permet pas d'élaborer une proposition fédéraliste
concrète, c'est-à-dire mobilisatrice, trouvant sa place dans un
programme transitoire. Les habitants de l'agglomération ou de
l'arrondissement de Bruxelles sont loin d'être les profiteurs d'une
situation engendrée par le capitalisme : ils en sont au contraire eux
aussi les victimes (par exemple des profits tirés de la spéculation
foncière).

VII. Bruxelles ville libre

Autant il est erroné de faire des concessions à l'esprit petit
bourgeois de liberté linguistique totale visant à pousser encore plus
la francisation, autant il est faux de croire qu'il est possible que l'on
peut artificiellement et administrativement revenir sur le passé,

Huit Theses sur le Fédéralisme et le statut de Bruxelles

c'est-à-dire sur toute l'évolution historique qui a déjà abouti à la formation de la communauté de Bruxelles. On ne peut donc, avant l'instauration du fédéralisme, lutter pour amender les lois de 1963 dans un sens ou dans l'autre, sur ce point. Accepter l'évolution passée comme acquise veut dire qu'il faut chercher pour l'avenir à aboutir à une proposition 'Bruxelles ville libre' ; ceci impliquerait le démembrement du Brabant en deux provinces et la ville libre. Cette proposition rejoindrait donc sur un point la proposition Cappuyns[6]. Mais il faudrait prévoir l'aménagement éventuel qui consisterait en l'organisation de consultations populaires au suffrage secret, dans les six communes dites 'à facilités', concernant le régime linguistique qu'elles voudraient se voir appliquer (et le territoire auquel elles voudraient se rattacher[7].

VIII. Propositions

A titre tentatif, nous proposerions donc :

a) La fusion des 19 communes de l'agglomération en une seule (il faut en effet supprimer la mosaïque ridicule de 19 'villages' contigus).

b) L'adjonction éventuelle des communes à facilités qui se prononceraient dans ce sens après consultation populaire.

c) L'octroi de pouvoirs provinciaux et communaux à une assemblée Bruxelloise.

d) L'octroi à cette même assemblée de pouvoirs (consultatifs) pour toutes questions linguistiques.

Ces propositions reviendraient à accepter un certain nombre de points contenus dans la proposition de loi du P.C. (Terfve), mais en rejetant le référendum qu'il propose pour les fractions de commune du type Beauval ou des communes comme La Hulpe, et en n'acceptant pas non plus la liberté du père de famille contenus dans ce projet.

Ces propositions devront être élaborées avec la plus grande prudence pour éviter toute division brusque de l'aile radicale du

Nationalité et Lutte de Classe en Belgique

mouvement flamand, dont la dynamique s'oriente actuellement vers la gauche, mais qui est encore très loin d'être préparée à accepter ce compromis.

D'autre part, à Bruxelles, les MR[8] défendront le fédéralisme, en tenant compte de la situation particulière des masses laborieuses de Bruxelles, en mettant l'accent sur la nécessité d'être fédéralistes dans leur intérêt même, pour pouvoir participer à la négociation sur le fédéralisme. Ils s'efforceront d'arriver à des propositions d'ensemble sur les formes institutionnelles.

Pour le moment, nous nous limitons à défendre en commun le principe du fédéralisme, laissant la liberté aux camarades de défendre ce principe avec des arguments et des applications appropriées à déterminer par l'organisation. Cette résolution est acceptée pour le moment seulement dans sa ligne générale. Elle sera discutée et le débat pourra éventuellement être rouvert à ce propos.

1. Nous renvoyons le lecteur à la brochure *La Question nationale en Belgique* de la *Ligue Communiste Révolutionnaire* (Belgique), www.lcr-lagauche.be. (H.P.)

2. Il s'agit des 3 lois linguistiques de 1962 : 1. fixation de la frontière linguistique avec Mouscron-Commines en Wallonie et les Fourons en Flandre ; 2. bilinguisme dans les 19 communes de Bruxelles et facilités linguistiques pour les francophones des 6 communes limitrophes ; 3. réglementation de l'usage des langues dans l'enseignement.

3. Le droit du chef de famille de choisir l'école (et la langue d'enseignement de cette école) pour ses enfants. (H.P.)

4. Le Front des Francophones est un parti violemment anti-flamand. (H.P.)

5. Le concept 'peuple-classe' est un concept qui a son origine chez le théoricien sioniste de gauche Ber BOROKHOV, qui l'appliqua au peuple Juif de l'Europe orientale. Voire à ce propos l'étude d'Abraham LEON, *La conception marxiste de la question juive* (Paris 1968), qui concevait ce peuple

Huit Theses sur le Fédéralisme et le statut de Bruxelles

comme une communauté ayant un rôle de classe spécifique dans le mode de production capitaliste dans l'empire tsariste. (H.P.)

6. Léon CAPPUYNS (1920-1978), le vice-gouverneur socialiste bilingue de la province du Brabant, était partisan de la formation d'une province du Brabant flamand. (H.P.)

7. La division de la province du Brabant en une province wallonne et une province flamande date de 1995. Bruxelles et ses 19 communes devinrent en 1988 la région autonome de la capitale. Tout cela sans aucune consultation de la population. (H.P.)

8. Le Mouvement Réformateur (MR) était un parti libéral francophone. (H.P.)

Nationalité et Lutte de Classe en Belgique

ANNEXE 2

Rik de Coninck

INTRODUCTION À L'HISTOIRE DU TROTSKISME EN BELGIQUE[1] (1979)

Comme dans d'autres pays, le mouvement trotskiste en Belgique est né d'une scission du parti communiste. Jusqu'en 1928 différentes tendances cohabitaient dans le PCB. Les plus importantes étaient le groupe de War Van Overstraeten qui avait fondé le parti communiste belge en 1920 et le groupe de Joseph Jacquemotte qui avait scissionné du POB avec le groupe Les Amis de l'Exploité. Les deux groupes fusionnèrent en 1921 sous la pression de la 3ᵉ Internationale. Mais ce nouveau parti n'avait pas d'unité sur les principes de base (avant-garde ou parti de masse, action révolutionnaire ou parlementarisme révolutionnaire, stratégie syndicale etc.).

L'évolution politique en Union Soviétique mena à une scission en 1928. Le parti communiste russe fut entre 1923 et 1927 le théâtre d'une lutte de pouvoir et d'une bureaucratisation du PCUS. Trotski se profila au cours de cette guerre politique comme le dirigeant du courant antibureaucratique. Mais les oppositionnels perdirent la bataille contre Staline.

237

Nationalité et Lutte de Classe en Belgique

Une forte minorité au sein du PCB prit parti pour l'opposition russe et contre Staline. Elle fonda l'Opposition Communiste, se basant sur les écrits de Marx, Engels et Lénine et en y ajoutant la nécessité des soviets (conseils ouvriers), la théorie de Trotski sur la révolution permanente et sur la « dégénération bureaucratique » de l'URSS. Le parlementaire Van Overstraeten était membre de l'opposition de gauche belge ainsi que beaucoup de responsables régionaux. Ils démarrèrent donc avec beaucoup d'enthousiasme mais très vite, ils se déchirèrent autour du choix stratégique : fonder un nouveau parti ou demander la réintégration dans l'Internationale Communiste pour y mener une bataille d'opposition.

Cette discussion avait des racines historiques. Jusqu'en 1933, Trotski avait espéré que l'Internationale pourrait être réformée en instrument pour la révolution. Entretemps, il ne fallait donc pas construire une nouvelle organisation. Suite aux informations d'un personnage douteux, il décida que le groupe oppositionnel belge, étant donné sa relative faiblesse, agirait en tant que parti autonome. Le groupe prit donc part aux élections de 1929, mais les résultats furent décevants. Trotski revint sur ses décisions en 1930, mais fut très minoritairement suivi par la seule section de Charleroi avec Léon Lesoil. Cette minorité fit scission et fonda la Ligue des Communistes Internationalistes, sous la direction d'Adhémar Hennaut. Son importance diminua rapidement suite à une série de problèmes : démoralisation des adhérents (parmi lesquels Van Overstraeten), centralisation défaillante, perte des liens internationaux, adhésion de quelques militants de la section anversoise à l'Opposition communiste de Gauche et coopération difficile avec les bordiguistes (immigrés italiens inspirés par Amadeo Bordiga). A la fin des années 1930, Hennaut était donc à la tête d'une organisation marginale.

Les quelques dizaines de militants ayant suivi les mots d'ordre de Trotski avaient, par le biais des Chevaliers du Travail, une influence non négligeable parmi les mineurs. Ainsi purent-ils jouer un rôle important dans la grève de 1932 dans le bassin carolingien.

Introduction a L'histoire du Trotskisme en Belgique

Leur orientation internationale obéissait aux directives de Trotski. Celui-ci prit, en 1933, la décision drastique de commencer la construction d'une nouvelle internationale, la Quatrième. L'attitude des communistes allemands et du Komintern face à la prise de pouvoir par Hitler était pour lui la preuve que la Troisième Internationale avait failli et ne pouvait plus être une organisation révolutionnaire. Trotski en conclut qu'une guerre mondiale serait inévitable si une révolution n'éclatait pas. Pour cette raison une nouvelle internationale, basée sur des partis autonomes, était nécessaire. Trotski entreprit de rechercher et de réunir les compagnons susceptibles de mener à bien son projet.

Pour le groupe de Lesoil, cela signifiait d'abord la transformation de son nom en « Ligue Communiste Internationaliste » (bolchévique-léniniste). En 1934-1935, la majorité de cette organisation prit la décision d'adhérer au POB (politique de l'entrisme). Trotski avait notamment prévu qu'une bataille décisive aurait lieu en Europe occidentale et voulait réunir les forces nécessaires pour réussir un regroupement révolutionnaire. Une minorité autour de Georges Vereeken s'opposa à la politique d'entrisme et fonda un groupuscule, la Ligue Communiste Internationale (Trotskiste).

Le groupe entriste rejoignit le POB au moment de la contestation de sa direction par l'Action Socialiste de P.-H. Spaak qui militait en faveur du Plan du Travail. Quand Spaak devint ministre et que l'Action Socialiste réagit diversement face à ce retournement, les trotskistes parvinrent à transformer une partie de l'A.S. en « Action Socialiste Révolutionnaire » (ASR), à recruter son dirigeant Walter Dauge et ses adeptes du Borinage. En Flandre, ils avaient une véritable influence au sein de la Ligue anti-guerre (Anti-Oorlogsliga). Mais au début de 1936, ils furent expulsés du POB. Ils entamèrent aussitôt des pourparlers avec Vereeken en vue d'une éventuelle fusion. Elle eut lieu en octobre 1936 sous le nom de « Parti Socialiste Révolutionnaire » (Revolutionaire Socialistische Partij), regroupant environ 800 adhérents, essentiellement   en Wallonie. Les dirigeants les plus importants en étaient Dauge, Lesoil et Vereeken.

Nationalité et Lutte de Classe en Belgique

Il existait une grande différence entre les membres de base du Borinage et les militants du reste du pays. De nombreuses divergences apparurent au sein du PSR/RSP concernant l'approche de la situation politique belge (participation aux élections, formation d'un syndicat séparé). Mais c'est, une fois encore, l'orientation politique internationale qui sera à la base d'une nouvelle scission: Vereeken et un petit groupe de camarades refusaient les positions de Trotski concernant la rupture avec le POUM espagnol et le RSAP néerlandais, ainsi que l'opportunité de la fondation d'une 4ᵉ Internationale. Une grande majorité estimait qu'il fallait, en dépit d'une mauvaise conjoncture politique, fonder malgré tout une nouvelle Internationale avant l'irruption d'une prochaine guerre mondiale. Le PSR fit donc partie des fondateurs de la Quatrième Internationale en septembre 1938. Le document central en était le « Programme de transition », programme qui visait à combler le fossé entre le programme minimum et le programme maximum par l'élaboration d'une série de revendications transitoires (planification, contrôle ouvrier, mesures qui limitaient le pouvoir des capitalistes).

Entre-temps, Walter Dauge avait obtenu la majorité aux élections municipales à Flénu, mais le roi refusait de le nommer bourgmestre. Dès 1940, le gouvernement belge avait interdit les publications du PSR. Georges Vereeken, lors de la scission, avait d'abord appelé son groupe, « Contre le Courant », puis « Groupe Communiste » et enfin, pendant la guerre, « Groupe Communiste Trotskiste » (GCT). En septembre 1939, Dauge et Vereeken furent arrêtés une première fois. Par ailleurs, en 1940, existait également en Belgique, à côté du groupe Vereeken et du PSR, un groupe marginal de bordiguistes italiens avec lequel les trotskistes travaillaient régulièrement, ainsi que le groupe quasiment inactif de Hennaut. D'autre part, juste avant la guerre, le PSR avait été renforcé par quelques réfugiés trotskistes allemands et autrichiens. La division ne disparut pas pendant la guerre. Vereeken prit une position attentiste, tandis qu'une partie du PSR entamait dès le mois d'août

Introduction a L'histoire du Trotskisme en Belgique

1940, un travail clandestin. On perdit beaucoup de membres dans le Borinage et à Charleroi suite à l'attitude démoralisatrice de Dauge et de Lesoil. Quelques jeunes ainsi que les membres juifs récemment recrutés, prirent la direction, dont Abraham Léon (Abraham Wajnstock), membre le plus important. Ernest Mandel adhéra au PSR pendant la guerre.

En 1941, le nom du parti devint « Parti Communiste Révolutionnaire » (PCR) et dès lors le travail clandestin s'élargit par une publication nationale, plusieurs feuilles d'entreprise, la falsification de documents …. Le PCR ne s'engagea pas dans le Front Indépendant, considéré comme trop bourgeois et trop nationaliste, et on essaya en vain de construire un « Front Ouvrier ». Quelques grèves et manifestations furent organisées à Charleroi. Simultanément, le PCR ainsi que Vereeken continuèrent à entretenir des contacts internationaux avec des mouvements et des sympathisants de même sensibilité.

A la fin de la guerre, la terreur nazie avait réduit le PCR à une cinquantaine de membres. Ce handicap s'accompagnait d'une analyse erronée sur la fin de la guerre : le PCR s'attendait à des évènements similaires à ceux de 1918, à savoir une vacance du pouvoir assortie d'une situation prérévolutionnaire. Or les trotskistes se trouvèrent confrontés à « l'enthousiasme chauvin » de la population et à la fidélité des travailleurs aux partis traditionnels. De plus, la presse trotskiste fut à nouveau interdite. Toutefois, on gagna quelques membres au cours des luttes sociales de 1945-1947 et on effectua une réunification avec le groupe de Vereeken. Il avait été fait prisonnier par les allemands, et les discussions sur la fusion furent menées en son absence par une vingtaine de membres, sous la direction de Pierre Le Grève. La réunification, réalisée en janvier 1946, prit le nom de « Parti Communiste Internationaliste » (PCI). Il comptait moins de 100 membres, dont, en Flandre, quelques personnes seulement à Gand et à Anvers.

Nationalité et Lutte de Classe en Belgique

La situation prérévolutionnaire espérée ne se réalisa donc pas, et on assista même au blocage des salaires. Le plan Marshall et la Guerre Froide amoindrirent encore les possibilités du PCI. Graduellement, on perdait des adhérents sans qu'on soit capable d'inverser la situation. Les déceptions, le vieillissement, les analyses erronées, les crises internes et les conflits personnels conduisirent à la dissolution des sections de Mouscron, Liège, Anvers, Gand et du Borinage. En 1949, il n'y avait plus qu'une vingtaine de membres dans trois sections : Bruxelles, Charleroi et le Centre. Cette période fut vécue comme une « traversée du désert » par ceux qui restèrent. Aucune solution ne venait de la direction internationale : en 1948, le deuxième Congrès Mondial persistait encore à donner pour directive la construction de partis autonomes de masse.

Peu de temps après, Michel Raptis (Pablo), un des acteurs les plus influents du Secrétariat International de la 4e Internationale, fut à l'initiative d'une réorientation. A partir de l'analyse de la situation mondiale (les blocs, les partis communistes qui avaient parfois mené à bien des révolutions), il défendit l'idée que la radicalisation attendue ne pourrait se réaliser que par le biais des organisations traditionnelles. Il était vain de s'efforcer de construire des partis indépendants, mieux valait influencer la base des partis traditionnels. Ce qui impliquait de devenir membre de ces organisations dans une perspective à long terme. Pablo rallia la majorité du Secrétariat International à ce point de vue (1950). Dans plusieurs pays, de larges pans de partis trotskistes refusèrent d'appliquer ce changement qu'ils considéraient comme une liquidation. En France, l'opposition à cette position fut dirigée par « Lambert » qui fonda avec d'autres un Comité pour la Reconstruction de la Quatrième Internationale. Les lambertistes n'avaient que peu d'influence dans la petite section belge : très peu de membres avaient des réticences sur l'intérêt du projet d'entrisme. Le prestige d'Ernest Mandel, également membre du Secrétariat International, a probablement contribué à renforcer leur conviction. Faute de militants, il était impossible de continuer un travail autonome, celui-ci se limitant à une boîte postale. Cette politique d'entrisme fut mise en œuvre dans les partis communistes de plusieurs pays. En Belgique, on opta pour le PSB car, à partir de l'analyse de la question royale, on pensait que la radicalisation se situerait dans ce parti. Il ne s'agissait pas d'utiliser la carte d'adhésion au PSB pour propager quelques idées révolutionnaires et recruter un à un les meilleurs éléments. Le but était de travailler à l'assimilation de grands groupes d'idées générales pour que puisse se constituer une avant-garde large qui rejoindrait un programme révolutionnaire sur la base de ses expériences. Ce projet était donc beaucoup plus radical et d'un autre niveau que les efforts d'entrisme en 1935 ou que l'infiltration de quelques jeunes dans les organisations de jeunesse communistes et socialistes après 1945.

Le groupe entriste anticipa plusieurs évolutions : le déclin de l'industrie belge traditionnelle combinée avec la montée du renardisme, la cure oppositionnelle du PSB, la crise congolaise et surtout la grève contre la Loi Unique. Les premières années furent difficiles, le PSB étant perçu comme un bloc monolithique face aux positions pro-atlantistes dans ces années de Guerre froide. Un premier succès fut engrangé par Émile Van Ceulen. D'abord actif dans la JGS (Jeune Garde Socialiste) de Bruxelles, il travailla au niveau national sur un programme radical proche des analyses trotskistes sur la politique internationale (congrès de 1954). Les trotskistes organisèrent alors des formations marxistes et tentèrent de conquérir un maximum de positions responsables. Ils occupèrent, ainsi que leurs sympathisants, la majorité des postes de direction jusqu'à la rupture avec le PSB en 1964. C'est au sein des JGS que les premiers recrutements se réalisèrent. Entre-temps, les militants plus âgés agissaient dans les ligues ouvrières de Bruxelles. Etant donné le nombre limité de membres et les contraintes d'une telle « double vie », on donnait priorité au travail politique par rapport au travail syndical.

Nationalité et Lutte de Classe en Belgique

1954 fut une année charnière. Outre les succès dans les JGS, il fallait prendre en compte la création du FLN algérien qui cherchait partout des appuis. La 4ᵉ Internationale fut une des rares organisations qui, non seulement souhaitait lui apporter son soutien, mais encore était en mesure de le faire grâce à sa structure internationale. La Section Belge de la Quatrième Internationale (SBQI) joua un rôle central dans le réseau clandestin (faux papiers, publications…). On fonda un Comité pour la Paix en Algérie, organisation humanitaire indépendante, dans le but d'impliquer la « nouvelle gauche » dans ces activités internationalistes. Bien que l'implication des trotskistes dans ce travail ne fût pas prioritaire, il aura été à la base de la publication ultérieure de *La Gauche* (janvier 1957).

Un travail important dans la FGTB avait également commencé en 1954. Lors du congrès extraordinaire de la FGTB, on mit en avant, pour la première fois, la revendication de réformes de structures. E. Mandel, qui publiait des articles économiques dans *Le Peuple*, devint membre de la commission d'études de la FGTB portant sur la concentration économique. Le renardisme tenait une place centrale dans la stratégie des trotskistes : ils pensaient que ce mouvement, bien que combatif, n'entraînait pas assez clairement les revendications syndicales vers un terrain plus politique. Ils voulaient augmenter le poids de ce mouvement dans le PSB pour le lier ensuite à son aile gauche. Les JGS ne pouvaient pas effectuer cette tâche; pour constituer une base stable, le regroupement des « contestataires » utilisa alors un hebdomadaire : *La Gauche*. Par l'intermédiaire de Jacques Yerna, Mandel reçut le soutien de Renard pour la fondation d'un journal de gauche. Le projet suscitait l'enthousiasme : divers collaborateurs se réunirent et formèrent une plateforme revendicative centrale portant sur les réformes de structures (nationalisations et planification économique).

Après la défaite électorale du PSB en 1958, la récession économique et les grèves du Borinage en 1959, les trotskistes estimèrent le moment propice à une plus large propagation des idées de *La Gauche*. En même temps, on redoutait une restriction de la démocratie (« État fort »). Trois objectifs furent proposés: une présence de gauche au parlement (ce qui se réalisa en 1961 avec Glinne et Hurez), la formation d'une tendance de gauche dans les ligues ouvrières et la création d'un journal flamand. Déjà, en 1957, Marcel Deneckere avait projeté de publier quelque chose d'analogue dans *La Gauche*, la même idée, donc, que Mandel, qui ne pouvait le faire sans un membre flamand du parti. Deneckere et Mandel décidèrent de travailler ensemble et en janvier 1959, parut le premier numéro de *Links*. La même année, le PSB fit sienne la revendication des réformes de structure.

Mais la situation devint moins favorable durant la grève contre la Loi Unique. André Renard rompit avec *La Gauche* alors que le journal appelait à une marche sur Bruxelles. Les relations s'étaient déjà détériorées courant 1960, principalement à cause de la position de Renard, qui pendant la grève, avait opté pour une solution fédéraliste. Il publia son propre journal, *Combat*, et créa le Mouvement Populaire Wallon en 1961. Les trotskistes évitèrent la rupture avec le MPW. Mais le recul des luttes sociales, le boom économique et la participation du PSB au gouvernement, furent pour eux autant de circonstances défavorables.

Après la mort de Renard (1962), trois tendances se disputèrent la direction du MPW : les trotskistes et leurs sympathisants, critiques par rapport au fédéralisme, les syndicalistes (Yerna entre autres) et les nationalistes wallons (dirigés par François Perrin). Le MPW éclatera après 1964. Les trotskistes essayèrent entre 1961 et 1964 de préserver l'unité avec la gauche anti-réformiste divisée par des forces centrifuges. Ils résistèrent ainsi aux pressions du MPW pour une rupture de *La Gauche* et du PSB. Et, dans la même période, ils s'opposèrent au vote des Lois du maintien de l'ordre.

Le nombre de membres, parmi lesquels quelques adhérents en Flandre, avait atteint 300. Il devint alors possible de commencer un travail public, ce à quoi de nombreux militants tenaient fortement. Ils voulaient attirer des progressistes n'appartenant pas au PSB, principalement des intellectuels de gauche, ce qui fut fait dès 1962 avec le journal *Lutte de Classe*. A cette occasion, Georges Vereeken, qui avait rapidement mit fin à la fusion de 1946, rejoignit la Quatrième Internationale. Mais il la quitta définitivement, en désaccord avec l'appréciation positive de la révolution culturelle chinoise.

La cohésion, remarquablement solide durant plus de dix ans, fut ébranlée par les nombreux débats au sein de la Quatrième Internationale. L'argentin Posadas rompit avec le Secrétariat International en 1961-1962 à cause du soutien inconditionnel aux communistes chinois et de nombreuses controverses concernant le Tiers-Monde. Il rassembla la majorité des trotskistes d'Amérique Latine et tenta de construire une internationale élargie à des révolutionnaires non-trotskistes. En Belgique, quelques trotskistes fondèrent un groupe posadiste. Ils remettaient en question l'entrisme et entamèrent des échanges avec un noyau trotskiste de Charleroi ayant refusé l'entrisme en 1950. Le nom du parti, dont le journal s'intitulait « La lutte Ouvrière », fut d'abord « Parti Ouvrier Révolutionnaire » auquel on ajouta plus tard « trotskiste » (PORT).

En 1963, la 4e Internationale adopta une attitude plus souple par rapport à l'entrisme : un travail public en tant que parti pouvait alors être envisagé. Ceci conduisit l'important parti états-unien, le *Socialist Workers Party*, à rejoindre, après dix ans, la Quatrième Internationale. Cette réunification eut comme conséquence le changement du nom : de Secrétariat International en Secrétariat Unifié. Entre-temps, Michel Raptis (Pablo) s'était engagé très fortement dans le travail de solidarité avec le FLN algérien ; il s'éloigna de la Quatrième Internationale en 1965 parce qu'il donnait priorité aux mouvements de libération des peuples colonisés. Ce qui entraîna la formation de la Tendance Internationale Marxiste Révolutionnaire TIMR.

Introduction a L'histoire du Trotskisme en Belgique

Progressivement, le groupe de Vereeken se rapprocha de la TIMR de Pablo qui préconisait une direction décentralisée. Le groupe Vereeken, Tendance Marxiste Révolutionnaire, publiait alors un mensuel *Tout le Pouvoir aux Travailleurs*. Le journal disparut après la mort de Georges Vereeken (1978).

Pour être exhaustif, il faut également mentionner le groupe lambertiste. On ne peut dire avec certitude si ce groupe s'est formé en 1950 en opposition à l'entrisme ou s'il s'est constitué plus tard. En 1973, les lambertistes fondèrent le Groupe trotskiste belge pour la reconstruction de la Quatrième Internationale. En 1979, ils ouvrirent des discussions visant à la fusion avec la Ligue Révolutionnaire des Travailleurs (LRT), organisèrent le Cercle d'études marxistes et publièrent « *Informations ouvrières* ».

Le « Congrès d'Incompatibilité » (décembre 1964) mit fin à l'expérience entriste : être membre du PSB devint incompatible avec une fonction dirigeante dans le MPW ou avec la possibilité de publier des articles dans *Links* et *La Gauche*. Cette rupture avec le PSB n'était certes pas du fait des trotskistes, mais, devant le fait accompli, ils choisirent de s'orienter vers la formation de grandes organisations à la gauche du PSB. À Bruxelles, où les trotskistes étaient très présents, ils réussirent à s'implanter en créant l'Union de la Gauche Socialiste (UGS) (comptant 150 présents au congrès). Peu avant leur exclusion du PSB, pour les élections parlementaires, l'UGS constitua un cartel avec les communistes, et Pierre Le Grève fut élu.

En Flandres, Marcel Deneckere conclut un compromis avec la direction du PSB. Il n'y avait que quelques dissidents dans la rédaction de *Links* (entre autres, Guy Desolre). Les Étudiants Socialistes et les Jeunes Socialistes s'opposèrent à la limitation du droit de tendance. Les dissidents soutinrent la campagne électorale de Camille Huysmans[2]; ils regroupèrent cette gauche minoritaire sous le nom de *Socialistische Beweging Vlaanderen (SBV)* et publièrent *De Socialistische Stem*. En janvier 1969, en remplacement de *De*

Nationalité et Lutte de Classe en Belgique

Socialistische Stem, ils firent paraître *Rood*, journal ayant pour soustitre « Pour l'unité des travailleurs et des étudiants révolutionnaires ».

En Wallonie, les socialistes devaient également s'adapter à la nouvelle situation. Des collaborateurs de grande valeur démissionnèrent de la rédaction de *La Gauche* (Glinne, Yerna, Cools, Hurez). Le MPW perdit la plus grande partie de son aile gauche. La gauche encore présente dans le MPW (trotskistes, JGS et sympathisants) constituait clairement une minorité par rapport aux wallingants. C'était déjà le cas en janvier 1965, lorsque la fédération liégeoise du Parti Wallon des Travailleurs (PWT), successeur du MPW, fut formée : cette importante fédération était dirigée par le wallingant François Perrin. Les mêmes rapports de forces jouèrent dans les autres fédérations. Au cours de la campagne pour les élections du 23 mai 1965, les signes d'une rupture se précisèrent plus nettement: la gauche du PWT se prononça pour un cartel avec les communistes, tandis que Perrin souhaitait une alliance avec d'autres partis wallingants. Après les élections, il fusionna avec ces partis pour former le Front Wallon. Les trotskistes et une gauche radicale continuèrent à travailler dans un PWT plus étroit.

Le résultat final de 14 années d'entrisme fut décevant : ne restait que trois petites organisations où pouvoir travailler (PWT, UGS et SBV). Elles se regroupèrent en une confédération en octobre 1965, la Confédération Socialiste des Travailleurs (CST) qui comptait 1.000 membres. Entre-temps, le PSB avait aussi expulsé les JGS, au prétexte de la critique par ces derniers de la direction du PSB lors du centenaire de la Première Internationale en 1964. Juste avant ce centenaire, le PSB avait formé une nouvelle organisation de jeunesse, la Jeunesse Socialiste. La JGS, suite à cette exclusion, demeura très affaiblie. A partir de 1962-1963, des satellites de la Socialistische Jonge Wacht, favorables à la 4e Internationale, se regroupèrent à Gand et à Anvers (avec entre autres François Vercammen).

Introduction a L'histoire du Trotskisme en Belgique

Les trotskistes furent désorientés par la nouvelle situation. Le projet de la construction d'un nouveau parti de masse de gauche avait échoué, en 1965. La gauche était très divisée. Les trotskistes avaient espéré que ces différents courants sortiraient unifiés de la confrontation avec la direction du PSB. Dans un premier temps, il fut décidé de poursuivre le travail dans la CST. Mais peu après, une des tendances voulut intégrer l' « avant-garde jeune » qui rejetait les partis réformistes et tendait à l'action révolutionnaire. Mai 68 fut le facteur décisif de cette discussion: à cette date, on envisageait la formation de partis révolutionnaires autonomes. Ils remplaceraient les partis de la gauche radicale de la CST, car l'élection de 1968 indiquait un sérieux affaiblissement de la CST. Mais les trotskistes avaient peu de liens avec ce milieu de jeunes révolutionnaires, par exemple avec le mouvement étudiant de Louvain, à cette époque sous influence maoïste.

Le 9ᵉ Congrès Mondial de la Quatrième Internationale (1969) décida d'un changement d'orientation, et en 1970 se tint la première grande manifestation publique à Bruxelles (« l'Europe Rouge »). Pour les trotskistes, les révoltes étudiantes étaient importantes sur deux plans: on pouvait y recruter des cadres et l'insurrection y apparaissait comme un exemple. Les étudiants, groupe le moins contrôlable dans la société, pouvaient ouvrir une brèche dans le régime capitaliste et montrer ainsi aux ouvriers que l'opposition au capitalisme et à ses dirigeants politiques et sociaux était possible. La fragilité organisationnelle des trotskistes constituait un point faible, mais ils disposaient de quelques atouts pour gagner à leur cause des jeunes radicalisés : le fait d'être membres d'une organisation internationale, de pouvoir se baser sur une tradition idéologique cohérente, d'avoir une connaissance de l'histoire du mouvement ouvrier, et enfin le prestige d'intellectuels tels que E. Mandel, P. Broué, P. Naville … Ce qui, cependant, entrait en contradiction avec le spontanéisme de ces jeunes, spontanéisme ayant plus d'affinités avec le maoïsme des premières années également teinté d'anti-syndicalisme.

Nationalité et Lutte de Classe en Belgique

En Flandre, le noyau du nouveau parti à construire était formé par la SJW. Cette organisation de jeunesse avait absorbé, à la fin 1968, les Étudiants Socialistes et entamait, en 1969, un processus de rapprochement avec la 4ᵉ Internationale. La grève des mineurs du Limbourg (1970) fit figure de test pour cette nouvelle génération de révolutionnaires qui ne connaissait que la lutte étudiante et les mobilisations anti-impérialistes. Pour la première fois, ils se mêlèrent aux luttes ouvrières, ce qui accéléra la formation de la Ligue Révolutionnaire des Travailleurs (LRT) en mai 1971. À côté de SJW, existait aussi en Flandre la SBV, transformée en Revolutionaire Socialisten (RS) (Socialistes Révolutionnaires) après une fusion de courte durée avec les « Vlaamse Democraten » (Démocrates Flamands). En janvier 1969, ils éditèrent le journal *Rood* en remplacement de *De Socialistische Stem* avec comme sous titre *« pour l'unité des travailleurs et des étudiants révolutionnaires »*

En 1976 la LRT participa pour la première fois aux élections municipales. Des cartels furent formés dans quelques villes wallonnes (Quaregnon, Liège). A partir de 1977, les trotskistes se présentèrent à toutes les élections. Le résultat ne dépassa jamais les 1%. Plusieurs fois, la LRT tenta de faire alliance avec le PCB ou avec le PTB (Tout le Pouvoir aux Travailleurs). Le PTB refusa toujours et le PCB n'accepta qu'au moment où lui-même devint très marginal.

1 Cette introduction (écrite pour l'AMSAB) se base essentiellement sur les œuvres suivantes : De BEULE N., *Het Belgisch trotskisme 1925-1940. De geschiedenis van een groep oppositionele communisten.* Gent, 1980, 276 p.; LORNEAU M. « Le mouvement trotskiste belge, septembre 1939-décembre 1964 » in : *Courrier hebdomadaire du CRISP*, n° 1062-1063, 21 décembre 1984, 57 p. ; CHAUVIER J.-M., « Gauchisme et nouvelle gauche en Belgique (II) » in : *Courrier hebdomadaire du CRISP*, n° 602-603, 4 mai 1973, 37 p.

2 Camille HUYSMANS (1871-1968) fut un social-démocrate convaincu, maire d'Anvers, parlementaire, ministre, premier, secrétaire et président (de la 2e Internationale socialiste. Il soutint le mouvement flamand. Voir aussi dans ce livre l'introduction, note 58. (H.P.)

ANNEXE 3
COMMENT GUSTAVE DACHE RÉÉCRIT L'HISTOIRE DE LA GRÈVE 1960-61

Une critique par A. Henry, L. Perpette, G. Leclerc et G. Dobbeleer (2010)

Nous avons repris les deux premiers chapitres de cet article pour la bonne raison qu'elle met en lumière l'activité du trotskisme dans la grande grève, une grève qui a joué un rôle déterminant dans la formations des idées fédéralistes wallonnes. Le texte entier se trouve sur le site lcr-lagauche. org.

« Comment Ernest Mandel *a empêché la victoire de la révolution socialiste en 60-61*» : tel devrait être le titre du livre que Gustave Dache, militant ouvrier et vétéran carolo de la grève du siècle, a intitulé *« La grève générale révolutionnaire et insurrectionnelle de 60-61 »*. Dache y défend l'idée que la Belgique connut à cette période une situation ouvertement révolutionnaire au cours de laquelle la classe ouvrière fut à deux doigts de s'emparer du pouvoir politique par une insurrection. L'échec, selon Dache, est dû au fait que les travailleurs furent trahis par leurs directions traditionnelles ainsi que par la gauche renardiste au sein de la FGTB, qui dévia le combat vers le fédéralisme.

Mais le livre constitue avant tout une dénonciation extrêmement violente d'Ernest Mandel et de ses partisans qui, à l'époque, pratiquaient « l'entrisme » dans la social-démocratie. Pour Dache, la révolution aurait triomphé si *« le groupe Mandel »* avait été révolutionnaire en pratique ; or, selon lui, il s'est avéré qu'il ne l'était qu'en théorie. Chapitre après chapitre, l'auteur martèle que *« les mandélistes »* ne sont en vérité et par essence que des *« capitulards »*, des *« liquidationnistes »*, des *« réformistes »*, des *« pseudo marxistes »*, de *« faux trotskistes »*, des *« suivistes »* et des *« opportunistes »* visant pour la plupart à *« faire carrière »*. Ces accusations sont grotesques mais on connaît l'adage : « calomniez, calomniez, il en restera toujours quelque chose ».

Gustave Dache ayant trouvé le moyen de faire imprimer ce qu'il répète sans succès depuis 50 ans, nous sommes bien obligés de mettre un certain nombre de choses au point par écrit. Nous ne serons pas exhaustifs, cela nous entraînerait trop loin, tant l'ouvrage fourmille d'inexactitudes, de demi-vérités et de mensonges purs et simples (un chapitre entier est carrément repris d'un auteur lambertiste[1] de l'époque, spécialiste du genre). Au-delà des querelles d'anciens combattants, notre souci est de donner une image correcte de ce que furent la grève du siècle et l'intervention de la section belge de la Quatrième Internationale dans cet événement. Car une conscience anticapitaliste se construit sur une interprétation juste des faits historiques, pas sur des mythes, des caricatures et des insultes.

La Belgique connut-elle une situation révolutionnaire et insurrectionnelle au cours de l'hiver 60-61 ?

Gustave Dache répond sans hésiter : « oui ». Nous ne partageons pas cette appréciation. Rappelons que, pour Lénine, une situation est révolutionnaire lorsque trois conditions sont remplies simultanément : 1°) ceux d'en bas ne veulent plus être gouvernés

Comment Gustave Dache Réécrit
L'Histoire de la Grève 60 - 61

comme avant ; 2°) ceux d'en haut n'en sont plus capables ; 3°) les classes moyennes hésitent entre les deux camps. La deuxième condition n'a jamais été remplie en 60-61. La classe dominante resta unie et déterminée, elle ne perdit jamais le contrôle de la situation et fut loin d'épuiser toutes ses cartouches. La Belgique de 60-61 ne connut même pas une vacance temporaire du pouvoir, comme lors du Mai 68 français, quand De Gaulle disparut en Allemagne pour consulter ses généraux. Après cinq semaines, les travailleurs reprirent le travail sans avoir été battus, le gouvernement Eyskens tomba en avril, et le PSB, revenu au pouvoir, appliqua la « Loi Unique » par morceaux. Gustave Dache ne conteste pas cet enchaînement des faits. Or, celui-ci conduit à s'interroger aussi sur la première des trois conditions citées par Lénine.

Il ne s'agit pas de minimiser la portée de 60-61 mais de prendre la juste mesure de l'événement. En effet, si la majorité des travailleurs était invaincue et avait vraiment perdu toute illusion sur la social-démocratie au cours de la grève, comment expliquer qu'elle ne soit pas repartie au combat quelques mois plus tard? La classe ouvrière aurait-elle été écrasée entre-temps ? Historiquement, les situations révolutionnaires qui n'ont pas débouché sur la prise du pouvoir par les travailleurs ont toujours et nécessairement abouti à la victoire de la contre-révolution, c'est à dire à l'écrasement du mouvement ouvrier organisé. Où Dache voit-il un tel écrasement dans la période qui a suivi la grève ? Quand et comment la situation révolutionnaire prétendument ouverte par la grève générale s'est-elle refermée ?

Ici, une clarification s'impose. Dans sa préface au livre de G. Dache, Eric Byl, dirigeant du PSL, parle des *« six grèves générales »* qui auraient eu lieu en Grèce au cours des premiers mois de cette année… A cette aune, on comprend que 60-61 constitue pour lui une révolution ! Cependant, confondre une grève générale et un arrêt de travail généralisé de 24 heures constitue une erreur sérieuse. Le marxisme révolutionnaire parle de grève générale quand le fleuve ouvrier déborde les digues et inonde la société au

253

Nationalité et Lutte de Classe en Belgique

point que plus personne ne sait quand et comment le faire rentrer dans son lit. C'est en ce sens, et en ce sens seulement, que toute grève générale ouvre une situation potentiellement révolutionnaire, donc potentiellement insurrectionnelle.

De plus, entre une situation potentiellement révolutionnaire, une situation prérévolutionnaire, une situation réellement révolutionnaire, et une situation où les conditions pour une victoire révolutionnaire sont réunies, il y a encore tout un chemin à parcourir. L'expérience pratique doit amener la masse des travailleurs mobilisés à se détourner successivement des directions collaborationnistes, réformistes, réformistes de gauche ou « centristes »[2], permettant ainsi le développement d'un parti révolutionnaire qui commence à être reconnu comme une direction alternative crédible à l'échelle de masse. L'expérience historique enseigne que ce processus est intimement lié à l'auto-organisation des travailleurs. C'est pourquoi le niveau de développement des organes de pouvoir des travailleurs est un bon indicateur du caractère révolutionnaire ou prérévolutionnaire d'une situation donnée, quelle qu'elle soit.

Or, que montre la grève générale de 60-61 à cet égard ? Dans plusieurs localités du Hainaut, des comités élus par les grévistes ont pris en charge le combat et même certains aspects de la vie quotidienne, tels que la circulation des véhicules, etc. Mais il s'agissait généralement de structures territoriales, formées dans les Maisons du Peuple, et pas de véritables comités de grève, élus en assemblée générale des travailleurs, au niveau des entreprises. Ces structures territoriales sont restées relativement isolées et n'ont pas commencé à se coordonner. Pourquoi sont-elles apparues dans le Hainaut ? Parce que l'appareil FGTB s'y opposait ouvertement à l'aile gauche renardiste. A Liège, où Renard assumait le mouvement, les comités étaient inexistants. Ils n'existaient pas non plus en Flandre, où les grévistes, confrontés au sabotage de la CSC, se regroupaient derrière la FGTB en tant que telle. « La Gauche » a appelé à former des comités de grève, elle a même avancé la perspective d'un congrès national de ces comités ; mais cette revendication restait très propagandiste, contrairement à ce qu'écrit Dache.

Concrètement, la seule manifestation généralisée de pouvoir des travailleurs fut la désignation, par le syndicat, des travailleurs autorisés à entrer dans les entreprises pour l'entretien de l'outil. C'est important, mais cela ne suffit pas à caractériser la situation comme révolutionnaire. Ou alors il faudrait conclure qu'une révolution pourrait se dérouler sans que l'appareil syndical perde le contrôle des masses, ce qui est absurde.

Dache prend systématiquement ses souhaits pour des réalités. Il ne tient pas compte du fait que la grève générale n'était certainement pas perçue comme « *révolutionnaire* » ni « *insurrectionnelle* » en Flandre. Il affirme que le saccage de la gare des Guillemins et les affrontements qui ont suivi, à Liège le 6 janvier, constituaient une « insurrection prolétarienne ». C'est confondre émeute et insurrection : une insurrection ne consiste pas à casser les vitres des gares mais à s'emparer des lieux du pouvoir politique et des points stratégiques, tels que les bâtiments officiels, les parlements, la radio et la TV, les centrales électriques, les nœuds de communication, les centrales téléphoniques, etc. Rien de tel ne s'est produit en 60-61. Les nombreux actes de sabotage mentionnés par Dache n'apportent pas non plus une preuve du caractère révolutionnaire de la situation. La grève du siècle a montré le potentiel révolutionnaire de la classe ouvrière, mais la situation n'a jamais été révolutionnaire. Telle est la vérité historique.

Le « groupe Mandel » est-il resté à la remorque de Renard ?

Dache dénonce André Renard, mais il est bien obligé d'admettre que celui-ci était vu et reconnu unanimement comme l'âme de la grève et comme son dirigeant incontesté. Partout, les grévistes réclamaient Renard, y compris et surtout dans les régions qui connurent des formes d'auto-organisation. Renard incarnait la gauche de la FGTB en lutte ouverte contre la droite social-démocrate, son autorité resta intacte jusqu'au bout et il garda le contrôle du mouvement même après l'avoir fait dévier vers l'objectif du fédéralisme.

Ce n'était certainement pas un révolutionnaire, mais ce n'était pas non plus un réformiste, et encore moins un partisan de la cogestion du capitalisme ! Il était auréolé du prestige de la Résistance, apparaissait comme un partisan du socialisme par l'action et semblait porter le combat pour les réformes de structure adoptées lors des congrès de 54 et 56 de la FGTB. C'est dire qu'il y avait pour le moins fort peu d'espace politique à gauche de Renard en 60, et qu'il convenait d'agir intelligemment. Se couper radicalement de lui, comme Dache le prône, aurait signifié se couper radicalement de la grande masse des grévistes et de toute leur avant-garde. Il n'y a aucun doute à ce sujet. Même après la grève, le prestige de Renard était tel que le Mouvement Populaire Wallon, qu'il avait fondé, compta plus de vingt mille adhérents. L'immense majorité des travailleurs radicalisés dans le combat contre la Loi Unique furent membres du MPW.

Pour autant, il est complètement faux et grossier d'affirmer, comme le fait Dache, que la section belge de la Quatrième Internationale serait restée à la remorque de Renard. Les tensions furent très vives, au contraire. En février 1959, Mandel et Yerna (qui ne fut jamais trotskyste) rompirent avec Renard parce que celui-ci avait fait volte-face dans la solidarité avec la grève des mineurs du Borinage. Une certaine réconciliation intervint par la suite, avant la grève, mais elle resta superficielle. Les désaccords étaient nombreux. Contrairement à Renard, qui ne se prononça jamais sur ce point, « *La Gauche* » mena campagne pour que les réformes de structure soient clairement anticapitalistes. La surenchère de Dache à ce sujet est complètement déplacée. Il prétend que notre courant défendait des réformes néocapitalistes et en veut pour preuve que « *La Gauche* » ne mit pas en avant l'exigence du contrôle ouvrier.

Comment Gustave Dache Réécrit
L'Histoire de la Grève 60 - 61

Mais il se contredit en citant sa propre intervention lors d'une assemblée de travailleurs du verre au cours de laquelle, de son propre aveu, il ne dit mot de ce contrôle ouvrier, si indispensable à ses yeux !

Outre Mandel lui-même, plusieurs militants de notre courant se heurtèrent sérieusement à Renard. Ce fut notamment le cas d'Edmond Guidé, qui fit arrêter tout Cockerill à Liège dès le 20 décembre 1960 et que Renard, pour cette raison, démit sur-le-champ de son mandat syndical. Un autre membre notoire de notre organisation, Gilbert Leclercq, fut un des principaux animateurs du comité de grève de Leval, une des expériences les plus avancées en matière d'auto-organisation. Quant à la Jeune Garde Socialiste (le mouvement de jeunes du PSB à l'époque), le seul groupe qui trouve grâce aux yeux de Gustave Dache, les militant-e-s de la Quatrième Internationale y jouaient un rôle de premier plan. Surtout, *« La Gauche »* fut le seul courant politique à mener campagne pour la marche sur Bruxelles. On apprit par la suite, de bonne source, qu'il aurait suffi que les renardistes reprennent ce mot d'ordre pour qu'Eyskens abandonne la loi unique.

La marche sur Bruxelles était vraiment la revendication centrale pour celles et ceux qui voulaient que le combat progresse dans un sens révolutionnaire. Mais Renard n'en voulait pas. Notre camarade Lucien Perpète fut dans le collimateur pour avoir scandé ce mot d'ordre lors d'un meeting à Yvoz-Ramet. S'il faut encore une preuve pour démontrer la rupture de *« La Gauche »* avec Renard, il suffit de mentionner qu'à partir du 24 décembre 1960, lorsque *« La Gauche »* appela à créer partout des comités de grève et à les coordonner, notre journal dut se faire imprimer à Bruxelles, car Renard interdit qu'il puisse encore être tiré sur les presses du quotidien *« La Wallonie »*, contrôlé par la Centrale des Métallurgistes.

Il est exact que certaines positions du journal *La Gauche* furent parfois floues, voire approximatives. Mais *La Gauche* était l'organe

Nationalité et Lutte de Classe en Belgique

de la tendance de gauche au sein du PSB, pas de la section belge de la Quatrième Internationale. Bien qu'Ernest Mandel en fût le rédacteur en chef, elle n'exprimait pas toujours des positions marxistes-révolutionnaires, loin de là. On peut certes estimer que les trotskystes auraient dû mettre davantage l'accent sur leur apparition autonome en tant que section de l'Internationale. Mais « *grise est la théorie, vert est l'arbre de la vie* »[4]. Nos camarades menaient de front le travail politique dans *La Gauche*, dans les JGS et la participation aux réseaux de soutien au Front de Libération Nationale pendant la guerre d'Algérie [5]. Ils étaient si peu nombreux qu'ils durent se contenter de diffuser leurs positions via un supplément au mensuel de la section française, *La Vérité des Travailleurs*. Exemple de cette faiblesse: lorsque Georges Dobbeleer commença à travailler comme ouvrier à la FN en 1953, il était le seul militant trotskyste dans la région liégeoise…

On peut estimer aussi que nos camarades auraient dû claquer la porte du PSB après l'entrée de celui-ci au gouvernement, au lieu d'attendre leur expulsion en 1964. C'est notre opinion et, que nous sachions, c'était, jusqu'à présent, celle de Gustave Dache. Nous nous demandons donc pourquoi il ne l'a pas exprimée dans son ouvrage… Serait-ce pour ne pas gêner ses amis du PSL, qui, eux, sont restés dans la social-démocratie jusqu'en 1993, soit plus de 30 ans après la grève générale de 60-61 ?

---

1   Pierre LAMBERT (1920-2008) était le dirigeant d'une l'organisation trotskiste français connu sous différents noms (OCI, PCI, PT, POI). (H.P.)

2   Les marxistes révolutionnaires qualifient de « centristes » les courants de gauche qui oscillent entre réforme et révolution. (H.P.)

4   Un citation du *Faust* de Goethe. (H.P.)

5   Le Front National de Libération était l'organisation politique dirigeante dans la lutte pour l'indépendance du peuple algérien contre le colonialisme français. Sur le rôle qu'ont joué les trotskistes dans la solidarité avec le FNL voire Hervé HAMON & Patrick ROTMAN : *Les porteurs de valises. La résistance Française à la guerre d'Algérie*, Paris 1981. (H.P.)

ANNEXE 4

Daniel Tanuro

POUR COMPRENDRE LA CRISE BELGE

La crise politique dans laquelle la Belgique s'enlise reste inintelligible si l'on ne saisit pas l'interaction particulière entre les facteurs objectifs et subjectifs, entre l'Histoire longue du pays et les développements récents. Or, il faut comprendre. On ne peut pas se contenter de dire que cette crise est celle de 'ceux d'en-haut', que 'ceux d'en bas' ont « d'autres problèmes », etc. Il y a évidemment un élément de vérité dans cette affirmation, mais la crise pose des questions bizarres auxquelles il est impossible de se soustraire sans s'effacer du champ politique. Pour y répondre, il s'agit d'abord de comprendre pourquoi elles sont formulées. En bonne logique matérialiste, il faut partir de l'évolution économique. De ce point de vue, les choses sont assez simples : le patronat flamand a un ambitieux projet de développement pour que la Flandre reste une des régions les plus prospères d'Europe. Son grand atout : le port d'Anvers, le troisième du monde (le second après New York si l'on ne prend pas en compte les tonnages pétroliers transitant par Rotterdam). Mais Anvers est enclavé à trente kilomètres de l'embouchure de l'Escaut. Elle ne peut tenir son rang que moyennant de vastes programmes d'investissement dans la zone portuaire

259

elle-même, dans l'arc entre Anvers et Zeebruges ainsi que dans l'ensemble de la périphérie vers Lille, les Pays-Bas et l'Allemagne. Le maintien du dynamisme économique des entreprises flamandes et de l'attractivité de la zone pour les multinationales en dépendent. Sur le plan social, cela postule une vaste offensive contre le mouvement ouvrier : réforme néolibérale de la sécurité sociale, flexibilité du travail, mobilité et formation de la main-d'œuvre, immigration, politique des revenus, sans compter les répercussions sur l'aménagement du territoire, l'environnement, etc.

Il n'y a plus de capitalisme belge

Le point clé est que ce projet est celui du « nouveau » patronat flamand. La montée en puissance de cette fraction de la classe dominante a débuté après la seconde guerre mondiale. Son poids relatif s'est brutalement accru du fait du démembrement de la Société Générale (la holding fondée par Guillaume d'Orange avant même que le pays accède à l'indépendance), qui dominait l'économie du pays et pesait d'un poids déterminant sur les partis ainsi que sur l'Etat jusqu'au plus haut niveau (la monarchie). L'inégalité de développement entre le Nord et le Sud du pays est un trait caractéristique des « provinces belges » depuis le 13e siècle. Avec ses investissements industriels répartis en Flandre et en Wallonie, la Générale l'a contrebalancé à sa manière, pendant quelques décennies au 20e siècle. Mais elle l'a fait d'une façon très particulière.

Après guerre, au lieu de s'appuyer sur ses fleurons industriels pour occuper quelques créneaux dans l'arène internationale, la Générale se borna de plus en plus à les instrumentaliser financièrement. La Belgique n'eut donc ni l'équivalent de Philips aux Pays Bas, ni celui de Volvo en Suède. Faute d'une politique d'investissement adéquate, les entreprises du groupe furent touchées de plein fouet par le retournement de l'onde longue expansive, dans les années 70. Dans le Sud du pays, déjà frappé par la crise charbonnière, leur restructuration ne laissa qu'un champ de ruines. En Flandre,

Pour Comprendre La Crise Belge

elle dégagea le terrain pour l'expansion d'un capitalisme régional basé sur ses PME dynamiques, sur ses banques (Kredietbank) et sur l'investissement par les multinationales.

L'homme d'affaires italien Carlo De Benedetti traita un jour la Société Générale d'incarnation d'un « capitalisme en bonnet de nuit ». C'était non seulement comique mais aussi très juste. Quoique contrée avec l'aide de Suez – appelée à la rescousse par l'Etat belge – l'OPA lancée par le patron d'Olivetti allait sonner le glas de la « vieille dame ». Depuis lors, c'est simple : il n'y a plus de « capitalisme belge ». On ne comprend rien à la crise actuelle si on ne commence pas par prendre en compte cette réalité.

La superstructure institutionnelle, en effet, n'est plus en adéquation avec la réalité du capital. Très liée historiquement à la Société Générale, la monarchie n'a pas de réel ancrage dans le nouveau patronat flamand. La réforme de l'Etat des années 80 et 90 s'est accompagnée d'un certain nombre d'aberrations dans la répartition des compétences, de sorte que les entités fédérées sont parfois handicapées dans la mise en œuvre de politiques pleinement cohérentes, tandis que l'Etat central est déforcé sur certains plans. La situation de la région de Bruxelles Capitale est particulièrement intenable : insuffisance de ressources, morcellement en dix-neuf communes, territoire étriqué.

Enfin et surtout, le maintien du système national de sécurité sociale, créé en 1944, implique qu'un certain nombre de leviers ne peuvent pas être mis pleinement au service du projet patronal flamand. Les nationalistes du Nord du pays dénoncent les 'transferts financiers' de la Flandre riche vers la Wallonie pauvre (en fait la solidarité des salariés plus nombreux et mieux payés de Flandre avec les allocataires sociaux plus nombreux en Wallonie). Cette agitation n'est que la traduction politique déformée du fait que le patronat flamand veut 'réformer' la sécurité sociale en fonction de son projet néolibéral spécifique et pouvoir compter davantage sur la main-d'œuvre disponible...en Wallonie.

Nationalité et Lutte de Classe en Belgique

Car les divergences de contexte sont là : alors que le vieux sillon industriel wallon reste gangrené par un chômage massif, l'économie flamande craint la pénurie de main-d'œuvre. De tels écarts portent à conséquence quand il s'agit « d'aménager la fin de carrière », ou « d'activer les demandeurs d'emploi », par exemple. Faut-il encore préciser que le blocage des négociations entre partis flamands et francophones n'a rien d'un affrontement gauche-droite ? La politique menée au niveau des entités fédérées wallonne, bruxelloise et francophone le prouve : les partis francophones sont aussi convertis au néolibéralisme que leurs homologues flamands. S'ils s'opposent aux demandes flamandes de scission de la sécurité sociale, ou de régionalisation des négociations contractuelles, c'est parce qu'ils craignent la déstabilisation politique qui pourrait résulter en Wallonie d'une nouvelle et brutale dégradation de la protection sociale[1], autrement dit parce que la politique néolibérale à mener au Sud du pays diffère de celle qui est à mener au Nord.

Les voies tortueuses de la politique

Tout cet arrière-plan s'exprime à travers la crise gouvernementale. Mais on sait que la politique ne parle jamais simplement le langage de l'économie. Les deux sphères sont reliées par des médiations particulières, et c'est ici que l'affaire se complique. Dans le cas belge, le transfert passe par la question nationale, c'est-à-dire par la question flamande. Ceci donne lieu à une surenchère d'interprétations superficielles et impressionnistes. Prétendre que la question flamande se réduit à une 'frustration culturelle', par exemple, c'est passer complètement à côté de l'essentiel. La question nationale, ici comme ailleurs, n'est que l'enveloppe de la question sociale. En forçant un peu le trait, on peut dire que la Flandre a été à la Belgique ce que l'Irlande était au Royaume-Uni : une réserve de main-d'œuvre à bon marché et une source de produits agricoles à bas prix permettant de comprimer les salaires ouvriers. Même sous-développement, même famine, même émigration. Même mépris de la langue et des gens. Qui, en-

262

Pour Comprendre La Crise Belge

dehors de certains Anglais, oserait traiter les nationalistes Irlandais de « frustrés culturels » ? La situation économique s'est certes inversée : c'est la Wallonie qui est pauvre et méprisée aujourd'hui. Les droits nationaux des Flamands ne sont plus opprimés, le leader nationaliste Vic Anciaux[2] lui-même l'admettait il y a près de trente ans. Mais on ne peut nier les pesanteurs historiques. La gauche paie toujours pour la grande faute historique de la social-démocratie belge, qui a refusé d'embrasser la cause légitime du peuple flamand.

L'Allemand August Bebel avait pressé le POB de profiter du fait que les ouvriers flamands ne parlaient pas la langue de leurs exploiteurs. En vain : le parti de Vandervelde[3] refusa de s'engager dans cette voie internationaliste. Déjà gangrené par la collaboration de classe, il préféra se couler de plus en plus confortablement dans le système institutionnel non démocratique, monarchique et... francophone . Un système mis en place par les grandes puissances pour jouer le rôle de tampon entre la France post-révolutionnaire et le Nord de l'Europe, sans que les deux peuples vivant sur ce territoire, Flamands et Wallons, ne soient consultés sur les formes de leur cohabitation[4].

Faute d'alternative à gauche, le mouvement flamand à été hégémonisé et récupéré par la droite, via le petit clergé, qui joua ici un rôle clé. Sa virulence rabique et son revanchisme typiquement petit-bourgeois sont à la mesure des humiliations et du mépris subis. Et ce n'est pas la seule conséquence de la faute historique du POB : dans la classe ouvrière, la non prise en charge des revendications démocratiques flamandes a laissé le champ libre à la hiérarchie catholique. En effet, à partir de l'encyclique *Rerum Novarum*, celle-ci sut mettre sur pied un syndicat chrétien, dont le but explicite était de faire contrepoids au syndicat socialiste. Depuis lors, le syndicalisme chrétien domine la classe ouvrière en Flandre, tandis que le syndicalisme socialiste reste plus puissant en Wallonie. Au sein du monde du travail, une ligne de partage organisationnelle s'est ainsi ajoutée à la ligne de partage linguistique.

Le nationalisme flamand à l'heure de la revanche économique et du libéralisme

Si la fin du capitalisme belge est la clé pour saisir les fondements objectifs de la crise, la compréhension des aspects subjectifs nécessite d'appréhender l'évolution du nationalisme flamand, dans le double contexte du triomphe économique de la Flandre et du triomphe idéologique du néolibéralisme. Ici aussi, il faut se garder des interprétations superficielles. Que ce nationalisme ne soit plus l'enveloppe d'une exploitation et d'une oppression, c'est une évidence. Mais il est complètement erroné de voir dans l'unanimité des partis flamands autour des revendications autonomistes la manifestation d'une « fascisation » du Nord du pays sous la houlette du Vlaams Belang. Entendons-nous bien : le Vlaams Belang (25% des voix en Flandre) est un parti d'extrême-droite, le noyau de sa direction historique est fasciste et une fraction du patronat soutient ce parti. Le danger qu'il représente ne peut être sous-estimé.

Mais le patronat flamand, qui mène la danse, n'a pas choisi de jouer la carte de l'extrême-droite, qui impliquerait un affrontement avec le puissant mouvement ouvrier chrétien[5]. Pourquoi le ferait-il? Tous les partis « démocratiques » inscrivent leur action dans le cadre qu'il a tracé. La social-démocratie flamande, complètement déboussolée par le passage de son électorat populaire au Vlaams Belang, n'a d'autre perspective que d'accompagner le projet néolibéral pour la Flandre. Quant aux Verts, ils ont des états d'âme antinationalistes sympathiques, mais pas d'alternative sociale.

En vérité, c'est l'hégémonisation de la classe politique flamande par le néolibéralisme, pas par le fascisme, qui s'exprime dans le front flamand. D'où la surenchère nationaliste entre partis. Avec le basculement du centre de gravité économique au Nord du pays, le nationalisme flamand est devenu la forme idéologique du projet néolibéral dans le contexte spécifique de la Flandre. C'est cette alchimie particulière qui explique comment la scission du dernier

Pour Comprendre La Crise Belge

arrondissement électoral bilingue, Bruxelles-Halle-Vilvoorde[6], a pu devenir une question fétiche de la vie politique. « C'est nous les riches, maintenant, et nous allons enfin vous dicter notre loi » : voilà le sens symbolique du vote des seuls parlementaires flamands sur la scission de BHV, en commission de l'Intérieur de la Chambre. Les francophones outrés parlent de « gifle ». L'arrogance, en effet, change de camp. Mais les Flamands ont pour eux une certaine logique : pourquoi maintenir cet arrondissement unitaire quand tout le pays est scindé sur une base linguistique, y compris la Province du Brabant dont les partis francophones ont refusé de faire une zone bilingue, en 1962 ?

On le voit : la crise belge se situe à l'intersection d'une série de facteurs historiques avec la politique néolibérale du tout au marché et ses sous-produits idéologiques : arrogance de l'argent, glorification de l'inégalité sociale, banalisation de la xénophobie, rupture des solidarités sociales. Vu le rôle de l'Union Européenne dans la mise en œuvre de cette politique, il est vraiment trop drôle que certains francophones croient pouvoir dénoncer les Flamands au nom du modèle européen de coexistence dans la différence dont la Belgique, disent-ils, était l'illustration.

Quel modèle ? 'L'intégration européenne fragilise l'Etat belge' : bien que le *Monde Diplomatique* ait posé ce diagnostic il y a près de vingt ans (juillet 1988), personne ne semble vouloir comprendre que ce qui se passe ici n'est pas une verrue sur le nez de l'UE mais un produit particulier de sa politique. Un produit de plus en plus difficile à gérer, d'ailleurs, du fait que la gouvernance libérale creuse de nouveaux fossés entre les peuples. C'est de cela, en fait, que la Belgique est une illustration : la formation de parlements et de gouvernements régionaux et communautaires chargés d'appliquer la politique néolibérale a certes permis quinze années de relative « paix communautaire », mais au prix d'une incapacité de la plus grande partie du personnel politique de la classe dominante de comprendre ce qui se passe « de l'autre côté », pour ne pas parler de se hisser au niveau de la gestion de l'Etat dans son ensemble.

Nationalité et Lutte de Classe en Belgique

Pas d'issue sans rupture avec les mécanismes de marché

Fondamentalement, la solution du mal belge passe par une politique sociale et économique permettant de résorber l'inégalité de développement entre le Nord et le Sud du pays. Une telle politique passe par une redistribution des richesses et une relance de l'investissement public, donc par une rupture avec la logique du marché. C'est ce qu'avait compris l'aile gauche de la FGTB qui liait, à la fin des années 50, l'exigence du fédéralisme à celle des réformes de structure anticapitalistes (nationalisation de l'énergie et du crédit, notamment). Adopté par les congrès de 1954 et 1956 du syndicat socialiste, ce programme joua un rôle décisif dans la mobilisation ouvrière qui allait déboucher sur « la grève du siècle », au cours de l'hiver 60-61.

Après la grève, il tomba petit à petit dans l'oubli parce que la FGTB wallonne amorça un repli régionaliste dont on mesure aujourd'hui à quel point il devait mener dans une impasse. Vinrent ensuite les années 77-93 au cours desquelles la classe ouvrière, en dépit d'une résistance acharnée, subit une très lourde défaite, largement imputable à la politique de concertation et de division de ses appareils syndicaux.

Poussé sur la défensive, le mouvement ouvrier affaibli est aujourd'hui confronté à un nouveau défi : sauver le système de sécurité sociale. Cette bataille ne peut être gagnée que dans l'unité des travailleurs, wallons et flamands, FGTB et CSC, et en adaptant au contexte actuel la formule algébrique de 54-56 : il n'y a pas de fédéralisme qui vaille tant que la Wallonie, la Flandre et Bruxelles constitueront « un paradis pour les capitalistes ».

Le grand problème est que, pour aller dans ce sens-là, le mouvement syndical doit oser peser sur le plan politique, contester le carcan néolibéral de l'UE et celui de l'Etat Belgique. Cela va totalement à l'encontre de son glissement continu des vingt dernières années vers un « syndicalisme d'accompagnement des mutations ». Pourtant, il n'y a pas d'autre issue favorable à ceux qui, pour vivre, n'ont d'autre moyen que de vendre leur force de travail. Si cette bataille devait être perdue, les conditions de vie et de lutte en Belgique changeraient radicalement, et pour très longtemps.

Le 27 avril 2010.

1   Dans le secteur des soins de santé, par exemple, une scission sur base des contributions fiscales des régions créerait un différentiel de 25% environ dans les moyens disponibles au Nord et au Sud du pays. (D.T.)

2   Vic ANCIAUX, président de la Volksunie de 1979 à 1986. (H.P.)

3   Émile VANDERVELDE (1866-1938), dirigeant du POB, président de l'Internationale Socialiste en 1900 et ministre de Sa Majesté en 1917. (H.P.)

4   Il faut nuancer. Il n'existait pas alors un « peuple » flamand, ni un « peuple » wallon dans le sens strict du mot, mais des populations plutôt séparées parlant des dialectes néerlandais et français. (H.P.)

5   Ils comptent aujourd'hui sur le parti flamand libéral NV-A qui a dépassé le VB et la démocratie chrétienne du CD&V. (D.T.)

6   Cet arrondissement (BHV) est vu la fédéralisation de l'État et sa constitution une absurdité. Il a été aboli récemment. (H.P.)

Nationalité et Lutte de Classe en Belgique

ANNEXE 5

CHRONOLOGIE

1898   *Loi linguistique du 18 avril*, dite 'Loi de l'égalité'. Les textes de loi en néerlandais et arrêtés royaux on le même caractère officiel et juridique que les textes français. Le Néerlandais devient la deuxième langue officielle du pays.

1912   *J. Destrée* publie sa 'Lettre au Roi sur la séparation de la Wallonie et de la Flandre'.

1917   *21 mars* : l'occupant allemand introduit la séparation administrative de la Flandre et de la Wallonie; le 22 décembre le 'Conseil de Flandre' proclame l'indépendance de la Flandre

1919   *Loi électorale du 10 avril* : suffrage universel simple mâle.

1921   *Loi électorale du 31 juillet* : l'usage du néerlandais dans les administrations communales et provinciales en Flandre.

1929   Percée des nationalistes flamands dans les élections législative du 26 mai.

1930   *Loi linguistique du 5 avril* : néerlandisation totale de l'université de Gand.

1932   *Loi linguistique du 28 juin* : monolinguisme dans les services publics et les institutions parastatales (le français en Wallonie et dans l'arrondissement de Nivelles, le néerlandais dans les provinces flamandes et dans les arrondissements Louvain et Bruxelles, bilinguisme à

Nationalité et Lutte de Classe en Belgique

Bruxelles, séparation de l'administration centrale en deux rôles linguistiques. On ne prévoit pas de sanctions. *Loi linguistique du 14 juillet* : la langue de la région devient la langue d'enseignement dans le primaire et secondaire. À Bruxelles et son agglomération la langue maternelle est la langue d'enseignement, mais la deuxième langue est enseignée à partir du primaire.

1933   *7 octobre*: création du *Vlaams Nationaal Verbond*, droite nationaliste flamande.

1935   *Loi linguistique du 15 juin* : néerlandisation de la jurisprudence en Flandre. Des sanctions sont prévues.

1936   Accord secret entre le parti de l'extrême droite REX et la VNV du 6 octobre sur la séparation de la Flandre et de la Wallonie et l'introduction d'un régime corporatiste.

1938   *Loi linguistique du 30 juillet* : elle règle l'usage des langues dans l'armée et la répartition des officiers flamands et francophones.

1950   *Le référendum du 12 mars* se prononce pour le retour du roi Léopold III ; la Flandre vote pour avec 57,68%, tandis que Bruxelles (48%) et la Wallonie (42%) sont contre.

1960   *19 décembre* : début de la grève contre la 'loi unique'.

1961   *27 mars* : création du Mouvement Populaire Wallon.
        22 octobre : 'marche flamande sur Bruxelles', organisée par le 'Vlaams Aktiekomitee Brussel en Taalgrens' (e.a. contre les procédures du recensement désavantageuses pour les Flamands).

1962   *14 février* : manifestation étudiante pour 'Louvain flamand'.

        14 octobre : deuxième marche flamande sur Bruxelles.

        Loi linguistique du 8 novembre : fixation de la frontière
        linguistique, imposé plus ou moins par les 'marches sur
        Bruxelles'.

1963   *Loi linguistique du 30 juillet* sur l'usage des langues dans
        l'enseignement. *Lois linguistique du 2 août* sur l'usage des
        langues dans l'administration ; Bruxelles est divisé en
        trois : l'arrondissement bilingue des 19 communes,
        l'arrondissement monolingue Halle-Vilvorde et six
        communes à facilités linguistiques.

1967   *Manifestation de masse à Anvers* pour 'Louvain flamand'.

1968   *17 janvier* : grève des étudiants flamands de Louvain.

        7 février : chute du gouvernement .

        23 février : création du Rassemblement Wallon.

1971   *16 octobre* : création du Conseil Économique de Wallonie.

        31 décembre: révision de la constitution, la Belgique est
        divisée en trois régions.

1992   *L'accord de Saint-Michel* fait de la Belgique un État fédéral.

ABREVIATIONS

ALDL	Archives Léon De Lee
BB	Boerenbond (Ligue paysanne)
CCI	Comité Central Industriel
CSC-ACV	Confédération Syndicale Chrétienne - Algemeen Christelijk Vakverbond
CST-SAK	Confédération Socialiste des Travailleurs - Socialistische Arbeiders Konfederatie
FDF	Front des Francophones
FGTB-ABVV	Fédération Générale du Travail Belge - Algemeen Belgisch Vakverbond
IKD	Internationale Kommunisten Deutschlands
JGS-SJW	Jeunes Gardes Socialistes -Socialistische Jonge Wacht
KOMINTERN	Internationale communiste
KVV	Katholieke Vlaamse Volkspartij
LISCG-ISAOL	Ligue internationale socialiste contre la guerre – Internationale Socialistische Anti Oorlogs Liga
MOC-ACW	Mouvement Ouvrier Chrétien – Algemeen Christelijk Werkersverbond
MP	Meetingpartij
MPW	Mouvement Populaire Wallon
MR	Mouvement Réformateur
NEVB	Nieuwe Encyclopedie van de Vlaamse Beweging
PCB-KPB	Parti Communiste de Belgique - Kommunistische Partij van België
PLP-PVV	Parti de la Liberté et du Progrès - Partij voor Vrijheid en Vooruitgang
PLS-LSP	Parti Socialiste de Lutte – Links Socialistische Partij
POB-BWP	Parti Ouvrier Belge - Belgische Werklieden Partij
PS	Parti Socialiste

PSB-BSP	Parti Socialiste Belge - Belgische Socialistische Partij,
PSC-CVP	Parti Social Chrétien - Christelijke Volks Partij
PRL	Parti Réformateur Libéral
PSR-RSP	Parti Socialiste Révolutionnaire – Revolutionaire Socialistische Partij
PWT	Parti Wallon des Travailleurs
RBHC-BTHG	Revue Belge d'Histoire Contemporaine (bilingue)
SBV	Socialistische Beweging Vlaanderen
SFIO	Section Française de l'Internationale Socialiste
SG	Société Générale de Belgique
SP	Socialistische Partij, aujourd'hui SP-A
UCL-KUL	Université Catholique de Louvain - Katholieke Universiteit Leuven
UFAC	Union des Fraternelles de l'Armée de Campagne
UGS	Union de la Gauche Socialiste
UTMI-UHGA	Union des Travailleurs Manuels et Intellectuels – Unie van Hand - en Geestesarbeiders
VB	Vlaams Blok/Vlaams Belang
VERDINASO	Verbond van Dietsche National Solidaristen
VEV	Vlaams Economisch Verbond
VKP	Vlaamsche Kommunistische Partij
VLD	Vlaamse Liberale Democraten
VNV	Vlaams Nationaal Verbond
VOKA	Vlaams Netwerk van Ondernemingen
VU	Volksunie

Cahiers de Recherche et de Formation

- No.01 La place du marxisme dans l'histoire, Ernest Mandel (€ 5)
- No.02 La révolution chinoise – I, Pierre Rousset (€ 5)
- No.03 La révolution chinoise – II, Pierre Rousset (€ 5)
- No.04 Sur la révolution permanente, Michael Löwy (€ 5)
- No.05 Lutte de classe et innovation technologique au Japon depuis 1945, Moto Ichiyo (€ 5)
- No.06 Le populisme en Amérique latine, Adolfo Gilly (€ 5)
- No.07/08 Plan, marché et démocratie, Catherine Samary (€ 5)
- No.09 Les années de formation de la Quatrième Internationale (1933-1938), Daniel Bensaïd (€ 5)
- No.10 Marxisme et théologie de la liberation, Michael Löwy (€ 5)
- No.11/12 Les révolutions bourgeoises, Robert Lochhead (€ 5)
- No.13 La guerre civile espagnole en Catalogne et au Pays Basque, Miguel Romero (€ 5)
- No.14 Marxisme et parti 1903-1917, Paul Le Blanc & Norman Geras (€ 5)
- No.15 Du PCI au PDS: La longue marche du Parti communiste Italien, Livio Maïtan (€ 5)
- No.16 Les travailleurs ont-ils une patrie? José lriarte 'Bikila' (€ 5)
- No.17/18 Octobre 1917: Coup d'état ou révolution sociale? Ernest Mandel (€ 5)
- No.19/20 La fragmentation de la Yougoslavie: Une mise en perspective, Catherine Samary (€ 5)
- No.21 Comités d'usine et contrôle ouvrier à Petrograd en 1917, David Mandel (€ 5)
- No.22 Les femmes dans la nouvelle économie mondiale, Penny Duggan & Heather Dashner (€ 5)
- No.23 La production flexible: une utopie capitaliste? Tony Smith (€ 5)

Pour commander, courriel à iire@iire.org ou écrivez à Institut International de Recherche et de Formation, Lombokstraat 40, 1094 AL Amsterdam, Pays-Bas.

.

www.ingramcontent.com/pod-product-compliance
Lightning Source LLC
Chambersburg PA
CBHW032121020426
42334CB00016B/1029